JN411951

포스트휴머니즘 언어학 04

한국어 멀티모달 일상대화 말뭉치 구축

이 저서는 2023년 대한민국 교육부와 한국연구재단의 지원을 받아 수행된 연구임
(NRF-2023S1A5C2A02095124).

포스트휴머니즘 언어학 04

Posthumanist Applied Linguistics

한국어 멀티모달 일상대화 말뭉치 구축

조용준·안희돈 지음

Posthumanist Applied Linguistics

글로벌콘텐츠

차례

제3장 멀티모달 말뭉치 구축 원칙

제4장 원칙 간 상호관계와 통합적 적용

결론

여는 글

근대 언어학은 인간 이성(logos)의 발현으로서 언어를 규명하는 데 집중해왔다. 그러나 인간과 비인간, 정신과 물질, 주체와 객체의 이분법적 경계가 해체되는 포스트휴머니즘의 지평 위에서는 언어를 더 이상 순수한 인간의 내적 능력의 산물로만 간주할 수 없다. 언어 행위는 인간 화자를 넘어, 그의 몸과 감각, 그가 사용하는 기술, 그리고 그를 둘러싼 물질적 환경과의 복합적인 얽힘(entanglement) 속에서 출현하는 물질-담론적 실천(material-discursive practice)에 가깝다.

본서는 『포스트휴머니즘 언어학』 총서의 네 번째 결과물로서, 이러한 이론적 전환을 경험적 연구의 장으로 이끌기 위한 구체적인 방법론을 정립하는 데 목적이 있다. 행위자-네트워크 이론(ANT)이 인간과 비인간 행위자의 대칭성을 역설하고, 신유물론(New Materialism)이 사물의 행위성을 조명하며, 체화된 인지(Embodied Cognition)가 의미 구성의 신체적 기반을 강조하는 이론적 흐름 속에서, 우리는 한 가지 필연적인 질문과 마주하게 된다. 이러한 포스트휴먼적 소통의 총체적인 모습을 어떻게 경험적으로 포착하고 분석할 것인가?

이에 대한 우리의 대답은 '잘 설계된 멀티모달 말뭉치(well-designed multimodal corpus)'의 구축이다. 음성과 텍스트라는 분절된 기호를 넘어, 인간의 제스처와 표정, 시공간적 맥락, 그리고 그 안의 사물과 기술까지 통합적으로 기록한 데이터만이 포스트휴먼적 언어 실천을 온전히 담아낼 수 있는 최소한의 경험적 토대가 될 수 있다.

그러나 기존의 말뭉치 구축 원칙들은 이러한 방법론적 도전을 충분히 다루지 못했다. 본서는 바로 이 지점에서 출발하여, 멀티모달 말뭉치 구축의 전 생애주기를 관통하는 13개의 체계적 원칙을 제시하고, 이들이 상호작용하는 방식과 현실적 제약 속에서의 통합적 적용 전략을 논의한다. 이는 개별 프로젝트의 경험을 넘어, 포스트휴머니즘 언어학이라는 새로운 학문 분과를 위한 견고한 방법론적 초석을 다지려는 시도이다.

이 책이 언어와 세계의 관계를 탐구하는 동료 연구자들에게 신뢰할 수 있는 나침반이 되어, 인간과 비인간 행위자들이 함께 직조해 내는 의미의 네트워크를 탐험하는 새로운 여정에 충실한 동반자가 되기를 희망한다.

이 책이 세상에 나오기까지 많은 분들의 도움이 있었다.

먼저, 『포스트휴머니즘 언어학』 총서의 기획을 믿고 지지해 주신 (주) 글로벌콘텐츠출판그룹의 홍정표 대표님과, 원고의 뼈대를 세우고 살을 붙이는 전 과정에서 섬세한 조언을 아끼지 않으신 김미미 이사님께 깊이 감사드린다. 책의 완성도를 높이기 위해 애써 주신 출판사 모든 분들께도 진심으로 감사의 마음을 전한다.

교정과 내용 검토 과정에서 꼼꼼하게 원고의 빈틈을 채워준 김지빈 선생에게도 고마움을 전한다. 바쁜 와중에도 기꺼이 시간을 내어준 덕분에 더 나은 책을 만들 수 있었다.

마지막으로, 이 책이 다루는 새로운 영역에 관심을 갖고 첫 페이지를 펼쳐 줄 독자분들께 미리 감사의 인사를 올린다.

저자 소용준·안희돈

제1장

서론

Chapter 01
서론

1. 멀티모달 말뭉치 구축의 현황과 문제 제기

인간의 의사소통은 본질적으로 멀티모달적 특성을 갖는다. 일상적인 대화에서 우리는 음성 언어뿐만 아니라 제스처, 표정, 시선, 자세 등 다양한 소통 양식을 동시에 활용한다(McNeill, 1992). 그러나 기존의 말뭉치 언어학 연구는 주로 텍스트나 음성과 같은 단일 모달리티[1]에 집중해왔으며, 이로 인해 인간 의사소통의 복합적 특성을 온전히 포착하지 못하는 한계를 보여왔다.

---

1 모달리티(modality)는 정보 전달이나 의사소통에 사용되는 감각 채널이나 표현 방식을 의미한다. 단일 모달리티(unimodality)는 음성, 텍스트, 시각적 이미지 등 하나의 소통 방식만을 사용하는 것이고, 멀티모달리티(multimodality)은 음성과 제스처, 텍스트와 이미지 등 여러 소통 방식을 동시에 활용하는 것을 말한다.

〈표 1〉 주요 해외 멀티모달 말뭉치 비교

말뭉치 이름	대상 언어	규모	수집 환경 및 주요 특징	연구 활용의 한계점
CANDOR	영어	1,656개 대화(약 850시간)	줌(Zoom)을 통해 처음 만난 두 사람이 화상으로 대화하는 환경. 대규모 음성, 영상, 텍스트 데이터 포함.	화상회의라는 단일 상황에 치중되어 있어, 실제 대면 일상대화와는 상호작용 양상이 다를 수 있음.
ECOLANG	영어	성인-아동 및 성인-성인 대화	성인과 아동, 또는 성인 간의 상호작용을 반(半)자연스러운 환경에서 녹화. 제스처, 사물 조작, 시선 등 상세한 주석 제공.	연구 목적을 위해 통제된 '반자연적' 환경으로, 완전한 자연성을 확보하는 데는 한계가 있음.
CEJC	일본어	577개 대화(약 200시간)	식당, 사무실 등 다양한 실제 일상 공간에서 자연스럽게 발생하는 대화 수집. 상황적 대표성이 높음.	현재 텍스트 전사 자료만 공개되어 있어, 영상이나 제스처 등 멀티모달 데이터를 활용한 심층 분석이 어려움.

최근 10년간 멀티모달 말뭉치[2]에 대한 관심이 급격히 증가하고 있다. 2020년부터 2025년까지 공개된 주요 멀티모달 말뭉치만 해도 CANDOR(Reece et al., 2023), ECOLANG(Gu et al., 2025), CEJC(日本語

2 멀티모달 말뭉치(multimodal corpus)는 음성, 영상, 제스처, 표정, 시선 등 다양한 모달리티의 데이터를 동시에 수집하고 통합적으로 주석을 달아 구축한 말뭉치이다.

日常会話コーパス, Koiso et al., 2022) 등이 있으며, 이들은 각각 수십 시간에서 수백 시간의 멀티모달 데이터를 포함하고 있다. 그러나 이러한 양적 성장에도 불구하고, 멀티모달 말뭉치 구축의 질적 측면에서는 여전히 많은 문제점들이 발견되고 있다.

첫째, 재사용률이 낮은 문제가 있다. 멀티모달 말뭉치 분야의 체계적 분석에 따르면, 100개 이상의 멀티모달 언어 자원이 학계에 보고되어 있음에도 불구하고 공개적으로 이용 가능한 멀티모달 데이터셋은 후속 연구 영역에서의 재사용이 현저히 저조한 것으로 나타났다(Garg et al., 2022). 이는 구축 비용 대비 학술적 활용도가 현저히 낮다는 것을 의미하며, 단일 모달리티 말뭉치에 비해 활용률이 상당히 낮은 수준이다.

둘째, 기술적 호환성 부족이 문제로 대두되고 있다. 멀티모달 말뭉치 구축에서 독점적 파일 형식 사용, 동기화 정보 손실, 메타데이터 표준화 부족 등이 주요 기술적 위험 요소로 지적되고 있다. 기술적 진부화(technological obsolescence)[3]는 기술 발전으로 인해 기존 기술이나 제품이 새로운 기술에 의해 대체되면서 가치가 하락하는 현상을 의미한다(Mellal, 2020). 이는 다양한 기술적 구성 요소에 의존하는 멀티모달 말뭉치에서 특히 심각한 장기적 위험으로 인식되고 있다.

셋째, 윤리적 문제로 인한 사용 제한이 빈번하게 발생하고 있다. 멀티모달 데이터의 특성상 참여자 동의 과정의 복잡성, 다차원적 개인정보 노

---

3 기술적 진부화는 정보 기술의 급속한 발전으로 인해 특정 기술이나 표준이 새로운 기술에 의해 대체되면서 기능적으로 구식이 되는 현상을 의미한다. 이는 하드웨어의 단종, 소프트웨어의 지원 중단, 파일 형식의 표준 변화 등에 의해 발생한다(Mellal, 2020). 멀티모달 말뭉치는 다양한 기술적 구성 요소에 의존하므로 이러한 기술적 진부화에 특히 취약한 것으로 지적되고 있다.

출 위험, 민감한 시각적 정보 처리의 어려움 등으로 인해 많은 말뭉치가 제한적으로만 공개되거나 아예 공개되지 못하는 상황이 발생하고 있다.

전통적인 말뭉치 구축 원칙들은 Sinclair(1991)의 '실제 언어 사용의 체계적 관찰(systematic observation of naturally occurring language)'을 기반으로 발전해왔다. Biber(1993)는 말뭉치 언어학에서 대표성을 외적 대표성(external representativeness)과 내적 대표성(internal representativeness)으로 구분하고, 표집 이론에 기반한 체계적 말뭉치 설계 방법론을 제시했다. Atkins et al.(1992)은 말뭉치 설계 기준으로 균형성, 크기, 대표성 등을 제시했으며, McEnery & Hardie(2012)는 말뭉치 신뢰성 확보를 위한 검증 방법론과 평가 기준을 체계화했다. 그러나 이러한 원칙들은 멀티모달 환경에서 다음과 같은 한계를 드러낸다.

첫째, 모달리티 간 동기화 문제에 대한 고려가 없다. 기존 원칙들은 텍스트나 음성과 같은 단일 채널의 데이터를 전제로 하고 있어, 멀티모달 말뭉치의 핵심 요구사항인 다양한 모달리티 간의 정확한 시간적 동기화 문제를 다루지 못한다. McNeill(1992)이 제시한 제스처-음성 동기화의 중요성이나 Steinmetz(1996)가 제안한 멀티미디어 시스템의 동기화 허용 오차(100ms 이하) 등의 기술적 요구사항은 전통적 말뭉치 원칙에서는 고려되지 않았다.

둘째, 생태학적 타당성의 복잡성이 간과되고 있다. Bronfenbrenner(1979)의 생태학적 시스템 이론(ecological systems theory)에 따르면, 인간의 행동은 미시체계(microsystem), 중간체계(mesosystem), 외체계(exosystem), 거시체계(macrosystem)[4] 등 다층적 환경 체계(nested environmental systems)의 영향을 받는다. 멀티모달 상호작용은 물리적 환경, 참여자 간 관계, 사회적 맥락 등에 더욱 민감하게 반응한다. Mondada(2016)의 연구에서 확인된 바와 같이, 동일한 제스처라도 가족 간의 대화와 업무 상황에서의 대화에서는 완전히 다른 의미를 가질 수 있다. 그러나 기존 원칙들은 이러한 맥락적 복잡성을 체계적으로 다루지 못한다.

셋째, 개인정보 보호의 다차원성이 제대로 고려되지 않고 있다. Warren & Brandeis(1890)가 제시한 정보적 자기결정권[5] 개념이나 Nissenbaum(2010)의 맥락적 무결성 이론[6]에서 강조하는 바와 같이, 개인정보 보호는 정보의 맥락과 활용 방식을 고려한 다차원적 접근이 필요하다. 멀티모달 말뭉치는 음성을 통한 화자 식별, 영상을 통한 얼굴 인식, 제스처 패턴을 통한 행동 지문 등 다양한 차원에서 개인정보 노출 위험을

---

4 여기서 미시체계는 개인이 직접적으로 상호작용하는 즉각적 환경(가족, 학교, 직장 등)을 말하며, 중간체계는 둘 이상의 미시체계 간의 상호작용과 연결을, 외체계는 개인이 직접 참여하지 않지만 간접적으로 영향을 받는 환경(부모의 직장, 지역사회 정책 등)을, 그리고 거시체계는 문화적 가치, 관습, 이념 등 광범위한 사회문화적 환경을 의미한다. 이러한 체계들은 상호 영향을 주고받으며 개인의 발달과 행동에 복합적으로 작용한다고 본다.

5 정보적 자기결정권(informational self-determination)이란 개인이 자신에 관한 정보가 언제, 어떻게, 어떤 목적으로, 누구에게 공개되는지를 스스로 결정할 권리를 의미한다. 이는 개인정보보호의 주요 원칙으로, 단순히 정보 공개를 거부하는 소극적 권리를 넘어서 자신의 정보 흐름을 능동적으로 통제할 수 있는 적극적 권리를 포괄한다. 특히 디지털 시대에 개인정보의 수집, 저장, 처리, 활용이 복잡해지면서 더욱 중요한 개념으로 부각되고 있다.

6 맥락적 무결성 이론(contextual integrity theory)이란 정보의 적절한 보호는 그 정보가 수집되고 사용되는 특정 맥락(의료, 교육, 연구, 상업 등)에 따라 달라져야 한다는 프라이버시 이론이다. 동일한 개인정보라도 수집 목적, 사용 주체, 활용 방식, 사회적 기대에 따라 서로 다른 보호 기준과 공유 규범이 적용되어야 하며, 정보의 흐름과 배포가 해당 맥락의 적절성 규범(norms of appropriateness)과 배포 규범(norms of distribution)에 부합해야 한다는 원칙이다.

내포하지만, 이러한 복합적 위험에 대한 체계적 대응 방안이 기존 원칙에는 부재하다.

넷째, 기술적 복잡성과 확장성에 대한 고려가 부족하다. 전통적인 텍스트 말뭉치는 단순한 파일 형식 덕분에 기술적 의존성이 낮고 장기적 보존이 용이하다. 그러나 멀티모달 말뭉치는 비디오 코덱, 음향 장비, 특정 주석 소프트웨어 등 복잡하고 빠르게 변화하는 기술 생태계에 깊이 의존한다.

이러한 문제를 체계적으로 다루기 위해 Bird & Simons(2003)는 언어 자료의 '이식성(portability)'을 7가지 차원(소프트웨어, 데이터 형식, 인코딩 등)으로 나누어 제시하며, 기술적 독립성을 확보하는 것이 자료의 지속가능성을 위한 주요 요건임을 강조했다. 이러한 기술적 상호의존성과 장기보존 전략은 텍스트 중심의 초기 말뭉치 설계 원칙에서는 거의 고려되지 않았던 중요한 차원이다.

멀티모달 말뭉치 구축 원칙의 부재는 실제 연구에서 다음과 같은 체계적 문제들을 야기하고 있다. 첫째는 동기화 정확도 문제이다. 멀티모달 말뭉치 구축에서 가장 빈번하게 발생하는 기술적 문제 중 하나는 모달리티 간 동기화 오차이다. McNeill(1992)의 성장점 이론에 따르면, 제스처의 핵심 단계(stroke phase)[7]와 음성의 운율적 강세는 밀접한 시간적 동기

7 McNeill(1992)의 제스처 분석 체계에서 제스처는 준비 단계(preparation), 핵심 단계(stroke), 유지 단계(hold), 복귀 단계(retraction)로 구분된다. 이 중 핵심 단계는 제스처의 핵심적 움직임이 수행되는 단계로, 제스처의 의미적 내용이 가장 명확하게 표현되는 부분이다. 이 단계는 일반적으로 동시에 발생하는 음성의 운율적으로 강조된 부분과 시간적으로 밀접하게 연결되어 있어, 음성-제스처 간 의미적 통합을 분석하는 데 중요한 역할을 한다.

화를 보여야 하는데, 동기화 정확도가 부족할 경우 이러한 관계 분석이 불가능해진다. Steinmetz(1996)는 멀티미디어 시스템에서 시청각 동기화(audio-visual synchronization)의 허용 오차를 제시했는데, 음성-제스처 분석을 위해서는 일반적으로 100ms 이하의 정확도가 요구된다고 보고했다. 그러나 많은 초기 멀티모달 말뭉치들이 이러한 기준을 충족하지 못해 분석의 신뢰성에 제약을 받고 있다.

둘째는 자연성과 품질 간의 딜레마이다. 멀티모달 말뭉치 구축에서 자연성 확보와 기술적 품질 달성 사이의 근본적 긴장이 존재한다. Bavelas et al.(2008)의 연구에 따르면, 실험실 환경에서는 제스처의 빈도와 다양성이 자연스러운 환경 대비 현저히 감소하는 것으로 나타났다. 반면 자연스러운 환경에서의 녹음은 조명, 소음, 카메라 각도 등의 기술적 제약으로 인해 품질 확보에 어려움을 겪는다. 이러한 딜레마는 많은 멀티모달 말뭉치 프로젝트에서 일관성 없는 접근법을 야기하고 있으며, 결과적으로 말뭉치 간 비교 가능성을 제한하고 있다.

셋째는 윤리적 고려사항의 사후적 대응 문제이다. 멀티모달 데이터의 복합적 개인정보 노출 위험에 대한 체계적 고려 부족이 문제가 되고 있다. Cieri et al.(2004)은 LDC(Linguistic Data Consortium) 언어자료센터의 음성 말뭉치 구축 과정에서 참여자 동의서의 범위와 실제 데이터 사용 목적 간의 불일치 문제를 지적하며, 특히 멀티모달 데이터의 경우 향후 예측하기 어려운 다양한 연구 목적으로 재사용될 가능성이 높아 초기 동의 과정에서 이를 충분히 고려해야 한다고 강조했다. 멀티모달 데이터는 음성을 통한 화자 식별, 영상을 통한 얼굴 인식, 제스처 패턴을 통한 행동 지문 등 다차원적 개인정보 노출 위험을 내포하고 있으나, 많은 프로젝트에서 이러한 복합적 위험에 대한 체계적 대응 방안이 부족한 실정이다.

넷째는 기술적 호환성과 지속가능성 문제이다. 멀티모달 말뭉치는 다양한 기술적 구성 요소에 의존하므로 기술적 진부화(technological obsolescence)에 취약하다. 정보통신기술(ICT) 분야에서 기술 변화 속도가 가속화되면서 특정 기술이나 표준이 빠르게 구식이 되는 현상이 심화되고 있다(Mellal, 2020). 특히 독점적 파일 형식의 사용, 특정 소프트웨어에 의존적인 주석 체계, 표준화되지 않은 메타데이터 구조 등은 말뭉치의 장기적 접근성을 위협하는 요소들이다. 이러한 문제는 말뭉치 구축에 투입된 상당한 비용과 노력이 무의미해질 위험을 내포한다.

마지막으로 확장성 설계의 부재이다. 많은 멀티모달 말뭉치 프로젝트들이 초기 목적에만 최적화되어 설계되어, 추후 확장이나 다른 연구 목적으로의 활용에 제약을 보이고 있다. 이는 멀티모달 말뭉치가 텍스트 중심의 단일 모달리티 말뭉치와는 비교할 수 없을 정도로 많은 저장 공간과 처리 능력을 요구하는 '자원 집약적' 특성을 갖기 때문으로, 확장성을 고려하지 않은 설계는 곧바로 한계에 부딪힐 수밖에 없다. 또한 서로 다른 연구팀이나 기관에서 구축한 멀티모달 말뭉치들 간의 호환성 부족으로 인해, 대규모 비교 연구나 메타 분석이 어려운 상황이다. 이는 멀티모달 말뭉치 언어학 분야의 전반적 발전을 제약하는 요인으로 작용하고 있다.

이러한 문제들은 멀티모달 말뭉치 구축을 위한 체계적이고 통합적인 원칙의 부재에서 비롯되며, 이는 본 연구에서 제시하고자 하는 13개 원칙의 필요성을 뒷받침한다.

2. 연구 목적 및 범위

2.1. 연구 목적

본 연구의 목적은 멀티모달 일상대화 말뭉치 구축을 위한 체계적이고 실제적인 원칙을 제시하는 것이다. 구체적인 연구 목적은 다음과 같다.

첫째, 멀티모달 말뭉치 구축의 이론적 기초 확립이다. 기존의 단일 모달리티 말뭉치 구축 원칙들을 비판적으로 고려하여 멀티모달 환경의 특수성을 반영한 새로운 이론적 프레임워크를 제시한다. 이는 대화분석, 인지언어학, 멀티모달 의사소통 이론 등 다양한 학문 분야의 통찰을 통합한 학제적 접근을 통해 이루어진다.

둘째, 실제적으로 적용 가능한 구축 원칙 도출이다. 이론적 완성도를 추구하면서도 실제 말뭉치 구축 현장에서 적용 가능한 구체적이고 실제적인 지침을 제공한다.

셋째, 말뭉치 품질 평가를 위한 체계적 기준 제시이다. 멀티모달 말뭉치의 품질을 객관적으로 평가할 수 있는 다차원적 평가 체계를 개발하여, 구축된 말뭉치의 품질을 실제적으로 평가할 수 있도록 한다.

2.2. 연구 범위

본 저서의 연구 범위는 '멀티모달 일상대화 말뭉치'에 한정한다. 여기서 '일상대화'는 Drew & Heritage(1992)가 정의한 바와 같이 참여자들 간에 제도적 역할이나 권력 관계에 의해 제약받지 않고, 발화의 크기·순서·내용이 사전에 정해지지 않은 상태에서 이루어지는 상호작용을 의미한다. 이는 의료 상담, 법정 심리, 뉴스 인터뷰, 교실 수업 등과 같이 제도적 목표나 특정한 역할 분담이 있는 제도적 대화(institutional talk)와 구별되며, 참여자들이 동등한 지위에서 자유롭게 주제를 선택하고 발화 순서를 조정할 수 있는 상호작용을 지칭한다(Drew & Heritage, 1992: 19).

동시에 이러한 일상대화는 '자연 발화'의 특성을 가져야 하는데, 이는 참여자들이 발화 내용을 미리 계획하거나 대본을 준비하지 않고 실시간으로 언어적·비언어적 표현을 생성하는 언어 사용을 의미한다. 따라서 실험실 환경에서 통제된 조건 하에서 진행되는 과제 지향적 대화나 구조화된 인터뷰는 제외한다.

본 연구에서 제시하는 원칙은 말뭉치 구축의 전 과정을 포괄한다. 기획 단계에서의 연구 설계부터 데이터 수집, 주석, 검증, 공개에 이르기까지의 모든 단계를 다룬다. 단, 구축된 말뭉치를 활용한 구체적인 분석 방법론이나 특정 연구 주제에 대한 응용 방안은 본 연구의 범위를 벗어난다. 이러한 원칙들은 주로 한국어 일상대화 말뭉치 구축을 염두에 두고 있으나, 제시되는 원칙들은 다른 언어와 문화권에서도 적용 가능하도록 일반화된 형태로 제시된다. 다만, 문화적 특수성이나 언어적 특성에 따른 세부 조정 방안은 향후 연구 과제로 남긴다.

3. 책의 구성

본서는 총 5장으로 구성된다.

제1장 서론에서는 연구 배경과 문제 제기, 연구 목적과 범위를 제시한다. 한국어 멀티모달 일상대화 말뭉치 구축의 현황과 문제점을 구체적 사례로 검토하고, 기존 말뭉치 구축 원칙의 한계를 체계적으로 논의한다.

제2장 이론적 배경과 연구 방법론에서는 멀티모달 말뭉치의 특수성과 기존 원칙의 한계를 이론적으로 분석하고, 본서에서 제시하는 13개 원칙을 도출하기 위한 연구 방법론을 밝힌다. 또한 도출된 원칙들의 전체적 개관과 상호관계를 제시한다.

제3장 멀티모달 말뭉치 구축의 13개 원칙에서는 본서의 핵심 내용인 13개 원칙을 8개 하위절(3.1-3.8)로 체계화하여 제시한다. 각 원칙마다 정의-이론적 근거-실증적 증거-실천적 함의를 일관된 형식으로 서술하고, 원칙 간 교차관계를 함께 설명한다.

제4장 원칙 간 상호관계와 통합적 적용에서는 원칙들 사이의 상호보완·상충 관계를 분석하고, 프로젝트 규모·시간 제약·장기 계획 등 상황별 우선순위와 단계별 체크포인트·품질 게이트를 포함한 통합적 적용 가이드를 제시한다.

제5장 결론 및 제언에서는 본서의 결과를 요약하고 이론적 기여와 실천적 함의를 정리한 뒤, 한계와 향후 연구 방향을 제안한다.

제2장

이론적 배경과 연구방법론

Chapter 02
이론적 배경과 연구방법론

1. 포스트휴머니즘과 체화된 인지의 이론적 기반

1.1. 포스트휴머니즘과 언어 연구의 새로운 지평

포스트휴머니즘의 계보와 핵심 개념

포스트휴머니즘은 인간중심주의(anthropocentrism)와 휴머니즘의 한계를 비판하면서 등장한 사상적 흐름으로, 인간과 비인간, 주체와 객체, 정신과 물질 간의 이분법적 경계를 해체하고자 한다(Wolfe, 2010). 이러한 사상적 전환은 언어 연구에 있어서도 근본적인 패러다임 변화를 요구하는데, 특히 언어를 순수하게 인간적인 능력으로 보는 전통적 관점에서 벗어나 물질적, 기술적, 환경적 요소와의 얽힘(entanglement) 속에서 이해해야 함을 시사한다.

포스트휴머니즘의 계보는 Haraway(1985)의 「사이보그 선언(A Cyborg Manifesto)」에서 중요한 출발점을 찾을 수 있다. Haraway는 "사이보그는 기계와 유기체의 혼종으로, 허구의 창조물이자 사회적 현실의 창조물"이라고 정의하며(Haraway, 1985: 149), 인간/기계, 물질적/비물질적, 정신/신체의 경계가 해체되는 후기 20세기의 상황을 포착했다. 이후 『반려종 선언(The Companion Species Manifesto)』(Haraway, 2003)에서는 "자연문화(natureculture)"라는 개념을 통해 자연과 문화의 불가분성을 강조하며, 인간과 비인간의 공진화(co-evolution) 과정을 조명했다.

Braidotti(2013)는 『포스트휴먼(The Posthuman)』에서 비판적 포스트휴머니즘(critical posthumanism)의 체계적인 이론화를 시도했다. 그는 포스트휴먼 조건을 "인간이라는 범주 자체의 역사적 쇠퇴"로 규정하며(Braidotti, 2013: 2), 이를 단순한 위기가 아닌 새로운 사유와 존재 방식의 가능성으로 제시한다. 특히 조에(zoe) 중심적 평등주의[8]를 통해 모든 생명체의 생성적 힘을 인정하고, 인간 예외주의를 극복할 것을 주장한다(임옥희 역, 2015).

Hayles(1999)는 『우리는 어떻게 포스트휴먼이 되었는가(How We Became Posthuman)』에서 정보 기술의 발전이 인간 주체성의 개념을 어

8 조에 중심적 평등주의(zoë-centered egalitarianism)는 브라이도티의 포스트휴머니즘 이론에서 핵심 개념으로, 인간중심주의를 넘어 모든 생명체(인간, 동물, 식물, 미생물 등)의 생명력(zoë)을 평등하게 인정하는 관점을 말한다. 여기서 '조에'(zoë)는 그리스어로 '비인간적이고 생성적인 생명력'을 가리키며, 단순한 생물학적 생존(bios)이 아닌, 모든 존재의 역동적이고 창조적인 힘을 상징한다. 이 개념은 자본주의와 기술이 생명을 상품화하는 시대에 대응해, 종(species) 간 위계를 해체하고 지구 전체의 생명 네트워크를 평등하게 보는 윤리적·정치적 전환을 주장한다.

떻게 변화시켰는지를 추적한다. 그녀의 핵심 통찰은 "정보는 물질적 기반을 상실했고, 이에 따라 인간도 탈신체화된 존재로 이해되기 시작했다"는 것이다(Hayles, 1999: 2). 그러나 Hayles는 이러한 탈신체화 담론을 비판하며, 체화(embodiment)의 중요성을 재강조한다. 이는 후에 그녀가 발전시킨 "기술적 무의식(technological unconscious)"과 "인지적 비의식(cognitive nonconscious)" 개념으로 이어진다(Hayles, 2017).

신유물론과 언어의 물질성

신유물론(new materialism)은 포스트휴머니즘과 밀접하게 연결된 사상적 흐름으로, 물질의 행위능력(agency)과 생동성(vitality)을 인정하며 인간중심적 사고를 극복하고자 한다. 언어 연구의 맥락에서 신유물론은 언어를 순수한 기호 체계나 추상적 구조로 보는 관점을 넘어서, 물질적 실천과 신체적 과정으로 이해할 것을 요구한다.

Barad(2007)의 행위적 실재론(agential realism)은 신유물론적 언어 이해의 토대를 제공한다. Barad는 "물질과 의미는 별개의 요소가 아니라 내부-작용(intra-action)을 통해 서로를 구성한다"고 주장한다(Barad, 2007: 152). 여기서 '내부-작용'은 상호작용(interaction)과 구별되는 개념으로, 미리 존재하는 개체들 간의 관계가 아니라 관계를 통해 개체들이 생성되는 과정을 의미한다. 이러한 관점에서 언어는 "물질-담론적 실천(material-discursive practice)"으로 이해되며, 말하기와 듣기의 행위는 신체적, 물질적, 기술적 조건들과 불가분하게 얽혀 있다(Barad, 2007: 185).

DeLanda(2006)의 아상블라주 이론(assemblage theory)은 언어를 이

질적 요소들의 역동적 조합으로 이해하는 틀을 제공한다. DeLanda는 "언어적 아상블라주는 음성학적, 의미론적, 화용론적 구성요소들뿐만 아니라 신체적 제스처, 물질적 매체, 제도적 맥락 등을 포함한다"고 설명한다(DeLanda, 2006: 15). 이러한 아상블라주적 관점은 일상대화를 분석할 때 언어적 요소와 비언어적 요소, 인간 행위자와 비인간 행위자들이 어떻게 함께 작동하여 의미를 생성하는지를 포착할 수 있게 한다.

Bennett(2010)의 생동하는 물질(vibrant matter) 개념도 언어의 물질성을 이해하는 데 중요한 통찰을 제공한다. Bennett은 "물질들이 단순히 수동적인 자원이나 배경이 아니라 사건을 만들어내는 행위능력을 가진다"고 주장한다(Bennett, 2010: viii). 언어학적 맥락에서 이는 음파의 물리적 특성, 발성 기관의 생리학적 조건, 대화가 일어나는 공간의 음향적 특성 등이 단순한 매개체가 아니라 의미 생성에 적극적으로 참여하는 행위자임을 시사한다.

행위자-네트워크 이론과 의사소통

Latour(2005)의 행위자-네트워크 이론(Actor-Network Theory, ANT)은 인간과 비인간 행위자들이 어떻게 네트워크를 형성하고 행위능력을 발휘하는지를 분석하는 방법론을 제공한다. ANT의 핵심 원칙은 "인간과 비인간을 대칭적으로 다루어야 한다"는 것으로(Latour, 2005: 76), 이는 의사소통 연구에서 기술적 매개체, 물질적 환경, 제도적 장치 등을 단순한 도구나 배경이 아닌 적극적 행위자로 인식해야 함을 의미한다.

ANT에서 의사소통은 번역(translation)의 과정으로 이해된다. Latour(1999)는 "번역은 한 행위자가 다른 행위자들을 동원하여 네트워크를 구축하는 과정"이라고 정의한다(Latour, 1999: 179). 일상대화의 맥락에서 이는 화자가 단순히 메시지를 전달하는 것이 아니라, 음성, 제스처, 공간, 사물 등 다양한 행위자들을 동원하여 의미의 네트워크를 구축하는 복잡한 과정임을 시사한다.

Callon(1986)의 "의무통과점(obligatory passage point)[9]" 개념은 대화 상황에서 특정 매개체나 조건이 어떻게 필수적 역할을 하게 되는지를 이해하는 데 유용하다. 예를 들어, 한국의 일상대화에서 식탁이나 술상은 단순한 가구가 아니라 대화의 흐름과 참여 구조를 결정하는 의무통과점으로 기능할 수 있다(Callon, 1986: 205).

Law(2004)는 ANT를 발전시켜 "방법 아상블라주(method assemblage)" 개념을 제시했다. 그는 "현실은 고정된 것이 아니라 특정한 방법과 실천을 통해 수행적으로 구성된다"고 주장한다(Law, 2004: 56). 이는 멀티모달 일상대화 말뭉치 구축이 단순히 기존 현실을 기록하는 것이 아니라, 특정한 방법론적 선택을 통해 현실을 구성하는 수행적 실천임을 의미한다.

이러한 포스트휴머니즘적 관점들은 멀티모달 일상대화 말뭉치 구축에 중요한 함의를 갖는다. 첫째, 일상대화가 발생하는 물리적 환경과 기

9 의무통과점(obligatory passage point)은 행위자 네트워크 이론(ANT)의 핵심 개념으로, 프랑스어 point de passage obligé의 번역이다. Michel Callon이 1986년 프랑스 생브리외 만의 가리비 양식 연구에서 처음 체계화한 이 개념은, 네트워크 내의 모든 행위자들이 자신의 목표를 달성하기 위해 반드시 거쳐야 하는 지점이나 조건을 의미한다. 원래는 과학기술학에서 특정 기술이나 지식이 어떻게 필수불가결한 것이 되는지를 설명하기 위해 고안되었으나, 이후 다양한 사회적 상황 분석에 활용되고 있다. 예를 들어, 연구소가 어부와 가리비 사이의 관계를 중재하는 유일한 통로가 되는 과정이 전형적 사례다. 상호작용 연구에서는 특정 사물이나 공간이 대화를 가능하게 하는 필수 조건이 되는 현상을 설명하는 데 이 개념이 유용하다

술적 매개체를 대화의 필수적 구성 요소로 인식하여, 이들이 인간 참여자의 언어 사용에 미치는 영향을 체계적으로 포착해야 한다. 둘째, 언어적 의사소통을 추상적 기호 교환이 아닌 신체화된 실천으로 이해하여, 음성과 함께 나타나는 제스처, 표정, 자세 등의 신체적 표현을 통합적으로 기록해야 한다. 셋째, 멀티모달 말뭉치 구축의 방법론적 선택이 포착되는 대화 현상의 유형과 범위에 영향을 미친다는 점을 인식하고, 자연스러운 일상대화의 복잡성을 최대한 보존할 수 있는 수집 방법을 모색해야 한다.

1.2. 체화된 인지와 4E 인지 패러다임

인지과학에서 '체화적 전환(embodied turn)[10]'은 언어 연구에 지대한 영향을 미치는 근본적인 패러다임의 변화를 의미한다. 만약 인지가 신체와 분리된 추상적 계산 과정이 아니라 뇌, 신체, 세계의 역동적인 상호작용에 기반을 둔 활동이라면, 언어학적 탐구의 대상 자체도 재정의되어야 한다. 이러한 관점의 전환은 이러한 상호작용을 포착할 수 있는 멀티모달 말뭉치의 구축을 단순한 기술적 향상이 아닌 방법론적 필연성으로 격상시킨다. 본 절에서는 체화된 인지의 이론적 토대를 탐색하고, 4E 인지 패러다임의 네 가지 차원을 상세히 분석하며, 언어 및 멀티모달리티 연구에

10 '체화적 전환(Embodied Turn)'은 20세기 후반 철학, 인지과학, 사회학, 인류학 등 여러 학문 분야에서 나타난 패러다임 전환을 의미한다. 이는 정신과 신체를 분리하는 데카르트적 이원론을 비판하고, 인간의 인지, 경험, 문화, 사회적 상호작용이 신체에 깊이 뿌리내리고 있음을 강조하는 관점이다. 즉, 인간의 마음과 이성은 추상적인 두뇌 활동의 산물이 아니라, 세상을 직접 경험하고 상호작용하는 신체적 활동을 통해 구성된다고 본다.

미치는 구체적인 함의를 최신 국내외 연구 사례를 통해 심층적으로 논의하고자 한다.

▬ 인지과학의 체화적 전환: 몸, 세계, 그리고 마음

전통적인 인지과학, 즉 고전적 인지주의(classical cognitivism)는 마음을 컴퓨터에 비유하여, 인지를 신체의 감각·운동 시스템과 독립적인 추상적 기호 조작 과정으로 간주했다. 이러한 관점은 마음과 신체를 분리하는 데카르트적 이원론에 암묵적으로 뿌리를 두고 있으며, 의미가 어떻게 현실 세계와 연결될 수 있는지에 대한 근본적인 문제, 즉 '상징 접지 문제(symbol grounding problem)'에 직면했다. Harnad(1990)가 지적했듯이, 만약 인지 시스템이 오직 추상적 기호들만을 다룬다면, 그 기호들은 현실 세계의 경험과 연결되지 않은 채 끝없이 서로를 정의하는 순환에 빠지게 되어 진정한 의미를 획득할 수 없다.

체화된 인지는 이러한 한계에 대한 대안으로 등장했다. 핵심 명제는 인지가 신체와 분리된 것이 아니라, 신체의 물리적 형태와 환경과의 감각운동적 상호작용에 깊이 뿌리내리고 있다는 것이다. 이 관점에서 신체는 단순한 입출력 장치가 아니라, 인지에 근본적인 제약을 가하고 동시에 특정한 가능성을 부여하는 중요한 구성 요소이다. 이러한 패러다임 전환은 단순히 과거 이론을 부정하는 것을 넘어, 과학적 변증법의 논리적 귀결로 이해될 수 있다.

이러한 철학적 주장을 구체적인 인지 메커니즘으로 설명하는 이론이 바로 Lawrence Barsalou의 지각적 상징 시스템(Perceptual Symbol Systems, PSS) 이론이다. PSS 이론에 따르면, 인지는 감각운동적 뇌 시스템에 기록된 상태를 부분적으로 재활성화하는 '시뮬레이션(simulation)'을 통해 작동한다. 즉, 우리가 '망치'라는 개념을 생각할 때, 우리의 뇌는 추상적인 기호를 처리하는 것이 아니라, 과거에 망치를 보았던 시각적 경험, 잡아보았던 촉각적 경험, 사용해보았던 운동적 경험과 관련된 신경 패턴을 재연(reenact)한다. 이 시뮬레이션 메커니즘은 추상적 개념이 어떻게 탈신체적 기호로 변환될 필요 없이 감각운동 시스템에 접지될 수 있는지에 대한 구체적이고 검증 가능한 모델을 제공하며, 체화된 인지 패러다임의 설명적 토대를 이룬다.

4E 인지의 네 가지 차원: 체화, 내재, 확장, 실행

체화된 인지라는 큰 우산 아래에는 뇌 중심적 사고에서 벗어나는 급진성의 정도에 따라 네 가지 주요 흐름, 즉 4E(Embodied, Embedded, Extended, Enactive) 패러다임이 존재한다. 이 네 차원은 마음과 세계 사이의 경계를 점진적으로 해체하는 지적 여정을 보여준다.

체화된 인지(Embodied Cognition): 가장 기본적인 차원으로, 인지는 우리가 가진 신체의 종류에 의해 형성된다는 주장이다. 우리의 지각, 개념, 추론 능력은 우리의 신체적 구조와 능력에 의해 제약을 받고 또 가능해진다. 예를 들어, 인간이 '위'와 '아래'라는 공간 개념을 갖는 것은 중력하에서 직립보행하는 신체를 가졌기 때문이다.

내재된 인지(Embedded Cognition): 인지는 환경에 깊이 내재되어 있으며, 지능적 행위는 환경의 구조를 적극적으로 활용하여 인지적 부담을 '오프로딩(off-loading)[11]'하는 과정이라는 주장이다. 예를 들어, 우리는 복잡한 곱셈을 할 때 머릿속으로만 계산하지 않고 종이와 펜을 사용하여 중간 계산 결과를 외부화함으로써 작업 기억의 부담을 줄인다.

확장된 인지(Extended Cognition): Clark & Chalmers(1998)가 제안한 가장 급진적인 주장 중 하나로, 인지 과정이 문자 그대로 두개골과 피부의 경계를 넘어 외부 세계로 확장될 수 있다는 이론이다. 이들의 유명한 사고 실험에서, 알츠하이머병을 앓는 오토(Otto)는 자신의 기억을 기록하기 위해 항상 휴대하는 노트북에 의존한다. 오토에게 노트북은 단순히 외부 도구가 아니라, 그의 생물학적 기억과 동등한 기능적 역할을 수행하는 인지 시스템의 일부가 된다. 초기에는 외부 도구가 내부 인지 과정과 '기능적으로 동등'해야 한다는 '등가성 원리(parity principle)'가 강조되었으나, 최근에는 외부 요소가 뇌와 안정적이고 신뢰할 수 있으며 상호적으로 결합하여 새로운 하이브리드 인지 시스템을 형성하는 '체계적 통합(systemic integration)'이 더 중요한 기준으로 부상했다. 이러한 관점의 전환은 음성과 제스처가 단순히 기능적으로 유사한 채널이 아니라, 하나의 통합된 의미 구성 시스템을 형성한다는 멀티모달 연구의 핵심 주장과 강한 유비 관계를 형성한다.

실행적 인지(Enactive Cognition): Varela, Thompson, & Rosch (1991)에 의해 주창된 것이다. 이 관점은 인지가 미리 주어진 외부 세계에 대한 내적 표상(representation)을 구축하는 과정이라는 전통적 견해를 거부한다. 대신, 인지는 유기체가 환경과 결합된 실행을 통해 의미의 세계를

---

11 '오프로딩'은 인지적 작업을 머릿속에서만 처리하지 않고 외부 환경이나 도구에 분산시키는 것을 의미한다. 예를 들어, 복잡한 계산을 암산 대신 종이에 적어가며 푸는 것, 기억해야 할 일을 메모장에 적는 것, 손가락으로 수를 세는 것 등이 인지적 오프로딩의 사례다. 이는 제한된 인지 자원을 효율적으로 활용하기 위한 전략으로, 인간 지능의 핵심적 특징 중 하나로 여겨진다.

'창발(bringing forth)'시키는 과정, 즉 '실행(enaction)'라고 주장한다. 마음은 머릿속에 있는 것이 아니라, 신체와 환경의 관계 속에서 발생하는 역동적인 과정 그 자체이다. 이러한 관점을 실행주의(enactivism)라고 부른다. 실행주의 내부에는 스펙트럼이 존재하며, 이는 주로 '정신적 표상(mental representation)'의 역할을 어느 수준까지 인정할 것인가에 대한 입장 차이로 나타난다.

소위 '약한 실행주의(Weak Enactivism)' 혹은 '감각운동 실행주의(Sensorimotor Enactivism)'는 인지가 환경과의 능동적인 감각운동적 상호작용에 본질적으로 의존한다고 보지만, 인지 과정, 특히 복잡한 인지 과정에서 표상이나 내용의 역할을 완전히 배제하지는 않는다(Noë, 2004). 지각과 행위는 긴밀하게 결합되어 있지만, 특정 맥락에서는 내적 표상이 행위를 안내하는 역할을 할 수 있다고 본다.

반면, '강한 실행주의(Strong Enactivism)' 혹은 '급진적 실행주의(Radical Enactivism)'는 적어도 기초적 인지의 형태들, 즉 지각, 감정 등은 표상적 내용[12]을 필요로 하지 않는다는 입장을 취한다(Hutto & Myin, 2013). 이 관점에서 기초적 인지는 세계에 대한 내적 모델을 만드는 것이 아니라, 유기체가 환경과 직접적이고 역동적으로 결합(coupling)하는 과정이다. 다만 이들도 언어와 같은 고차원적 인지에서는 표상적 내용이 필요할 수 있음을 인정한다.

---

12 표상적 내용(representational content)은 전통적 인지주의에서 가정하는, 마음(혹은 뇌)이 외부 세계를 내적으로 복제하거나 재현하는 정보적 내용을 말한다. 예컨대 '마음속의 그림'이나 '세계에 대한 내적 모델' 등을 의미한다. 급진적 실행주의는 이러한 내적 모델 없이도 환경과의 직접적인 상호작용을 통해 인지가 발생한다고 주장한다.

이러한 구분은 멀티모달 연구에 중요한 방법론적 함의를 갖는다. 강한 실행주의를 따른다면 의사소통은 내적 표상의 외적 표현이 아니라, 참여자들이 다양한 자원을 동원하여 의미를 공동 구성하는 과정 그 자체가 된다. 반면 약한 실행주의를 따르더라도, 상호작용의 실시간적, 과정적 측면을 강조함으로써 유사한 방법론적 지향을 가질 수 있다. 본 연구는 이 가운데 약한 해석을 취한다. 이는 '의미 세계의 존재론적 창발'이라는 강한 형이상학적 주장을 보류하되, 참여자들이 신체적·물질적 자원을 동원하여 행위와 관계를 실시간으로 조율해가는 과정성(processuality)[13]과 온라인성(online interaction)[14]을 분석의 중심에 두는 것이다. 이러한 관점은 내적 표상을 추론하기보다 관찰 가능한 상호작용의 순차적 조직과 신체적 조율에 집중하는 멀티모달 대화분석의 방법론적 원칙과 잘 부합한다.

이 네 가지 차원은 다음의 〈표 2〉와 같이 요약될 수 있으며, 각각은 인지의 소재, 환경의 역할, 그리고 마음의 기능에 대해 점진적으로 더 급진적인 관점을 제시한다.

13 과정성은 인지와 의미가 고정된 실체나 사전에 완성된 구조가 아니라, 유기체-환경 간의 상호작용 속에서 지속적으로 전개되고 변화하는 역동적 과정임을 강조하는 개념이다. 이는 상태보다 과정으로서의 인지를 부각시킨다.

14 온라인성 혹은 온라인 상호작용은 실시간으로 전개되는 상호작용을 의미한다. 이는 사전에 계획되거나 완결된 표상을 실행하는 것이 아니라, 참여자들이 순간순간 서로의 행위에 반응하며 즉각적으로 조율하고 조정해가는 상호작용의 즉시성(immediacy)과 상황의존성(context-dependency)를 강조한다.

〈표 2〉 4E 인지 패러다임의 네 가지 차원 비교

차원	핵심 명제	인지의 소재	환경의 역할	핵심 사례
체화 (Embodied)	인지는 신체의 특성에 의해 형성되고 제약된다.	뇌-신체 시스템	인지적 행위를 위한 물리적 기반	인간의 신체 구조가 공간 개념을 형성
내재 (Embedded)	인지는 환경의 구조를 인지적 자원으로 활용한다.	뇌-신체 시스템 (환경과 상호작용)	인지적 부담을 덜어주는 외부 자원	계산을 위해 종이와 펜을 사용
확장 (Extended)	인지 과정은 물리적으로 환경 속으로 확장될 수 있다.	뇌-신체-세계 하이브리드 시스템	인지 과정의 구성 요소	스마트폰 전화번호부가 내 기억의 일부가 되는 것
실행 (Enactive)	인지는 행위를 통해 의미의 세계를 창발하는 과정이다.	뇌-신체-세계의 관계적 과정	인지와 상호적으로 구성되는 파트너	시선·제스처·발화가 상호작용 국면을 실시간 형성(관계적 의미 구성)

체화된 의미와 언어: 개념적 은유에서 행위-문장 호응 효과까지

4E 패러다임이 단순한 철학적 주장을 넘어 과학적 타당성을 갖기 위해서는 구체적인 언어 현상과 심리적 과정에서 그 증거를 찾아야 한다. 체화된 의미론은 개념 분석에서부터 실시간 신경 처리 과정에 이르기까지 다양한 층위에서 설득력 있는 증거들을 제시하며, 이는 마치 하나의

초점으로 수렴하는 '증거의 깔때기(funnel of evidence)[15]'와 같은 구조를 형성한다.

가장 상위의 개념적 층위에는 Lakoff & Johnson(1980)의 개념적 은유 이론(Conceptual Metaphor Theory)이 있다. 이 이론의 핵심은 '논쟁은 전쟁이다(Argument is war)'나 '시간은 돈이다(Time is money)'와 같이, 추상적인 개념 영역을 보다 구체적이고 경험적인 개념 영역을 통해 이해한다는 것이다. 이는 우리의 개념 체계 자체가 체화된 경험에 깊이 뿌리내리고 있으며, 언어는 이러한 체화된 개념 구조를 반영하는 창임을 보여준다.

다음으로, 실시간 행동 층위에서는 Glenberg & Kaschak(2002)의 행위-문장 호응 효과(Action-Sentence Compatibility Effect, ACE) 연구가 결정적인 행동적 증거를 제공한다. 이 실험에서 참가자들은 "네가 서랍을 닫는다(You close the drawer)"와 같이 몸에서 멀어지는 행위를 묘사하는 문장의 의미를 판단할 때, 실제로 손을 몸에서 멀리 움직여 반응하는 것이 더 빨랐다. 반대로 "네가 서랍을 연다(You open the drawer)"와 같이 몸으로 다가오는 행위를 묘사하는 문장에서는 손을 몸 쪽으로 움직여 반응하는 것이 더 빨랐다. 이 결과는 문장 이해 과정이 추상적인 기호 처리 과정이 아니라, 문장이 묘사하는 행위를 뇌의 운동 시스템에서 미세하게 시뮬레이션하는 과정과 실시간으로 상호작용함을 명백히 보여준다.

---

15 "증거의 깔때기(funnel of evidence)"는 다양한 연구 방법론과 데이터 소스로부터 얻어진 증거들이 하나의 이론적 결론으로 수렴하는 과정을 비유적으로 표현한 개념이다. 이 용어는 인지과학 분야에서 여러 층위의 증거가 특정 이론을 지지하는 방식을 설명할 때 사용된다.

마지막으로, 가장 미시적인 신경생리학적 층위에서는 신체-사물 상호작용(Body-Object Interaction, BOI)과 관련된 뇌파(ERP) 연구가 직접적인 신경적 증거를 제시한다. BOI는 특정 단어의 지시 대상과 인간의 신체가 얼마나 쉽게 상호작용할 수 있는지를 나타내는 척도이다(예: '자전거'는 BOI가 높고, '나비'는 낮다). Al-Azary et al.(2022)의 연구는 BOI가 의미 처리와 관련된 뇌파 성분인 N400에 영향을 미친다는 것을 발견했다. 특히, 참가자들이 단어의 지시 대상이 '만질 수 있는지'를 판단하는 과제를 수행할 때, BOI가 낮은 단어(나비)가 높은 단어(자전거)보다 더 큰 N400 진폭을 유발했다. 이는 뇌가 단어의 의미를 처리하는 수백 밀리초의 짧은 순간에도 그 대상과의 잠재적인 신체적 상호작용 가능성을 계산하고 있음을 시사한다. 더욱 중요한 점은, 이러한 효과가 '만질 수 있는지'를 판단하는 과제에서는 나타났지만, 단순히 '구체적인지 추상적인지'를 판단하는 과제에서는 나타나지 않았다는 것이다. 이는 뇌의 시뮬레이션 과정이 고정된 반사 작용이 아니라, 현재의 과제 목표에 따라 유연하게 조절되는 능동적이고 목표 지향적인 인지 활동임을 보여준다. 이러한 과제 의존성은 멀티모달 상호작용 분석에서 제스처와 같은 비언어적 행위가 고립적으로 해석될 수 없으며, 항상 그것이 수행되는 의사소통 맥락과 과제 안에서 그 기능이 이해되어야 함을 시사한다.

멀티모달리티와 4E 인지: 제스처는 시뮬레이션된 행위

4E 인지과학의 관점에서 사고는 추상적 상징 조작이 아니라 감각운동적 시뮬레이션에 기반한다. 만약 사고가 이러한 신체적 과정을 통해 이루어진다면, 사고의 외적 표현인 의사소통 역시 본질적으로 멀티모달적일

수밖에 없다. 이러한 관점에서 제스처는 언어에 부수적인 장식물이 아니라, 체화된 인지 과정의 직접적인 발현으로 이해된다. 이 연결고리를 설명하는 가장 핵심적인 이론이 Hostetter & Alibali의 '시뮬레이션된 행위로서의 제스처(Gesture as Simulated Action, GSA)' 프레임워크이다.

GSA 프레임워크에 따르면, 우리가 언어적으로 무언가를 개념화할 때 관련된 감각운동 영역에서 시뮬레이션이 일어난다. 이 시뮬레이션의 활성화 수준이 특정 임계치를 넘어서면, 그 활성화가 운동 시스템으로 '누수(leak)'되어 신체적 행위, 즉 제스처로 발현된다. 예를 들어, "그가 공을 던졌다"고 말할 때, 뇌의 운동 시스템에서 '던지는 행위'에 대한 시뮬레이션이 일어나고, 이 활성화가 충분히 강하면 실제 손으로 던지는 동작을 흉내 내는 제스처가 나타나는 것이다. 이 이론은 제스처를 화자의 체화된 개념화 과정에 대한 직접적인 '창(window)'으로 위치시킨다. 따라서 제스처를 무시하는 언어 분석은 화자의 인지 과정에 대한 가장 직접적인 증거 중 하나를 의도적으로 외면하는 것과 같다.

음성과 제스처가 단순히 병렬적인 정보 채널이 아니라, 긴밀하게 통합된 단일 시스템을 형성한다는 주장은 최근의 지각 연구를 통해 뒷받침된다. Jiménez-Bravo & Marrero-Aguiar(2024)의 멀티모달 운율 연구는 제스처라는 시각 정보가 스페인어의 음향적 강세 지각에 직접적인 영향을 미친다는 것을 보여주었다. 청자들이 제스처와 함께 제시된 발화를 들을 때, 제스처가 없는 발화를 들을 때와 강세를 다르게 지각했다. 이는 뇌가 음성 정보와 제스처 정보를 독립적으로 처리한 후 합산하는 것이 아니라, 처음부터 통합된 멀티모달 신호로 처리함을 의미한다. 따라서 발화의 전체 의미는 '음성의 의미 + 제스처의 의미'가 아니라, 음성-제스처 시스템에서 창발하는 새로운 속성이다. 이는 각 모달리티를 분리하여 분석하는 전통적인 방법론이 연구 대상인 의사소통 현상을 다 담아내지 못할 수 있음을 시사하며, 멀티모달 말뭉치 구축의 필요성에 대한 경험적 근거를 제공한다.

물론, 제스처 발현의 인지적 동기가 보편적이라 할지라도, 그 구체적인 형태와 화용론적 기능은 문화에 따라 달라진다. Kita(2009)의 비교문화 연구는 제스처의 사용 양상이 문화별 관습, 공간 인지 방식, 그리고 언어 구조의 차이에 의해 체계적으로 영향을 받는다는 것을 보여준다. 이는 멀티모달 말뭉치 분석이 보편적 인지 메커니즘과 문화적 특수성을 동시에 고려해야 하는 복합적인 과제임을 일깨워준다.

국내외 최신 연구 동향 및 시사점

4E 인지 패러다임은 철학적 논의를 넘어 신경과학, 교육학, 공학 등 다양한 분야에서 활발한 실증 연구를 촉발하며 그 영향력을 확장하고 있다. 국내외 최신 연구 동향은 체화된 인지가 인간의 학습, 전문성, 그리고 기술과의 상호작용을 이해하는 데 핵심적인 틀을 제공함을 보여준다.

국내 학계에서도 체화된 인지에 대한 심도 있는 논의와 적용이 활발하게 이루어지고 있다. 철학 및 인지과학 분야에서 학자들은 마음이 뇌-신체-세계의 역동적 상호작용을 통해 창발한다는 관점을 제시하며, 전통적인 '뇌 중심주의'의 한계를 비판하는 개념적 토대를 마련했다. 이러한 이론적 논의는 구체적인 응용 연구로 이어지고 있다.

국제적으로는 신경과학 연구가 체화된 전문성의 생물학적 기제를 밝혀내고 있다. Yang et al.(2023)은 기능적 자기공명영상(fMRI)을 사용하여 전문 무용수들의 뇌를 연구했다. 연구 결과, 무용수들은 휴식 상태에서도 일반인에 비해 확장된 거울 뉴런 시스템(extended Mirror Neuron System, eMNS) 내의 기능적 연결성이 유의미하게 증가해 있었다. 거울 뉴런 시스템은 타인의 행동을 관찰할 때 자신이 그 행동을 직접 수행하는 것처럼 활성화되는 뇌 영역으로, 공감 및 사회적 인지에 핵심적인 역할을 하는 것으로 알려져 있다. 이 연구는 장기간의 숙련된 신체 훈련이 뇌의 기능적 구조를 물리적으로 재구성한다는 증거를 제공한다. 즉, '몸이 마음을 빚는다'는 체화된 인지의 핵심 주장이 신경생물학적 수준에서 입증된 것이다.

교육심리학 분야에서는 체화된 인지와 인지부하 이론(Cognitive Load Theory, CLT)을 통합하려는 최신 연구 동향이 주목받고 있다. Zou et al.(2025)은 이 두 이론의 시너지를 탐구한다. 인지부하 이론은 인간의 작업 기억 용량이 제한되어 있으므로, 학습 효과를 높이기 위해서는 불필요한 인지적 부담을 줄여야 한다고 주장한다. Zou et al.(2025)의 연구는 제스처와 같은 신체적 행위가 복잡한 정보를 작업 기억 외부로 '오프로딩'하여 인지 부하를 관리하는 효과적인 전략이 될 수 있음을 제시한다. 예를 들어, 복잡한 수학 문제를 풀 때 손가락으로 셈을 하거나 공간 관계를 제스처로 표현하는 것은 작업 기억의 부담을 덜어주어 더 깊은 개념적 이해에 자원을 집중할 수 있게 한다. 이는 의사소통 상황에서 제스처가 단순히 표현적인 기능을 넘어, 복잡한 대화 과제를 수행하기 위한 실시간 인지 자원 관리 전략으로서 기능할 수 있음을 시사한다.

이러한 연구들은 인공지능(AI), 로봇공학, 가상/증강현실(VR/AR)과 같은 기술 개발에도 직접적인 영감을 주고 있다. 인간의 인지가 신체와 환경에 깊이 의존한다는 사실을 이해함으로써, 우리는 더 직관적이고 효과적인 인간-기계 인터페이스를 설계할 수 있다.

4E 패러다임과 멀티모달 말뭉치 구축의 필연성

지금까지 논의된 체화된 인지와 4E 패러다임의 이론적, 경험적 근거들은 언어 연구의 방법론에 대한 근본적인 질문을 제기한다. 만약 우리가 마음이 신체와 분리될 수 없고, 신체는 세계와 분리될 수 없다는 4E 인지의 전제를 받아들인다면, 마음의 산물인 언어를 연구하는 우리의 방법론 역시 이러한 전제에 충실해야 한다. 이는 멀티모달 말뭉치 구축이 단순한 기술적 선택이 아니라, 과학적 필연성이라는 결론으로 이어진다.

전통적인 텍스트 중심 또는 음성 중심의 단일 모달리티 말뭉치는 그 설계 자체가 암묵적으로 탈신체화되고 탈맥락화된 언어관에 기반한다. 이러한 말뭉치는 언어 사용에서 신체(제스처, 시선, 자세)와 세계(물리적 환경, 사물, 상호작용 맥락)를 의도적으로 제거한다. 그러나 4E 패러다임은 바로 이 제거된 요소들이 인지 과정의 부수적인 배경이 아니라, 핵심적인 구성 요소라고 주장한다. 따라서 단일 모달리티 말뭉치는 실제 인간의 의사소통 현상이 아니라, 결함 있는 방법론이 만들어낸 가공적인 대상을 연구하는 것과 같다.

결론적으로, 멀티모달 말뭉치는 단순히 데이터가 많다는 의미가 아니다. 그것은 4E 패러다임 하에서 유일하게 타당한 연구 대상, 즉 체화되고 상황 속에 놓인 멀티모달적 활동을 실제에 가깝게 포착하는 데이터셋이다. 연구 대상의 본질이 상황에 처한, 체화된, 멀티모달적 활동이라면, 우리의 연구 방법론 또한 그 본질을 온전히 담아낼 수 있어야 한다. 따라서

4E 패러다임은 멀티모달 말뭉치 언어학의 이론적 토대를 제공할 뿐만 아니라, 그것이 왜 이 시대의 언어 연구에 필수적인지를 역설하는 강력한 방법론적 당위성을 부여한다. 이어지는 장들에서 제시될 멀티모달 말뭉치 구축 원칙들은 바로 이러한 이론적 필연성을 구체적인 실천으로 옮기기 위한 방법론적 지침이 될 것이다.

1.3. 포스트휴머니즘과 멀티모달 대화분석의 접점

포스트휴머니즘 이론은 인간 중심주의를 넘어 인간과 비인간의 경계를 재고함으로써 인간을 둘러싼 다양한 행위자와 물질적 환경의 역할을 새롭게 조명한다. 이러한 사상적 전환은 멀티모달 대화분석에도 큰 함의를 지닌다. 기존 대화분석이 언어적 상호작용의 순서와 규칙에 초점을 맞추었다면, 포스트휴머니즘과 접목된 멀티모달 대화분석은 인간-비인간 행위자의 대칭성[16], 물질적 환경의 행위성, 그리고 체화된 상호주관성과 정동(affect)[17]의 세 축을 중심으로 상호작용을 보다 포괄적으로 분석한다. 이 절에서는 이러한 세 가지 축을 바탕으로 포스트휴머니즘과 멀티모달 대화분석의 이론적·방법론적 접점을 살펴보고, 실제 대화 분석과 말

16 여기서의 '대칭성'은 분석상의 대칭(analytic symmetry)을 뜻하며, 윤리적 책임의 대칭을 의미하지 않는다.

17 여기서 '정동'이라 함은 화자의 감정이나 느낌을 표현하는 대화 요소로, 소망(wish), 비교(comparison), 추측(conjecture) 등의 언어적 표지를 통해 나타나는 상대적으로 모호한 발화들을 특징으로 한다. '관여'는 고도로 상호작용적인 담화의 특성으로, 1인칭·2인칭 대명사, 감탄사, 상태표현 등을 통해 화자와 청자 간의 직접적 언급과 밀접한 관계를 나타내는 요소를 의미한다.

뭉치 구축 사례를 통해 그 적용을 구체적으로 논의한다.

■ 인간-비인간 행위자의 대칭적 분석

포스트휴머니즘의 한 핵심 원리는 인간과 비인간 행위자를 대칭적으로 분석하는 것이다. 행위자-네트워크 이론(Actor-Network Theory) 등에서 Bruno Latour는 사회현상을 이해할 때 인간 행위자뿐 아니라 사물, 기술, 동물 등 비인간 행위자 역시 동등한 역할을 한다고 주장하였다(Latour, 2005: 10). 다시 말해, 전통적 인간-비인간 이분법을 탈피하여 모든 요소를 행위자(actant)로 간주하고, 그 네트워크 속에서 상호작용을 파악하는 접근이다. 이러한 대칭적 관점은 대화분석에도 시사하는 바가 크다. 인간 화자들만을 중심에 놓는 대신, 대화 상황에 개입하는 비인간 요소들 - 예컨대 대화에 사용된 기술 매체, 대화 참여 동물, 기계적 인터페이스등 - 역시 상호작용의 일부로 분석할 수 있기 때문이다.

실제로 최근 들어 인간-비인간 상호작용에 대화분석을 적용한 흥미로운 연구들이 등장하고 있다. 예를 들어, Goode(2006)는 청각장애인과 개의 상호작용을 민속방법론적 대화분석(ethnomethodological CA)의 시각에서 분석하여, 개 역시 회화적 맥락에서 의미 있는 신호를 주고받는 참여자로 기능함을 보였다(Goode, 2006: 45). 또한 de Rijk & Cornips (2024)은 돼지 우리에서 새끼 돼지들의 놀이 상호작용에 대화분석을 적용하여, 돼지들도 머리 흔들기 등의 신호를 통해 순차적 행동 조직을 형성함을 밝힘으로써 인간 이외의 동물에게도 CA 기법이 유효함을 보여주었다. 이러한 연구들은 말차례 취하기, 행동 조정등의 상호작용 원리가 인간 대화에 국한되지 않으며, 비인간 행위자들 사이에서도 유사하게 관찰될 수 있음을 시사한다. 다시 말해, 포스트휴머니즘의 관점에서 '대화의 참여자' 개념을 재정의하게 되는데, 여기에는 전통적으로 소외되었던 동물이나 인공지능과의 대화까지 포함된다(Pennycook, 2018: 121).

기술 매개 상호작용에서도 대칭적 분석의 의의가 두드러진다. 휴먼-컴퓨터 상호작용 연구자 Lucy Suchman은 복사기 사용자와 기계 사이의 상호작용을 정밀 분석하여, 기계도 사람의 행동을 구조화하고 응답하게 만드는 상호작용 질서를 형성한다고 주장하였다(Suchman, 2007: 240). 예컨대 자동 응답 시스템이나 스마트 비서와의 대화에서는 기계의 출력(음성 안내, 화면 표시 등)이 사람의 다음 행동을 이끌어내고, 사람들이 그에 다시 반응하는 순차적 맥락이 형성된다. 이러한 관찰은 기술 장치도 상호작용의 맥락 구성 요소로 간주해야 한다는 것을 보여준다. 요컨대, 인간-비인간 행위자의 대칭적 대화분석을 통해 우리는 대화의 주체를 확장하고, 행위자들의 연결망 속에서 의사소통이 이루어지는 방식을 총체적으로 파악할 수 있다(Latour, 1996: 233). 이는 포스트휴머니즘적 문제의식과 부합하며, 기존 언어 연구의 범위를 넓혀준다.

이 같은 관점을 실제 대화 말뭉치에 반영하려는 시도도 나타나고 있다. 예를 들어, 대화 말뭉치를 구축할 때 사람 이외의 행위자(예: 로봇 비서와 사용자 대화, 반려동물과의 상호작용 영상 등)를 포함시키는 연구가 진행 중이다. 이는 다양한 행위자가 등장하는 멀티모달 대화 말뭉치를 통해 인간-비인간 상호작용의 규칙성과 특성을 체계적으로 파악하려는 노력이다. 이러한 데이터는 향후 인간-기계 대화 시스템 개발이나 인공지능 대화모델평가에도 유용하며, 나아가 대칭적 관점의 대화이론을 실제로 검증하는 기반이 된다.

▬ 물질적 환경의 행위성

포스트휴머니즘은 또한 물질적 환경(material environment) 자체에 행위성(agency)을 인정한다는 점에서 혁신적이다. 이는 최근 철학 및 사회과학의 신유물론(new materialism)흐름과도 맥을 같이 한다. Barad(2007)의 포스트휴먼 실행이론(agential realism)이나 Bennet(2010)의 활동적 물질(vibrant matter)개념은 물질이 수동적인 배경이 아니라 능동적으로 사건에 개입하고 의미 생성에 참여하는 존재임을 강조한다. 이러한 이론적 통찰은 상호작용 연구에서 환경을 다루는 방식에도 영향을 주었다. 즉, 대화를 둘러싼 물리적 환경, 도구와 사물들이 상호작용에 미치는 효과를 적극적으로 분석함으로써, 인간 행위와 분리되지 않은 얽힘(entanglement)의 관점에서 상호작용을 이해하게 된 것이다.

멀티모달 대화분석에서는 실제로 물질 환경의 행위성을 포착하려는 다양한 시도가 이루어지고 있다. Charles Goodwin의 연구들은 그 대표적인 예로 언급할 만하다. Goodwin은 일찍이 대화 상황에서 환경적 맥락과 신체적 행위가 어떻게 결합되는지를 보여주었는데, 특히 "환경적으로 연결된 제스처(environmentally coupled gestures)"개념을 통해 물체와 제스처의 결합을 분석하였다(Goodwin, 2007a: 200). 예컨대 고고학자들이 유물 발굴 현장에서 흙에 묻힌 흔적을 가리킬 때, 손가락 제스처의 의미는 오로지 그 물질적 배경(흙, 유물)과의 관계 속에서만 이해될 수 있다. 제스처와 물체가 적층적(laminated)으로 결합되어 하나의 행동을 이루기 때문에, 물질 환경이 곧 의미 구성의 일부가 되는 것이다. Goodwin의 또 다른 연구인 "Things and their embodied environments"에서도 말하는 이의 신체와 주변 사물이 일체가 되어 맥락화된 행위를 산출하는 양상을 분석하였는데(Goodwin, 2010: 110), 이는 물질적 사물이 행위의 매개자로 작용함을 생생하게 보여준다.

마찬가지로, Lorenza Mondada를 비롯한 멀티모달 상호작용 연구자들은 공간적 배치와 사물의 정향(orientation)이 대화의 진행과 의미해석에 미치는 영향을 분석해왔다. 예를 들어, De Stefani & Mondada (2014)는 길거리나 박물관 등에서 사람들이 이동하며 대화하는 상황에서 모바일 포메이션(mobile formations)을 연구하여, 참가자들의 상대적 위치와 움직임, 주변 사물의 배열이 순서 교대와 화제 전개에 개입하는 방식을 밝혔다(De Stefani & Mondada, 2014: 160). 이는 대화의 맥락이 발화 내용뿐 아니라 물리적 환경의 구성에 의해 형성됨을 보여준다. 특히 테이블, 의자, 문서, 디지털 화면과 같은 도구와 환경은 단순한 배경이 아니라, 참여자들의 시선과 몸짓을 조정하고 특정 행동을 가능/제한함으로써 상호작용의 행위자로 기능한다(Fox & Alldred, 2017: 25).

이러한 분석을 통해 드러나는 것은, 물질적 환경 역시 "말한다"는 사실이다. 예를 들어, 회의 상황을 생각해보면, 테이블 위에 놓인 안건 자료는 참가자들에게 발언 순서를 암시하거나 특정 주제를 떠올리게 만드는 준거점이 된다. 또 한편, 녹음기나 카메라와 같이 대화 장면을 기록하는 장치들도 대화 참여자들의 행동에 영향을 미쳐, 사람들은 기계의 존재를 의식하고 발언을 조절하기도 한다. 이처럼 비인간 물체들이 지닌 행위성은 대화의 전개 방향, 참여자의 태도에 미묘한 변화를 일으키며, 그 자체로 상호작용을 구성한다(Cooren, 2010: 45). Fenwick(2015)은 이러한 현상을 사물의 수행성(performativity of things)이라고 부르며, 사물이 인간과 상호수행적으로 관계 맺는 과정을 설명한다(Fenwick, 2015: 85).

물질적 환경의 행위성을 충분히 포착하기 위해서는 데이터 수집 및 말뭉치 구축과정에서도 세심한 고려가 필요하다. 최근 대화 연구에서는 화질과 음질이 우수한 영상 말뭉치(video corpus)를 구축하고, 대화 참여자들의 동작, 시선, 주변 환경까지 통합적으로 기록하는 방향으로 발전하고 있다(Erickson, 2004: 200). 예컨대 850시간 규모의 자연스러운 대화를 담은 CANDOR 말뭉치는 음성뿐 아니라 비디오 영상을 통해 1,656개의 대화에서 발생하는 모든 모달리티 정보를 수집함으로써, 대화 속 물질환경과 제스처, 발화 간의 복합적 상호작용을 연구할 수 있게 하였다(Reitter et al., 2023: 2). 또한 영국 UCL에서 구축한 ECOLANG 멀티모달 말뭉치[18]는 성인-아동 및 성인-성인 간의 일상 상호작용을 오디오-비디오 기록과 자세한 주석으로 제공하여, 연구자들이 대화맥락 속 물질적 요소(예: 장난감이나 도구의 사용, 공간 배치 등)를 정밀히 분석할 수 있게 지원한다(Gu et al., 2025: 5). 이처럼 멀티모달 말뭉치는 대화에 관련된 환경적 요인을 데이터화함으로써, 물질성이 어떻게 상호작용에 개입하고 조직화되는지 실증적으로 파악하는 기반이 되고 있다. 다만 이렇게 복합적 모달리티를 포함한 말뭉치 구축에는 다양한 난제도 따른다. Knight & Adolphs(2020)은 여러 연구에서 멀티모달 자료의 표준화 부족, 주석 체계의 미비, 재사용성 한계 등이 지적되고 있음을 언급하며(Knight &

---

18 ECOLANG은 2025년 University College London(UCL)에서 공개된 멀티모달 말뭉치로, 영국과 미국 영어를 사용하는 성인들이 자녀(3-4세, N=38) 또는 친숙한 성인(N=31)과 반자연적 대화에 참여하는 멀티모달 행동(음성 전사, 제스처, 객체 조작, 시선)의 오디오비주얼 기록과 ELAN 주석을 제공한다. EU Horizon 2020 European Research Council 프로그램과 Economic and Social Research Council(ESRC)의 지원을 받아 구축되었다.

Adolphs, 2020: 3), 서로 다른 연구 간 자료 공유와 비교를 위해 기술적·윤리적 표준의 정립이 중요하다고 지적한다. 이러한 노력들을 통해 물질세계까지 포괄하는 언어자료가 축적되고, 대화분석이 포스트휴머니즘적 문제의식을 실행에 옮길 수 있도록 한다.

체화된 상호주관성과 정동

포스트휴머니즘과 멀티모달 대화분석의 접점에서 특히 중요한 축은 체화된 상호주관성과 정동의 문제이다. 이는 인간 중심의 인지관을 넘어 몸과 감각, 정서가 상호작용에서 수행하는 핵심적 역할을 강조한다는 점에서, (1)·(2)의 논의와 긴밀히 연결된다. 체화된 인지의 관점에서 인간의 사고와 의사소통은 뇌 속에서 추상적으로 이루어지는 것이 아니라, 몸에 체현된 경험과 감각적 상호작용을 통해 이루어진다(Merleau-Ponty, 1945: 212 참조). 이러한 통찰은 대화분석에 적용될 때, 이해와 의미 공유가 오직 언어적 내용에 의해서만 달성되는 것이 아니라 공동의 몸짓, 눈맞춤, 자세, 억양 그리고 분위기등을 통해 공동으로 형성된다는 점을 부각시킨다(Goodwin, 2000: 1490).

대화 참여자들은 끊임없이 신체를 통하여 상호주관성을 구축하고 확인한다. 예를 들어, 한 화자가 발화 도중 시선을 들어 상대를 바라보는 행위는 그 발화에 담긴 의도의 공유 혹은 반응 요구를 의미하며, 이를 통해 상대방은 지금 자신이 말할 차례가 될지, 동의를 표시해야 할지를 신체적으로 감지한다(Kidwell, 2005: 307). 마찬가지로, 고개를 끄덕이거나 몸을 앞으로 숙이는 등 자세 변화는 상대 발화에 대한 공감이나 이해의 신호로 작용하여, 발화자에게 "내가 네 말을 따라가고 있다"는 피드백을 전달한다(김영란, 2013: 55). 이러한 체화된 피드백없이 순수한 언어 내용만으로는 원활한 상호이해가 어려우며, 대화 참여자들은 서로의 몸짓 읽기를 통해 미묘한 의미까지 교환하고 있는 것이다. Harold Garfinkel은 이를 두고 일상 상호작용 속 "상호주관적 조율"이라 하였으며(Garfinkel, 1984: 36), 대화자들이 각자의 신체를 통해 끊임없이 상대의 행동에 조응하고 맞춰가는 과정이 상호주관성의 기반임을 설파했다.

정동의 측면에서도 포스트휴머니즘과 멀티모달 대화분석은 접점을 형성한다. 정동은 전통적으로 개인 내부의 감정(emotion)과 구별되어, 관계적이고 체화된 감정의 흐름을 가리킨다. 즉 정동은 구체적 감정분류(기쁨, 분노 등) 이전에 몸과 몸 사이를 오가는 에너지나 분위기로 이해되며(Massumi, 2002: 25), 이러한 개념은 신유물론에서 중요한 위치를 차지한다. Blackman & Venn(2010: 7-28)은 정동이 개인 심리에 국한된 것이 아니라 사회적 장면 속에서 파동처럼 증폭되고 전염되는 현상임을 지적했다. 즉, 정동은 개인의 통제를 넘어서 전체적으로 작동하는 힘이라는 것이다. 대화라는 맥락에서 볼 때도, 화자들의 말투, 얼굴 표정, 목소리 떨림, 침묵 등의 요소는 정동적으로 작용하여 그 자리에 있는 모든 이들에게 동시적으로 영향을 미친다. 예를 들어, 한 사람이 발화 도중 잠시 머뭇거리며 한숨을 쉰다면, 그 미묘한 정동 신호는 듣는 이들에게 발화자가 느끼는 곤란함이나 주저함을 즉각적으로 전달하고, 이에 따라 대화의 흐름이 변화한다(Couper-Kuhlen, 2012: 123). 듣는 이들은 그 한숨의 정동을 받아들여 상대를 도와주려 끼어들지, 혹은 주제를 바꿀지 등 순차적 대응을 판단하게 된다. 이처럼 정동은 대화 참여자들 사이에 퍼져나가며, 일종의 상호작용적 분위기를 형성하여 대화의 의미 맥락을 좌우한다.

멀티모달 대화분석은 이러한 정동의 상호작용적 조직을 포착하는 데 특히 유용한 접근법을 제공한다. Goodwin의 연구 중 하나인 "Participation, stance and affect in the organization of activities"는 아이들의 놀이 대화에서 어떻게 정서적 입장(stance)과 정동이 몸짓과 말투를 통해 공동 구성되는지 보여준다(Goodwin, 2007b: 61). 예를 들어 아이들 사이의 논쟁 상황에서, 한 아이가 삐딱한 어조와 눈흘김으로 불만의 정동을 드러내면, 다른 아이는 팔짱을 끼고 몸을 돌리는 동작으로 대응 정동을 표현하며, 이렇게 서로의 몸짓과 어조를 통해 감정적 입장이 교섭된다. Goodwin은 이러한 사례를 통해 정동 표출이 순차적인 대화 구조 속에 편입되어 있음을 밝히는데, 즉 감정의 표현도 말차례의 일부로서 특정 자리에 위치하고 다음 행동을 요구하거나 제약하는 기능을 한다는 것이다(Goodwin, 2007b: 65). 이러한 발견은 대화의 맥락을 이해할 때 발화 내용뿐 아니라 정동적 흐름을 함께 고려해야 함을 시사한다.

정동과 체화의 개념을 통합적으로 고려하면, 상호주관성에 대한 이해도 깊어진다. 서로 얼굴을 마주보고 대화할 때 형성되는 공동 주의(joint attention), 말차례 전환 시 느껴지는 긴장과 이완의 리듬, 유머가 통했을 때 터지는 동시적 웃음등은 모두 공동체화된 몸을 통해 참여자들이 함께 경험하는 정동적 상호주관성이다(Sacks et al., 1974 참조). 이러한 순간에 참여자들은 서로의 내면 상태를 부분적으로 공명(resonance)하며, 이는 언어로 완전히 기술할 수 없는 느낌의 공유로 남지만 대화의 성공에 결정적으로 기여한다. 예컨대, 환자-의사 대화에서 환자의 울먹이는 목소리와 눈물은 의사에게 환자의 고통을 강하게 체감시키고, 의사는 목소리를 낮추고 손을 내미는 공감 행위로 응답함으로써 서로 정동적으로 연결된다(Heath, 1997). 이처럼 체화와 정동의 상호주관성은 대화자들 사이에 언표되지 않은 이해와 유대를 형성하여, 언어적 교환을 넘어서는 의미망을 구축한다.

포스트휴머니즘은 인간을 이런 정동-체화 네트워크 속 존재로 바라보기 때문에, 멀티모달 대화분석을 통해 그러한 면모를 조명하는 것이 가능해진다. 이는 방법론적으로도 새로운 도전과 혁신을 요구한다. 대화의 정동적·체화된 측면을 연구하기 위해 연구자들은 영상 데이터를 반복 재생하며 미세한 몸짓 변화와 음성 억양의 미세조정까지 분석하고, Jefferson식 전사법을 확장한 비언어적 행위 기호(예: 제스처, 시선, 음성 높낮이 표시 등)를 개발하여 기록한다(Mondada, 2018: 86). 또한 한걸음 더 나아가, 촉각이나 후각처럼 시각화하기 어려운 감각적 상호작용도 분석하기 시작했는데, Cekaite & Mondada(2020)의 저작은 접촉(touch)이 사회적 상호작용에서 어떻게 조직화되는지를 다양한 사례로 보여주었고(Cekaite & Mondada, 2020: 3), Mondada(2021)는 치즈 시식(cheese tasting) 세션에서 미각과 후각같은 감각 경험이 참여자들의 언어적 표현과 교차하며 규범적 상호작용을 이루는 과정을 밝혔다(Mondada, 2021: 70). 이러한 연구들은 체화된 상호작용의 다감각적(multi-sensorial) 층위까지 분석 영역을 넓힘으로써, 인간 상호작용을 전체적 경험으로 이해하려는 포스트휴머니즘적 지향을 잘 보여준다.

결론 및 전망

포스트휴머니즘 이론과 멀티모달 대화분석의 접점에서 이루어지는 이러한 논의는 언어와 상호작용 연구에 새로운 지평을 열고 있다. 인간-

비인간 행위자의 대칭적 분석을 통해 대화의 참여자 개념을 확장함으로써, 언어현상을 인간 사회라는 제한된 틀에서 벗어나 이종(異種) 행위자들로 이루어진 광범위한 연합속에서 이해할 수 있게 되었다. 또한 물질적 환경의 행위성을 고려함으로써, 대화를 둘러싼 사물들과 공간이 어떻게 상호작용을 형성하는지에 대한 깊은 통찰을 얻었고, 이를 뒷받침하는 멀티모달 말뭉치와 새로운 분석 도구들이 속속 등장하고 있다. 아울러 체화된 상호주관성과 정동에 집중함으로써, 대화를 통한 의미 공유의 과정이 단순한 기호 교환이 아니라 살아 있는 몸과 감각의 조화속에서 이루어짐을 구체적으로 보여주었다. 이러한 연구들은 대화 속에 내재한 인지적·정서적·물질적요소들의 긴밀한 얽힘을 드러내며, 궁극적으로 언어를 인간-비인간-환경의 네트워크 현상으로 재개념화하는 데 기여하고 있다 (Braidotti, 2013: 35).

방법론적으로 보면, 포스트휴머니즘적 멀티모달 대화분석은 학제 간 융합과 기술의 활용을 촉진하면서 발전하고 있다. 예컨대 대용량 영상 말뭉치에서 AI 보조 분석 도구를 활용해 몸짓이나 표정을 자동 검출하고 (Cormier et al., 2019 참고), 시각화 기법으로 복잡한 상호작용 네트워크를 도식화하려는 시도가 이루어진다(Laurier, 2014: 238). 이는 전통적 대화분석의 미시적 엄밀함에 기술과 이론을 접목하여, 보다 거시적이고 복합적인 상호작용 양상까지 포착하려는 움직임이라 할 수 있다. 동시에, 이런 연구에는 윤리적 숙고도 뒤따른다. 특히 자연스러운 멀티모달 데이터 수집과정에서 프라이버시와 동의의 문제, 인간과 동물 연구 윤리 등이 대두되므로, 향후에는 포스트휴머니즘의 포용적 윤리를 반영한 연구 설계 원칙도 요구될 것이다. 지금까지의 논의를 도식화하면 다음과 같다.

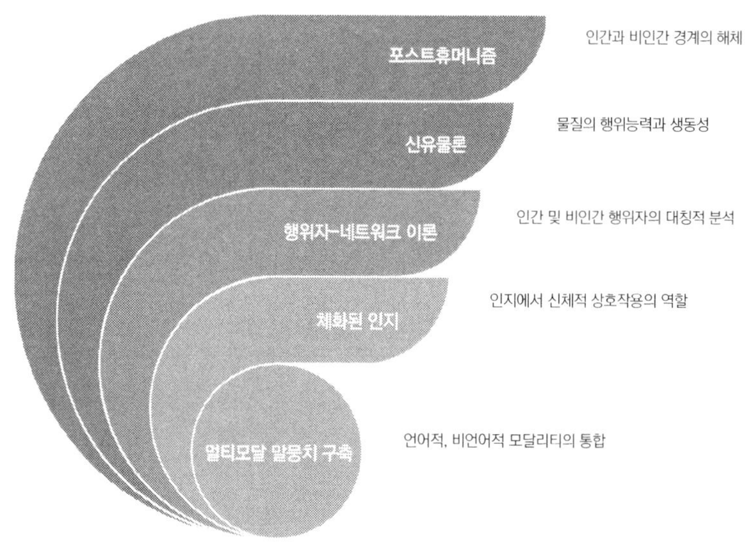

〈그림 1-1〉 멀티모달 말뭉치 구축의 이론적 토대

종합하면, 포스트휴머니즘과 멀티모달 대화분석의 만남은 언어를 인간만의 것이 아닌, 인간과 비인간, 물질과 비물질이 함께 엮어가는 현상으로 파악하게 해준다. 이는 언어학, 사회학, 인류학, 커뮤니케이션학 등 여러 분야의 연구자들에게 새로운 이론적·방법론적 자원을 제공하며(Pennycook, 2018: 121), 실제 언어생활 속 현상을 더욱 풍부하고 정확하게 설명할 수 있는 잠재력을 지닌다. 앞으로 구축될 다양한 멀티모달 대화 말뭉치와 후속 연구들은 이러한 통합적 관점을 한층 정교화할 것이며, 체화되고 분산된 언어에 대한 우리의 이해를 심화시키는 동시에 새로운 실천적 응용의 길을 열어줄 것이다. 결국 언어 연구의 지평은 인간 개체를 넘어서 생명 일반과 물질세계 전반으로 확장되고 있으며, 포스트휴머니즘과 멀티모달 대화분석의 접점에서 이러한 변화가 가장 역동적으로 전개되고 있다.

1.4. 멀티모달 일상대화 말뭉치의 포스트휴먼적 의의

멀티모달 일상대화 말뭉치는 일상 언어 상호작용을 음성, 시각, 신체 동작 등 다양한 모드로 기록한 데이터베이스로서, 이를 포스트휴머니즘 관점에서 고찰하면 인간-기술 관계와 의사소통의 본질에 대한 새로운 통찰을 제공한다. 앞서 살펴본 바와 같이 포스트휴머니즘은 인간과 비인간의 경계를 재조명하고 인간 중심주의를 넘어서는 사유를 촉진하며(Haraway, 1985; Braidotti, 2013), 멀티모달 대화분석은 이러한 철학적 전환을 구체적인 언어 연구에 적용한다. 본 절에서는 멀티모달 일상대화 말뭉치의 포스트휴먼적 의의를 세 가지 측면에서 논의한다. 첫째, 인간-기술 아상블라주(assemblage)의 기록으로서 이 말뭉치가 가지는 함의를 살펴보고, 둘째, 체화된 의미 구성 과정을 어떻게 포착하는지를 고찰하며, 마지막으로 미래 커뮤니케이션 연구의 기반으로서의 역할을 논의한다. 이러한 각 논의는 포스트휴머니즘, 멀티모달리티, 말뭉치 언어학, 체화된 인지의 관점을 교차시켜 이론적으로 해설되고, 구체적 사례와 선행 연구를 통해 뒷받침될 것이다.

인간-기술 아상블라주의 기록

멀티모달 일상대화 말뭉치는 인간-기술 아상블라주의 산물이며 동시에 그것을 기록한 아카이브이다. 포스트휴머니즘은 인간을 기술 등 비인간 요소와의 혼종적 아상블라주로 바라보는데, Haraway(1985)의 사이보그 개념은 이러한 기술과 인간의 긴밀한 얽힘을 잘 보여준다. 오늘날 디지털 기술과의 상호작용 속에서 인간 주체가 변모하는 양상은 이미 Haraway가 예견한 바다. 실제로 현대의 대화 상황은 스마트폰, 녹음기, 카메라 등 기술적 매개없이 이루어지기 힘들며, 일상대화를 수집하는 과정 자체가 인간 담화와 기술 장치의 협업으로 이루어진다. 예컨대 일상대화 말뭉치를 구축하기 위해 카메라와 마이크가 대화 현장을 포착하고, 이후 컴퓨터 알고리즘이 음성 인식이나 영상 분석을 수행하는데, 이 일련의 과정은 인간 화자, 기록자와 비인간 기기, 알고리즘이 하나의 아상블라주를 이뤄 의미 정보를 생성·보존하는 것이다.

포스트휴먼적 관점에서 이러한 말뭉치는 인간-기술 혼종 실천의 생생한 기록으로서 의의가 있다. 전통적인 텍스트 말뭉치와 달리, 멀티모달 말뭉치는 아날로그 인간 경험이 디지털 데이터로 현전화(現存化)되는 과정을 내포한다. 이는 인간 기억과 감각의 확장을 보여주는 사례이기도 하다. Clark & Chalmers(1998)의 확장된 마음 이론에 따르면, 노트나 컴퓨터와 같은 외부 물체가 인지 과정을 일부 맡음으로써 인간의 마음이 환경으로 확장될 수 있다(Clark & Chalmers, 1998). 마찬가지로, 일상대화 말뭉치는 원래 한순간 사라지는 구어 대화를 영구 보존함으로써 인간 의사소통 기억의 외부 인지 장치역할을 한다. Allwood(2001)은 "음성과 몸짓은 생산과 동시에 사라지는 일시적 객체이므로, 이를 연구하려면 덜 일시적인 객체가 필요하다"고 지적했는데(Allwood, 2001, 2002 참조), 멀티모달 말뭉치는 바로 그 "덜 일시적인 객체"를 제공하여 연구자가 인간 상호작용을 반복 관찰하고 분석할 수 있게 한다. 이 점에서 말뭉치는 인간 인지의 범위를 기술적으로 확장한 포스트휴먼적 산물이라 할 수 있다.

나아가 이 말뭉치는 인간과 비인간 행위자의 대칭적 관계를 보여주는 증거다. 전통 인문학에서는 언어를 오로지 인간 주체의 산물로 보았으나, 포스트휴머니즘은 언어를 포함한 의미 생성 과정에 다양한 비인간 요소들이 관여함을 강조한다(Barad, 2007; Bennett, 2010). 예컨대 Barad(2007)는 물질과 의미가 상호 구성된다고 주장하며, 물질적 도구와 환경이 의미 생산에 능동적으로 참여한다고 보았다(Barad, 2007: 152). 일상 대화의 맥락에서도 대화자들이 사용하는 물건, 주변 공간, 녹음 기기 등의 물질적 환경은 단순한 배경이 아니라 상호작용의 행위자로 기능한다(Bennett, 2010; Barad, 2007: 178). 사람이 컵을 집어들고 "커피?"라고 말할 때, 컵이라는 사물과 그 동작은 언어적 발화와 얽혀 제의(提議)나 요구의 의미를 구성한다(Allwood, 2002; Kendon, 2004 참조). 이렇듯 말뭉치에 녹화된 대화 장면을 보면, 인간 화자뿐 아니라 물리적 객체, 기술 장치가 한데 어우러져 의미를 만들어내는 행위 네트워크가 드러난다. 포스트휴먼 이론가 Nayar(2014)는 인간을 "환경 및 기술과 뒤얽혀 다른 생명 형태들과 공진화하는 하나의 아상블라주"로 간주해야 한다고 주장했는데(Nayar, 2014: 13-14), 멀티모달 말뭉치는 바로 이러한 인간-기술 결합 실체의 언어생활을 데이터로 포착해낸 것이다. 다시 말해, 멀티모달 일상대화 말뭉치는 인간과 기술이 어떻게 하나의 시스템으로 결합되어 의사소통을 수행하는지 보여주는 증거의 보고(寶庫)이며, 인간 중심주의적 언어관을 넘어서 언어 현상을 행위자-네트워크의 산물로 이해하는 기반을 제공한다(Callon, 1986; Cooren, 2010).

요컨대, 멀티모달 일상대화 말뭉치는 포스트휴먼 시대의 언어 생활사를 기록한 아카이브라 할 수 있다. 사이보그적 인간이 일상에서 어떻게 말하고 상호작용하는지를 총체적으로 담아냄으로써, 인간-기계-환경의 경계가 허물어진 포스트휴먼 주체의 커뮤니케이션 양상을 연구할 수 있게 해준다. 이러한 기록은 기술과 얽힌 우리의 대화 양식을 성찰하게 하며, 동시에 미래 세대에 현시점의 커뮤니케이션 생태계를 전승하는 문화사적 가치도 지닌다.

▬ 체화된 의미 구성의 포착

멀티모달 일상대화 말뭉치의 두 번째 의의는 체화된 의미 구성 과정을 포착한다는 점이다. 인간의 의사소통은 머리 속 추상적 기호 조작만으로 이루어지지 않으며, 화자의 몸과 감각, 맥락에 깊이 뿌리내린 체화된(embodied) 과정이다(Lakoff & Johnson, 1999; Barsalou, 2008). 고전적 인지과학의 탈신체적 관점에서는 언어를 단지 뇌에서 일어나는 상징 처리를 통해 이해하려 했으나, 체화된 인지 패러다임에서는 뇌-신체-환경의 상호작용적 얽힘속에서 언어 의미가 형성됨을 밝히고 있다(Varela et al., 1991; Glenberg & Kaschak, 2002). 예를 들어 Lakoff & Johnson(1999)은 "인간의 마음은 본질적으로 체화되어 있으며, 우리의 개념들 역시 신체적 경험에 기반한다"고 강조하였다. 실제로 추상 개념조차도 상하(up/down), 내부/외부와 같은 공간적 은유 등을 통해 신체 경험으로부터 구조화된다는 연구들이 다수 제시되었다(Lakoff & Johnson, 1999; Gibbs, 2005). 이러한 이론적 배경에서 볼 때, 일상대화를 문자로만 채록한 텍스트 말뭉치는 체화된 의미의 많은 부분을 놓치지만, 멀티모달 말뭉치는 그

체화된 층위까지 함께 기록함으로써 의미 구성의 총체성을 연구할 수 있도록 한다.

일상적인 대화 상황에서 몸짓, 표정, 억양, 시선, 자세 등 비언어적 요소들은 언어적 발화와 끊임없이 결합하여 맥락적 의미를 생성한다. 대화 참여자들은 말로 표현하지 않은 의도를 눈빛이나 손짓으로 전달하고, 목소리의 높낮이나 억양으로 감정과 태도를 드러내며, 서로의 몸 방향과 거리를 조절하여 상호주의와 친밀감을 조율한다(Argyle, 1988; Goodwin, 1981). 이러한 다중 모달 신호들은 발화의 명시적 내용과 합쳐져 의미의 층위를 형성하는데, 멀티모달 말뭉치는 이 모든 층위를 동시적으로 포착한다. 예컨대 멀티모달 말뭉치를 통해 "이거 참 좋네요"라는 동일한 발화도 화자의 얼굴 표정과 어조에 따라 진심 어린 칭찬이 될 수도, 반어적 비꼼이 될 수도 있음을 데이터로 확인할 수 있다. 실제로 Mondada(2016)의 연구는 동일한 제스처라도 가족 간 사담과 직장 내 대화라는 서로 다른 맥락에서 전혀 다른 의미로 사용될 수 있음을 보여주었다(Mondada, 2016). 이처럼 맥락에 체화된 의미는 언어 텍스트만으로는 파악하기 어려우나, 영상과 음성이 포함된 말뭉치는 그 맥락적 복합성을 고스란히 간직하고 있어 체화된 상호작용의 섬세한 분석을 가능케 한다.

또한 멀티모달 말뭉치는 대화 참여자의 인지과정을 엿볼 수 있는 창을 제공한다. Hostetter & Alibali(2008)의 "시뮬레이션된 행위로서의 제스처" 이론(Gesture as Simulated Action, GSA)은 화자의 제스처가 머릿속에서 이루어지는 심상적 동작 시뮬레이션의 직접적인 발현이라고 설명한다(Hostetter & Alibali, 2008). 화자가 어떤 개념을 이해하거나 설명할 때 머릿속으로 그와 관련된 행위를 상상하며 이를 축약된 손동작으로 나타낸다는 것이다. 따라서 제스처는 화자의 사고과정을 투영하는 창과 같으며, 발화에 동반되는 몸짓을 분석하면 화자가 머릿속에서 어떻게 개념을 구성하는지 파악할 수 있다. 실제 실험 연구에서, 공간적 문제를 풀 때 손동작을 제약하면 인지 수행이 저하되는 등 제스처와 사고의 밀접한 연결이 확인되었다(Goldin-Meadow, 2003; Chu & Kita, 2011). 이런 맥락에서 제스처를 배제한 언어분석은 “화자의 인지과정에 대한 가장 직접적인 증거를 의도적으로 외면하는 것”과 다름없다는 지적도 있다(Hostetter & Alibali, 2008 참조). 멀티모달 말뭉치는 음성 언어와 함께 이런 제스처 데이터를 수집함으로써, 언어 사용 이면의 체화된 인지과정까지 연구할 수 있는 기반을 제공한다. 예컨대 말뭉치 영상을 슬로우 모션으로 재생하며 화자의 미세한 손짓, 시선 움직임, 표정 변화를 추적하면 실시간 대화 중 개념 생성과 이해의 과정을 면밀히 재구성할 수 있다. 이는 화자의 주의 집중, 이해 신호, 발화 준비등의 과정을 자료로 검증하는 데에도 유용하다(Allwood, 2002; Schegloff, 1984).

뿐만 아니라, 멀티모달 말뭉치는 언어를 사회적-정서적 상호작용의 맥락에서 이해하게 해준다. 대화에서 정보의 내용 전달만큼이나 중요한 것이 정동과 상호주관성의 표현이다. 예를 들어 대화 중 한 사람이 고개를 끄덕이는 피드백 제스처는 상대의 말을 이해하고 있다는 상호주관적 확인의 신호이며, 미소나 찡그림 같은 표정은 정서적 반응을 드러낸다(Goffman, 1981; Cekaite & Mondada, 2020). 이러한 정동적 제스처와 표지는 발화 내용과 분리 불가능하게 얽혀 사회적 의미를 형성하므로, 이를 함께 분석해야 대화의 총체적 의미를 파악할 수 있다. 멀티모달 말뭉치는 음성 대화와 더불어 이러한 비언어적 사회 신호도 포착하기 때문에, 언어 연구를 담화 내용 차원에서 정서적·상호주관적 차원까지 확장시켜준다. 특히 Cekaite & Mondada(2020)는 신체 접촉(touch)이라는 감각적 상호작용이 어떻게 언어 및 몸짓과 결합하여 사회적 친밀감과 위계 등을 구성하는지 다양한 사례를 통해 보였는데(Cekaite & Mondada, 2020: 3), 이런 촉각적 상호작용 역시 멀티모달 자료 없이는 논하기 어려운 주제이다. 더 나아가 Mondada(2021)의 연구는 와인 시음과 같은 미각상황에서 사람들의 미각·후각 경험이 언어적 표현과 교차하며 사회적으로 규범화된 상호작용을 이루는 과정을 밝혔다(Mondada, 2021). 이는 대화가 인간의 모든 감각 경험과 얽혀있음을 보여주는 흥미로운 사례로, 멀티모달 말뭉치 연구가 언어를 다감각적 체험으로까지 이해하려는 포스트휴머니즘적 지향을 가짐을 잘 나타낸다(Mondada, 2021: 70).

정리하면, 멀티모달 일상대화 말뭉치는 언어 상호작용의 체화되고 맥락적인 본질을 자료로 붙잡아두는 역할을 한다. 이를 통해 연구자들은 언어표현 이면의 몸짓, 감정, 맥락의 층위를 통합적으로 분석함으로써, 의미 구성의 생생한 전과정을 탐구할 수 있다. 이는 언어를 뇌 속 추상 기호로만 다루던 한계를 넘어서, 살아있는 인간 경험으로서의 언어를 이해하는 데 필수적인 토대를 제공한다.

미래 커뮤니케이션 연구의 기반

멀티모달 일상대화 말뭉치는 단순한 과거 대화의 기록이 아니라, 미래 커뮤니케이션 연구의 기반으로서도 중요한 의의를 지닌다. 언어 연구와 기술 발전이 접목되는 현대의 추세 속에서, 이러한 대규모 멀티모달 말뭉치는 새로운 연구 분야와 응용의 출발점이 되고 있다. 첫째로, 대화의 과학

(conversation science)이라 부를 만한 학제적 연구를 촉진한다. 전통적인 대화분석이 소수 사례의 깊이있는 질적 분석에 주력했다면, 멀티모달 말뭉치는 빅데이터 수준의 대화 자료를 제공하여 양적 방법과 결합된 새로운 연구가 가능해졌다. 예컨대 수백 시간에 달하는 영상 대화 데이터를 머신 러닝으로 처리하여 몸짓 패턴이나 시선 교환 네트워크를 자동으로 추출하고 시각화하려는 시도가 이루어지고 있다(Cormier et al., 2019; Laurier, 2014: 238). Cormier et al.(2019)은 대용량 영상 말뭉치에서 AI를 활용해 화자의 주요 몸짓과 표정을 자동 검출하는 방법을 시연하였고, Laurier(2014)는 복잡한 상호작용의 흐름을 그래프 형태의 도식으로 나타내어 다자 대화의 구조를 분석하였다(Laurier, 2014: 238). 이러한 접근은 대화 연구에 컴퓨터 비전과 네트워크 분석등 새로운 도구를 도입함으로써, 인간 분석가의 주관적 해석에 의존하던 것을 넘어 객관적이고 거시적인 상호작용 양상까지 포착하려는 움직임이라 할 수 있다. 그 결과 언어학, 인지과학, 컴퓨터공학, 사회학이 교차하는 포스트휴먼적 연구 생태계가 형성되고 있다. 인간 연구자와 AI 분석 도구의 협업을 통해 얻어진 통찰은, 오로지 인간의 눈으로만 보던 상호작용에서는 놓쳤던 미묘한 규칙성이나 대화의 보편 구조를 드러낼 것으로 기대된다. 이는 포스트휴머니즘이 주장하는 인간-기계 공진화적 지식 생산의 한 예라 할 수 있다.

둘째로, 멀티모달 말뭉치는 인공지능 대화 시스템인간-컴퓨터 상호작용(HCI)연구의 핵심 자원이다. 사람과 자연스러운 대화를 나누는 사회적 로봇이나 가상 비서는 인간의 언어뿐 아니라 표정, 제스처 신호까지 이해하고 생성해야 한다. 이를 위해서는 실제 인간 대화의 멀티모달 패턴을 학습하는 것이 필수적이다. 현재 딥러닝 기반 대화 AI들은 방대한 텍스트 말뭉치를 학습하여 언어 능력을 획득했지만, 비언어적 소통측면에서는 아직 인간 수준과 차이가 크다. 연구자들은 이 격차를 줄이기 위해 멀티모달 대화 말뭉치를 활용하여, AI에게 동시적 음성-영상 입력에서 사람의 의도를 해석하거나 적절한 제스처를 생성하는 법을 가르치고 있다(Multi-modal Conversational AI 연구 참고). 예를 들어 HuComTech와 같은 멀티모달 말뭉치는 대화 맥락에서 특정 표정이나 억양이 나타나는 상황을 라벨링하여, 챗봇이 사용자 감정을 인식하고 대응하도록 훈련하는 데 쓰인다(Lee, 2025; 보기: HuComTech Corpus 소개). 나아가 Meta AI 등에서는 시각과 청각을 겸비한 대화 에이전트 개발을 목표로 멀티모달 대화 데이터를 수집·공개하고 있으며, 이를 통해 대화형 AI의 멀티모달 이해수준을 높이려 하고 있다. 이러한 노력은 미래에 인간과 AI가 음성뿐 아니라 몸짓과 시선까지 교환하며 상호작용하는 포스트휴먼적 소통을 가능케 하는 기반이 된다. 다시 말해, 멀티모달 말뭉치는 인간-인간 대화의 연구 자료일 뿐 아니라, 인간-AI 상호작용의 학습 데이터로서도 가치를 지니는 것이다. 포스트휴머니즘의 관점에서 보면 이는 의사소통 연구 주체로 비인간 지능까지 포함하는 확장이라 할 수 있으며, 커뮤니케이션의 범위를 인간 사회에서 인공물과의 상호작용까지 포괄하도록 이끈다(O'Halloran, 2022 참조).

셋째로, 멀티모달 일상대화 말뭉치는 커뮤니케이션 교육 및 임상등 실용 분야의 발전에도 기여한다. 예컨대 의사소통 능력 향상을 위한 교육 프로그램에서, 실제 일상대화의 멀티모달 사례를 분석함으로써 학습자들은 언어 이면의 제스처나 억양의 중요성을 체감할 수 있다. 또한 문화간 소통 연구에서, 다양한 문화권의 멀티모달 대화 말뭉치를 대비 분석하면 비언어적 의사소통 스타일의 차이를 체계적으로 파악할 수 있어 오해를 줄이는 데 도움이 된다(Moreno et al., 2017 연구 등). 아울러 대화 중 발화와 제스처의 불일치를 보이는 커뮤니케이션 장애환자의 진단이나 치료에, 이러한 말뭉치 기반 분석이 활용될 수 있다. 예를 들어 자폐 스펙트럼 환자의 시선 맞춤이나 표정 반응 패턴을 일반인 말뭉치와 비교하여 사회적 신호 처리의 특징을 규명하는 연구가 가능하다. 이처럼 멀티모달 말뭉치는 의사소통의 본질을 총체적으로 이해하고 개선하는 데 쓰일 응용 연구의 토대가 된다. 미래 사회에서 대면 소통이 줄고 가상현실 회의나 화상 대화가 늘어나더라도, 인간의 보편적 상호작용 방식에 대한 지식은 변함없이 중요하다. 멀티모달 말뭉치를 통해 축적된 이러한 지식은 새로운 소통 수단이 등장할 때마다 적응과 설계를 도울 준거 자료로 기능할 것이다.

마지막으로, 멀티모달 일상대화 말뭉치는 커뮤니케이션 연구의 패러다임 자체를 진화시킬 잠재력이 있다. 언어학의 역사를 돌아보면, 대규모 텍스트 말뭉치의 등장은 말뭉치 언어학이라는 혁신적 접근을 낳았고, 이를 통해 실제 언어 사용 양상을 객관적으로 기술하고 이론화하는 길이 열렸다(McEnery & Hardie, 2012). 마찬가지로, 멀티모달 말뭉치는 언어 연구를 탈문자적 영역으로 확장하여 언어를 포함한 총체적 커뮤니케이션의 과학을 발전시킬 것이다. 이는 인문학과 공학, 예술 분야까지 아우르는 광범위한 영향으로 이어질 수 있다. 예컨대 영화나 연극의 장면 분석에 멀티모달 대화 말뭉치의 통찰을 적용하여 더 현실적인 연출을 추구하거나, 소셜 미디어 영상에서 사람들의 상호작용 패턴을 파악해 새로운 소통 플랫폼 설계에 반영하는 등의 응용도 가능하다. 요컨대 멀티모달 일상

대화 말뭉치는 현재 진행형의 인간 소통을 담은 보고로서, 포스트휴먼 시대 미래 커뮤니케이션 연구의 풍부한 자양분이 되어줄 것이다.

결론적으로, 한국어 멀티모달 일상대화 말뭉치는 포스트휴먼적 관점에서 세 가지 큰 의의를 갖는다. (1) 인간-기술 아상블라주의 상호작용을 기록하여 인간과 비인간의 얽힘 속에서 언어가 실천되는 방식을 보여주고, (2) 언어 의미의 체화된 구성 과정을 포착함으로써 언어를 몸과 감각, 환경에 뿌리박은 현상으로 조명하며, (3) 미래의 커뮤니케이션 연구 및 응용의 기반을 제공함으로써 인간 소통에 대한 이해와 기술적 지원을 한층 심화시킨다. 이러한 말뭉치를 구축하고 분석하는 작업 자체가 인간 연구자와 인공지능 도구의 협업으로 이루어지는바, 이는 지식 생산의 포스트휴먼적 전환을 상징하기도 한다(O'Halloran, 2022; Lee, 2025). 결국 멀티모달 일상대화 말뭉치는 언어 연구의 패러다임을 확장하고, 인간-기술-환경이 혼재된 커뮤니케이션의 실체를 이해하는 데 있어 주요 열쇠임을 확인할 수 있다.

2. 멀티모달 대화분석의 새로운 지평

전통적인 대화분석은 대화의 순차 조직과 말차례 취하기에 초점을 맞추어 왔다. 그러나 포스트휴먼 시대에 이르러 인간 상호작용은 언어적 발화뿐 아니라 시각적·신체적 기호, 나아가 인공지능과 증강현실 기술까지 아우르게 되었다. 본 장에서는 고전 대화분석의 개념들을 멀티모달 관점에서 재구성하고, 특히 포스트휴먼 시대의 대화 현상을 조망한다. 이를 위해 두 개의 대절로 논의를 전개한다. 먼저 2장의 2.1절에서는 고전 대화분석 개념의 확장과 변형을 다루며, 순차 조직 개념을 다중 시간성 개념으로, 말차례 취하기를 신체적 조율로, 그리고 멀티모달 현상을 포착하는 전사(轉寫) 방법의 혁신을 논의한다. 이어지는 2장의 2.2절에서는 포스트휴먼 시대에 두드러진 대화 현상으로서 AI와의 대화 및 증강현실 상호작용, 하이브리드 공간에서의 신체성, 알고리즘이 중재하는 커뮤니케이션을 살펴본다. 두 절 모두 이론적 개념과 실제 대화연구 사례를 연결함으로써, 멀티모달 대화분석의 지평이 어떻게 확장되고 있는지 종합적으로 제시하고자 한다.

2.1. 고전 대화분석의 확장과 변형

▬ 순차 조직에서 다중 시간성으로

대화분석의 핵심 개념 중 하나는 순차 조직(sequential organization)이다. 이는 발화가 인접쌍과 같은 패턴으로 순서 있게 조직되며, 이전 발화가 다음 발화의 의미와 기능을 규정한다는 관점이다. 고전적 연구에서 Sacks et al.은 일련의 순차적 규칙을 통해 대화 참여자들이 말차례 교대를 관리한다고 보았다(Sacks et al., 1974). 예컨대 질문-응답, 요청-수락과 같은 인접쌍은 대화의 시간적/인과적 구조를 형성한다. 이러한 전통적 틀에서는 대화가 선형적으로 한 번에 하나의 발화가 연이어 나타나는 것으로 모델화된다. 그러나 실제 대화 현장에서는 발화에 동반되는 몸짓, 시선, 표정 등 여러 행위들이 동시에 발생하며, 하나의 발화 내부에도 여러 시간적 층위가 존재한다.

다중 시간성(multiple temporality)이란 바로 이러한 상호작용의 복합적인 시간 구조를 가리킨다. 대화 참여자들은 말을 주고받는 동시에 서로의 몸짓과 시선을 실시간으로 해석하며, 물리적 환경의 변화에도 대응한다. 예를 들어 한 화자가 말을 하는 동안 다른 화자가 끄덕이거나 미소짓는 행위는 겉으로는 동시에 일어나지만, 의미론적으로는 앞선 발화에 대한 순차적 반응으로 볼 수 있다. Mondada(2018)는 멀티모달 대화의 세부 분석을 통해, 언어, 몸짓, 시선 등의 미세하게 구분된 독자적 시간성이 존재하며 이것들이 결합되어 전체적인 순차 구조를 형성함을 보였다. 다시 말해, 말하고 듣는 행위는 각 모달리티별로 상이한 길이와 속도의 시간적 궤적[19]을 가지지만, 이러한 복합적 시간성이 어우러져 대화의 순차적 질서를 이룬다는 것이다. 이러한 발견은 순차 조직 개념을 단순한 직렬적(turn-by-turn) 구조 이상으로 확장시킨다. 참여자들은 서로의 발화 뿐만 아니라 동시다발적 비언어적 신호까지 통합적으로 고려하여 행동의 선후 관계를 해석한다. 이러한 다중 시간성 관점에서는, 하나의 말차례가 끝날 즈음에 이미 다음 발화를 준비하는 여러 징후들이 병행하여 나타날 수 있

19 여기서 '궤적(trajectory)'이란 대화분석에서 대화가 순차적으로 전개되는 예상 경로를 가리킨다. 예를 들어, 한 사람이 '질문'을 하면 상대방이 '대답'을 할 것으로 예상되는데, 이처럼 질문에서 대답으로 이어지는 보이지 않는 연결 경로가 바로 궤적이다. 이는 '인접쌍(adjacency pair)' 개념과 밀접하게 관련되어 있으며, 첫 번째 행동(예: 인사, 요청)이 두 번째 행동(예: 인사 응답, 수락/거절)을 '예비(project)'하여 대화의 방향을 미리 설정하는 방식으로 작동한다. 이 궤적은 언어적 요소뿐만 아니라 표정, 몸짓, 목소리 톤 등의 비언어적 요소가 결합되어 다음 반응의 유형과 방향을 더 세밀하게 형성한다. 여기서 중요한 점은 궤적이 참여자들의 내면적 '의도'를 추측하는 것이 아니라, 대화 속에서 관찰 가능하고 실제로 나타나는 행동과 반응의 연결성을 보여주는 관찰가능한(observable) 경로 자체를 의미한다는 점이다.

음을 인정하게 된다. 예를 들어 화자가 말차례 말미에 시선을 돌리거나 제스처를 계속하면, 그것이 새로운 발화가 시작되지 않았음을 신호하여 말차례 전환을 지연시키는 효과를 낼 수 있다. 이처럼 순차 조직 개념은 여전히 유효하지만, 그 구현 양상은 동시적이고 계층적인 시간 구조 속에서 이해되어야 한다(Mondada, 2018: 90). 실제 멀티모달 대화 말뭉치에 대한 연구들도 이러한 다중 시간성을 뒷받침한다. 예를 들어, 자연스러운 대화 녹화 자료를 대량으로 포함한 CANDOR 말뭉치 분석을 통해 발화 도중의 미세한 표정 변화나 머리 움직임이 다음 대화 흐름에 영향을 주는 사례들이 보고되었다(Reece et al., 2023). CANDOR 말뭉치는 1,656개에 달하는 2인 대화 영상을 포함하며, 7백만 단어 이상의 전사와 음성·영상이 정밀히 정렬된 거대 말뭉치로서, 이러한 멀티모달 상호작용의 시간적 양상을 정량적으로도 연구할 수 있는 기반을 제공한다.

말차례 취하기에서 신체적 조율로

고전적 대화분석에서 말차례 취하기는 참여자들이 말차례를 교대하는 규칙과 메커니즘을 뜻한다. Sacks, Schegloff ,& Jefferson(1974)의 유명한 말차례 취하기 모형에 따르면, 대하 참여자는 발화의 완결 지점에서 적절히 다음 화자를 선정하거나 스스로 이어서 말함으로써 겹침(overlap)과 공백을 최소화한다. 이러한 모형은 주로 언어적 신호(문법적/억양적 완성 등)에 의존한다. 그러나 얼굴을 마주 보고 하는 상호작용(face-to-face interaction)에서는 신체적 자원들이 말차례 취하기 과정에 중요한 역할을 한다는 사실이 다수의 연구를 통해 입증되었다. 예컨대 화자의 시선(gaze)은 듣는 사람이 언제 말을 시작할지를 조율하는 신호로 기능하며, 손짓이나 몸의 방향 전환은 발화가 계속 이어질지, 마무리될지를 암시할 수 있다(Goodwin, 1981). 몸짓, 시선, 자세 등의 시각적 단서들은 말차례의 예고나 유지에 활용된다. 한 실험연구에 따르면, 화자가 발화 도중 눈길을 회피하거나 큰 제스처를 취하고 있을 때 대화 상대방은 해당 화자가 아직 말차례를 끝내지 않았다고 판단하여 말차례 전환을 주저하는 경향이 있다고 한다. 즉 시각적 신호가 말차례 취하기의 타이밍을 미세하게 조율하는 것이다.

이러한 신체적 조율(bodily coordination) 관점에서 보면, 말차례 취하기는 더 이상 발화 시작과 종료의 언어적 규칙만으로 설명되지 않는다. 대신 대화 참여자들은 서로의 몸 움직임을 실시간으로 모니터하며 행위의 주도권을 협상한다. 예컨대 두 사람이 지도 보면서 길을 토의하는 상황을 떠올리면, 한 사람이 지도를 가리키는 손짓을 하는 동안 다른 사람은 말을 멈추고 그 손짓을 따라 시선을 옮긴다. 이때 손짓을 한 사람이 말을 재개하면 다시 듣는 쪽은 고개를 끄덕이며 주의를 기울인다. 이러한 일련의 상호작용에서 말차례의 이전과 다음은 음성 언어뿐 아니라 신체 동작의 맥락속에서 결정된다. Kendon(1990)의 제스처 연구나 Schegloff(1998)의 바디 토크(body torque) 개념은 화자의 상반신과 하반신 방향이 어긋나는 자세 등을 통해 다중 활동을 수행하거나, 말하기 순서를 조절하는 현상을 보여준다(Schegloff, 1998). 다시 말해 사람들은 자신의 몸을 공간적으로 배치하고 움직임을 조절함으로써 대화의 흐름을 관리한다. 최근 연구들에서는 이러한 신체적 조율 현상을 정량적으로 파악하기 위해 고해상도 카메라와 시선추적 장비 등을 활용하기도 한다. 예를 들어 Holler & Kendrick 연구진은 여러 대의 카메라와 휴대형 시선추적안경을 이용해 대화 중 눈맞춤, 머리 움직임, 몸통 자세등을 정밀 분석함으로써, 말차례 교대 직전에 시선 회피나 특정 제스처가 어떻게 다음 화자의 등장을 지연하거나 촉진하는지 밝혔다(Holler & Kendrick, 2015). 이처럼 말차례 취하기 연구는 멀티모달 상호작용의 맥락에서 신체적 상호조율연구로 확장되고 있다. 참여자들은 말차례를 주고받는 동시에 서로의 신체를 조율의 도구로 삼아, 발화의 시작과 종료, 그리고 양보와 방해 등의 미묘한 과정을 협력적으로 만들어낸다(Goodwin, 2018). 특히 2인 이상이 동시에 참여하는 다자 간 대화에서는 발언권 확보를 위해 손들기, 몸 앞으로 숙이기, 서로를 향해 몸 돌리기 등 몸짓언어가 적극 동원되며, 이를 통해 발언권 양도의 복잡한 규칙이 한층 역동적으로 전개됨이 관찰된다(Mondada, 2007; Stivers & Rossano, 2010).

멀티모달 현상의 전사 혁신

멀티모달 대화분석의 발전과 더불어, 대화 전사(transcription) 방법론에도 커다란 혁신이 이루어지고 있다. 고전 대화분석에서 사용하는 Jefferson 전사체계는 대화의 세세한 언어적 특징(중단, 겹침, 억양 등)을 부호화하는 뛰어난 도구이지만, 시각적/신체적 행위를 기록하는 데 한계가 있었다. 1970-80년대의 선구적 작업들에서 이미 영상 데이터를 활용한 대화분석이 등장하여, 예컨대 Goodwin(1981)은 두 화자의 발화 아래에 시선 추적 라인을 표시하는 방식으로 말하는 사람과 듣는 사람의 시선 교차를 전사한 바 있다. 이후 Heath(1986) 등 연구자들은 의료 상담, 작업장면 등의 영상을 전사하며 몸짓과 물체 조작 등을 기술하는 방법을 모색했다. 2000년대에 들어서는 대화의 멀티모달 정보를 통합적으로 표기하기 위한 전사 기법이 체계화되었다(Mondada, 2018). Mondada는 대화의 복잡한 시간성을 시각화하기 위해 다중 행(row)으로 구성된 전사 표기를 제안했는데, 한 줄에는 언어적 발화를, 그 위아래 줄에는 해당 순간의 몸짓, 시선, 물체 동작 등을 시간선에 따라 배치하는 방식이다. 이러한 방식은 대화의 동시다발적 사건들을 기록하여, 연구자가 말과 몸짓의 상관성을 쉽게 분석할 수 있도록 한다. 예를 들어 화자가 "이렇게 큰 물고기를 잡았다"고 말하면서 두 손을 벌리는 장면을 전사한다고 할 때, 언어 행에는 발화 내용을 적고, 그 아래 행에는 화자의 두 손 제스처가 발화와 어떻게 겹쳤는지 화살표나 기호로 표시하는 식이다. 이를 통해 발화 내용과 몸짓의 의미적 연결까지 포착할 수 있다.

더 나아가, 대화의 멀티모달 데이터를 관리하기 위한 소프트웨어 도구도 활용되고 있다. 대표적인 예로 언어학 및 대화분석 연구자들이 많이 사용하는 ELAN 프로그램은 영상과 음성에 시간정렬된 다층 주석을 달 수 있는 툴로서, 말뭉치에 등장하는 발화, 제스처, 시선, 표정 등의 사건에 시간 코드를 부여해 통합적으로 재생/분석하게 해준다. 실제로 대규모 멀티모달 말뭉치 구축 프로젝트들은 이러한 도구를 사용하여 체계적인 전사/주석 작업을 진행한다. MUMIN 프로젝트[20]에서 개발된 멀티모달

20 MUMIN 프로젝트는 Nordic Network for MultiModal Interfaces의 약칭으로, 2002년 1월 북유럽권 여러 기관이 참여해 출범한 연구 네트워크이다. 프로젝트의 목적은 멀티모달 인터페이스와 상호작용 연구의 활성화, 그리고 국제적 인지도와 공유·활용 가능성의 제고였으며, 박사과정 코스와 워크숍 운영 등 공동 활동을 수행했다. 재원은 2000년대 초 NorFA 산하 언어기술 프로그램의 지원으로 마련되었고, 이후 NordForsk로 이관되었다. 연구 자료는 덴마크어, 핀란드어, 스웨덴어 대화를 중심으로 수집되고 정비되었으며, 일부 에스토니아어 자료도 포함되었다. 이 작업을 바탕으로 MUMIN 주석 스키마 등 산출물이 발표되었다(언어 및 자료 범위는 Navarretta et

코딩 체계(Allwood et al., 2007)는 피드백, 말차례 관리, 발화 연속등의 기능을 얼굴 표정, 머리 움직임, 몸짓에 주석으로 다는 표준을 제안하였다. 예컨대 머리 끄덕임은 피드백-이해 표시, 고개 갸웃하기는 피드백-의문 등으로 부호화하고, 고개 젖히기는 말차례-양보, 몸 앞으로 숙이기는 말차례-획득등의 의미로 분류하는 식이다. 이러한 코딩 체계를 통해 연구자들 간에 일관된 방식으로 멀티모달 행위를 비교하고 통계적으로 분석할 수 있게 되었다. 또한 대규모 멀티모달 대화 말뭉치들이 등장하면서, 전사 방법의 표준화와 함께 자료 공유를 통한 연구 협업이 활발해지고 있다. 예를 들어, 앞서 언급한 CANDOR 말뭉치에는 음성 및 영상 데이터와 함께 대화 참여자들의 표정 변화, 음성 높낮이, 대화 후 설문 결과까지 순간순간 연결된 형태로 공개되어 있어, 다양한 연구자가 이를 활용해 멀티모달 상호작용의 패턴을 탐색하고 있다. 유럽에서 구축된 AMI Meeting 말뭉치는 100시간에 달하는 다자 회의 영상을 다중 마이크와 카메라로 수집하여 정밀 전사한 것으로, 발화 텍스트뿐 아니라 화자 간 시선 맞춤, 고개 끄덕임 등의 비언어적 행동을 주석으로 포함하고 있다. 이 말뭉치는 대화분석, 담화연구, 음성인식 등 여러 분야 연구자들이 공유하며 다각도로 분석된 바 있다(Carletta, 2007: 182). 최근 공개된 ECOLANG 말뭉치 역시 성인 화자들이 3-4세 유아 또는 다른 성인과 준자연적 상황(semi-naturalistic conversation)에서 상호작용하는 영상자료

---

al., 2011, 스키마 개요는 Allwood et al., 2007를 참조). 프로젝트는 후원 종료와 함께 공식 활동이 마무리되었다. 노르딕 지역에서 Mumin은 핀란드-스웨덴 작가인 Tove Jansson의 유명한 캐릭터 시리즈 Moomin(스웨덴어로 Mumintrollen)을 연상시킬 수 있는 이름으로 보인다.

를 ELAN 기반으로 주석화하였는데, 발화 텍스트, 제스처 유형, 객체 조작, 시선 방향 등이 통합적으로 기록되어 있다. 이는 아이와 어른 간, 혹은 어른끼리 상호작용에서 멀티모달 신호의 분포를 정량화하여 언어발달 연구나 인공지능 학습에 활용할 수 있는 귀중한 자료가 된다(Gu et al., 2025). 헝가리에서 구축된 HuComTech 말뭉치도 50시간 이상의 인간 대 인간 대화를 영상녹화하고 33개 수준의 상세한 주석(약 200만 건)을 단 방대한 자료로서, 디지털 인문학과 대화분석 연구에 제공되고 있다. 이처럼 멀티모달 대화분석의 이론적 확장은 곧바로 경험적 연구 인프라의 구축과 연결되었다. 다양한 문화권과 맥락에서 수집된 멀티모달 대화 말뭉치들은 고전 대화분석의 개념들을 새로운 관점에서 검증하고 발전시키는 토대가 되고 있다. 전사 방식의 혁신과 말뭉치 자원의 축적을 통해, 이제 연구자들은 언어, 신체, 맥락이 어우러진 대화의 복잡한 현상을 정밀하게 포착하고 분석할 수 있게 되었다. 지금까지의 논의를 요약한 것이 다음 〈표 3〉이다.

〈표 3〉 고전적 대화분석과 멀티모달 대화분석의 핵심 개념 비교

핵심 개념	고전적 대화분석	멀티모달 대화분석으로의 확장·변형
순차 조직	발화가 선형적, 순차적으로 이어진다고 봄 (예: 질문-답변).	다중 시간성: 발화, 제스처, 시선 등 여러 행위가 각자의 시간성을 가지며 동시에 발생하고 결합하여 복합적인 순차 구조를 형성한다고 봄.
말차례 취하기	문법, 억양 등 주로 언어적 신호에 기반한 규칙적 발화 순서 교대.	신체적 조율: 시선, 자세, 손짓 등 신체적 자원을 활용하여 실시간으로 서로의 움직임을 조율하며 발화 순서를 협상하는 과정으로 이해함.
전사	Jefferson 전사 체계 등 언어적 특징(억양, 중첩, 침묵)을 중심으로 기록.	다층적·시각적 전사: ELAN과 같은 도구를 사용하여 음성, 제스처, 시선 등을 동일 시간 축에 다층적으로 기록하여 동시적 발생 관계를 시각화함.

2.2. 포스트휴먼 시대의 대화 현상

■ AI와의 대화, 증강현실 상호작용

포스트휴먼 시대란 인간의 능력과 행위가 기술에 의해 확장되고, 소통의 주체가 인간을 넘어 인공지능 등 비인간 행위자로까지 확대된 시대를 가리킨다(Hayles, 1999). 이러한 맥락에서 오늘날 대화의 개념도 변모하고 있다. 먼저, 일상 속에서 인공지능(AI)과의 대화가 보편화되고 있다. 스마트폰 음성비서, 가정용 AI 스피커, 챗봇 등과 사람들이 상호작용하는 장면은 더 이상 낯설지 않다. 겉보기에는 인간이 기계와 "대화"하는

것처럼 보이지만, 실제로 이런 상호작용이 인간 대 인간 대화와 동일한 원리를 따르는지에 대해 학계의 관심이 높다. 대화분석적 연구들은 인간-기계 상호작용에 기존의 대화 규칙이 어떻게 적용되거나 변형되는지를 관찰해 왔다. 예를 들어, Porcheron et al.(2018)은 가정에서 Amazon Alexa와 대화하는 이용자들의 일상을 녹화하여 질적 분석을 수행했는데, 사람들이 Alexa에게 명령이나 질문을 던지는 행위가 실제로는 주변의 다른 인간 참가자들에게 사회적 행위를 수행하는 이중적 역할을 함을 보여주었다. 한 가족 모임 상황에서 한 사용자(Nikos)가 음악 재생을 멈추려고 "Alexa, shut up"이라고 말하자, 다른 사람(Isabel)이 웃으면서 "Alexa, Nikos apologizes for being so rude(Alexa야, Nikos가 무례하게 굴어서 미안하대)"라고 말하며 이를 주변 사람들과의 농담 소재로 삼았다. 이 사례는 표면적으로 AI에게 말하고 있지만 실제로는 공동참여자 사이의 규범적 질서(예컨대 예의에 대한 암묵적 합의)를 재확인하는 사회적 행동이 이루어지고 있음을 보여준다. 즉, 인간은 AI와 대화할 때조차 순전히 기계만을 상대로 이야기하지 않고, 그 상황을 지켜보는 다른 인간들에게 영향을 주는 방식으로 말을 구성하는 것이다. 이러한 발견은 AI와의 상호작용이 기존의 대화 규범에서 완전히 벗어나지 않음을 시사한다. 사람들은 설령 상대가 기계일지라도 책임성(accountability)이나 예의 등의 규칙을 완전히 무시하지는 않는다. 동시에 AI 상호작용의 설계 한계도 지적된다. 같은 연구에서 저자들은 Alexa와의 상호작용이 근본적으로 요청(request)-반응(response) 구조에 머물러 있으며, 인간 대화에서 나타나는 풍부한 맥락적 의미 교섭이 결여되어 있음을 지적했다. 예컨대 사용자가 "가족 퀴즈를 내줘"라고 말했을 때 Alexa는 이를 질문으로 잘못 인식하고 "그 질문에 대한 답을 찾을 수 없다"고 응답했는데, 인간 대화자라면 요청의 의도를 파악해 적절히 퀴즈를 시작했을 상황에서 AI는 미흡한 응답을 반복함으로써 대화 진행이 어려워졌다. 이처럼 대화의 순차 조직측면에서 볼 때, 현재의 상용 AI 비서는 인간만큼 유연하게 발화의 맥락적 함의를 해석하거나 수정하지 못하기 때문에 대화 참여자들이 오히려 서로 협력하여 AI의 부족한 응답을 보완하는 모습도 포착된다. 요컨대 포스트휴먼 시대의 인간-AI 대화에서는 인간 대화 규범과 기계 알고리즘적 응답체계 사이의 간극이 드러나며, 이것이 새로운 상호작용 양상을 만들어낸다. 한편 이러한 분석은 향후 대화형 AI 설계에 중요한 시사점을 제공한다. 사람들은 AI를 대화 상대로 여길 때에도 사실은 그것을 사회적 행위자로 간주하고 일정 부분 인간에게 적용되는 기대치를 투영한다(Reeves & Nass, 1996 참조). 따라서 AI 개발자는 보다 인간스러운 말차례 취하기와 맥락 이해를 구현하려 노력하고 있으며, 대화분석 연구는 이러한 노력에 필요한 미시적 통찰—예컨대 "사용자가 차례를 넘길 때 어떤 몸짓/어조를 보이는가", "AI의 늦은 응답에 사용자가 어떻게 수정(repair) 시도를 하는가" 등을 제공하고 있다(Pelikan & Broth, 2016; Fischer, 2010).

증강현실(AR) 상호작용도 포스트휴먼 시대의 새로운 대화 현상으로 주목된다. 증강현실 기술은 현실 세계에 가상의 정보나 객체를 겹쳐 보여주며, 사용자는 물리세계와 디지털 세계를 동시에 상호작용한다. 이런 환경에서의 의사소통은 기존 대면 상호작용과 또 다른 양상을 띤다. 예를 들어 AR 안경을 쓰고 대화를 나누는 두 사람을 생각해보자. 상대방의 얼굴 옆에 AR로 표시된 정보(예컨대 상대의 이름이나 최근 만난 날짜)가 보인다면, 한 사람은 실제 대화 도중에 그 정보를 참고하여 말할 수 있다. 겉보기에는 자연스러운 대화를 이어가지만, 디지털 정보가 개입하여 발화 내용 선택이나 표정 반응에 영향을 줄 수 있다. 이는 알고리즘이 제공하는 맥락이 실시간 대화에 융합되는 사례라 할 수 있다. 또한 증강현실 환경에서는 가상의 객체를 둘러싼 공동주의(shared attention)가 대화의 한 요소가 된다. 예컨대 두 참여자가 AR 게임을 함께 할 때, 게임 속 가상 캐릭터를 향해 말을 하거나 손짓을 주고받으며 삼자 대화와 유사한 구도를 형성하기도 한다. 한 연구에서는 박물관 안내를 AR로 제공하는 상황에서 관람객과 안내 AI 사이에 대화가 이루어지는데, 관람객들끼리는 동시에 그 AR 객체(예: 역사 인물의 홀로그램)에 대해 의견을 주고받으며 이중적 대화 층위를 만들어냄이 관찰되었다(Knutson et al., 2020). 다시 말해 증강현실 상호작용에서는 현실 대화와 가상 대상과의 상호작용이 혼합되어, 발화의 지시 대상과 의미해석이 복합적으로 이루어진다. 이러한 새로운 형태의 대화를 분석하기 위해서는 멀티모달 대화분석의 기법이 필수적이다. 말, 제스처, 시선이 실제 사람을 향하는지 가상 대상을 향하는지 구별하고, 그 사이의 전환점을 포착해야 하기 때문이다. 최근 대화분석 연구자들은 원격협업 증강현실 시스템이나 홀로그램 회의 등의 장면을 녹화자료로 축적하며, 기존의 대화 개념(예: 인접쌍, 시공간적 맥락)을 재검토하고 있다(Licoppe & Morel, 2012; Luff et al., 2016). 증강현실 대화에서는 물리적 공간과 가상공간이 혼재된 하이브리드 맥락에서, 참여자들이 어떻게 현실의 몸과 가상의 정보를 동시에 참조하며 상호작용 질서를 만드는지가 중요한 연구과제가 되고 있다.

하이브리드 공간의 신체성

포스트휴먼 시대의 대화에서 공간과 신체성(corporeality)[21]의 개념도 변모하고 있다. 오늘날 많은 대화가 화상회의, 소셜 VR, 메타버스 등 하이브리드 공간에서 이루어진다. 하이브리드 공간이란 물리적 현실공간과 가상공간이 결합된 상호작용 환경으로, 예컨대 화상통화에서는 각 참여자는 실제로는 다른 공간에 있지만 화면 속에 동일한 가상공간을 형성하여 대화하게 된다(sense of co-presence). 이러한 맥락에서 신체의 역할은 복잡해진다. 전통적으로 대화분석은 같은 물리 공간에 모인 사람들 간의 몸짓, 시선 조율을 다뤘지만, 이제는 원격지에 있는 신체들이 기술 매개를 통해 상호작용하거나, 혹은 한쪽은 인간의 신체이고 다른 쪽은 아바타나 로봇인 경우까지 포괄해야 한다. 예컨대 화상회의에서 사람들은 카메라를 응시함으로써 상대와 눈맞춤을 시도하지만, 실은 카메라-화면 불일치로 완벽한 눈맞춤이 어려워 특유의 상호작용 어긋남이 발생한다(Licoppe & Morel, 2012). 참여자들은 이 제약을 극복하고자 고개 끄덕임이나 손들기 버튼과 같은 대체 제스처를 사용하며, "말 끊기"나 "동시발화"에 대한 새로운 규칙도 형성된다. 한편, 메타버스나 소셜 VR 내 대화에서는 각 사람이 아바타 형태로 존재하기 때문에 몸짓과 표정의 표현력이 제한적이다. 그 결과 실제 몸동작의 세밀한 뉘앙스 대신, 시스템이 제

21 신체성(corporeality)은 신체(body)의 물질적 차원과 체화된 경험(embodied experience)을 아우르는 개념이다. Merleau-Ponty(1945)의 현상학적 전통에서 신체는 세계를 경험하는 주체이자 세계 속에 위치한 객체로서, 지각과 행위의 근원이다. 대화분석에서 신체성은 참여자들이 물리적으로 공동 현존(co-presence)하며, 시선, 제스처, 자세 등 신체적 자원을 동원하여 상호작용을 조직하는 양상을 의미한다.

공하는 이모티콘, 제스처 명령 등이 의사소통에 활용된다. 이러한 변화는 신체성이 희석되는 듯 보이지만, 동시에 새로운 디지털 신체성이 등장하는 것으로 볼 수도 있다. 가령 VR 회의에서 한 참여자가 공간 이동을 하거나 아바타의 손을 드는 것은 현실 회의에서 자리이동이나 손들기와 유사한 사회적 의미를 지닌다. 연구자들은 이를 '전이된 신체성(transferred corporeality)'이라고 개념화하기도 한다. 또한 한 사람이 물리적으로는 사무실에 있지만 홀로그램으로 가상회의실에 투영되어 대화하는 경우, 그 사람의 물리적 몸은 한 곳에 있고 사회적 존재감은 또 다른 공간에 분산된다. 이런 사례에서 신체는 더 이상 하나의 절대적 위치에 고정된 상호작용 매개가 아니라, 네트워크화된 환경에서 복수의 공간 층위를 가로지르는 매개로 기능한다(Latour, 2005; Zhao, 2003).

하이브리드 상호작용에서 맥락의 개념도 새롭게 정의된다. 기존 대화분석에서는 주변의 물리 환경, 참여자들의 동작 배치 등이 맥락을 이루었다면, 이제는 디지털 인터페이스와 알고리즘적 요소도 맥락의 일부가 된다. 예를 들어 줌(Zoom) 회의에서는 말하는 사람의 화면이 자동으로 부각되는 알고리즘이 작동하는데, 이는 참여자들이 대화 중 무의식적으로 그 규칙에 적응하게 만든다. 발언권을 얻기 위해 카메라 앞에서 손을 흔들거나, 혹은 말을 마칠 때 잠시 멈춰 시스템이 인식하도록 하는 행동 등이 보고되는데, 이는 인간이 알고리즘을 상정한 신체 조율을 하고 있음을 의미한다. 이처럼 하이브리드 공간에서 신체성은 단순히 물리적 몸 동작에 그치지 않고, 디지털 환경과의 상호작용을 포함하는 개념으로 확장된다. 대화분석자들은 이러한 맥락에서 "현존(presence)"의 의미를 재검토한다. 한 참여자의 물리적 존재감과 화상 속 영상으로서의 존재감, 나아가 아바

타로서의 존재감이 불일치할 때, 대화의 흐름에 어떤 혼란과 조정이 발생하는가? 또한 여러 채널(예: 음성+채팅)을 통해 동시에 소통할 때 발화 순서는 어떻게 정해지는가? 등의 문제가 제기되는 것이다. 이러한 질문들을 풀기 위해 화상 대화 말뭉치나 가상세계 상호작용 말뭉치에 대한 연구가 진행 중이며, 초기 결과들은 대화 참여자들이 놀랍도록 유연하게 자신의 매개된 신체를 인식하고 상대의 상태를 추론하며 새로운 상호작용 적응 전략을 개발하고 있음을 보여준다(Licoppe et al., 2017).

알고리즘 중재 커뮤니케이션

포스트휴먼 시대의 대화 현상의 또 다른 측면은 알고리즘 중재 커뮤니케이션(algorithm-mediated communication)이다. 이는 인간 대화에 인공지능/알고리즘이 중간 매개자로 개입하여 영향을 미치는 모든 형태의 소통을 가리킨다(Hancock et al., 2020). Hancock et al.(2020)은 AI-매개 커뮤니케이션(AI-Mediated Communication)이라는 개념을 제시하며, "지능적 에이전트가 발신자의 메시지를 수정, 보강 또는 생성하여 의사소통 목표 달성을 돕는 인간 상호작용"으로 정의하였다. 이러한 알고리즘 개입은 이미 여러 모습으로 우리 대화에 스며들어 있다. 가장 단순한 예로, 스마트폰 채팅 앱의 자동완성 기능이나 이메일의 자동응답 제안을 들 수 있다. 사용자가 몇 글자만 입력하면 나머지 단어를 추천하거나, 받은 메일에 대한 짧은 답변 문장을 AI가 제안하는 기능은, 겉보기엔 편의 기능이지만 실제로는 기계가 인간의 메시지 구성에 참여하는 형태의 대화라 할 수 있다. 연구에 따르면 많은 이용자들이 자동 제안을 그대로 사용하기도 하고, 때로는 제안된 문구의 어조가 자신이 의도한 것과 맞지 않아 이를 편집하면서 인간-AI 공동 편집형태로 소통이 이루어진다(Gmail Smart Reply 사례; Futoma et al., 2020). 또 다른 예로, 실시간 번역기를 통한 대화를 생각해볼 수 있다. 두 사람이 서로 다른 언어로 말하지만 중간에 AI 번역기가 실시간 번역 음성을 제공하면, 이 대화는 인간 → AI 번역 → 인간의 구조로 진행된다. 여기서 번역 알고리즘은 단순 중계자 같지만, 번역 오류나 지연 등의 요소로 인해 대화 흐름과 내용에 영향을 주기도 한다. 예컨대 말장난이나 문화적 뉘앙스가 번역에서 사라지면, 한쪽은 유머를 던졌지만 다른 쪽은 그 의도를 전혀 받지 못해 어색한 침묵이 흐르는 일이 생길 수 있다. 이는 알고리즘이 어떤 요소를 걸러내거나 변형하여 전달했기 때문이다.

소셜 미디어 대화 역시 강한 알고리즘의 중재를 받는다. 페이스북이나 트위터에서 우리는 알고리즘이 정렬해 준 타임라인을 통해 대화에 참여한다. 어떤 친구의 게시물이 내 피드에 보일지, 내가 쓴 댓글을 얼마나 많은 사람이 볼 수 있을지는 플랫폼 알고리즘이 결정한다. 이는 곧 온라인상의 대화가 부분적으로 기계의 판단에 따라 조직됨을 의미한다. 예를 들어 내가 어떤 이슈에 대해 댓글을 달았는데 알고리즘이 부적절하다고 판단해 노출을 줄이면, 나는 공개 대화에 참여했다고 생각하지만 실제론 은밀한 독백에 그칠 수 있다. 또한 유튜브나 틱톡의 추천 알고리즘은 사용자로 하여금 특정 화제의 영상만 연달아 보게 만들고, 그 주제에 대한 의견을 반복 노출시켜 여론의 양극화나 확증편향적 대화를 부추길 수 있다. 이러한 과정에서 사람들은 서로 직접 대화하기도 전에 이미 알고리즘이 조율한 정보환경 속에서 소통하게 된다(Gillespie, 2018). 나아가 최근에는 챗봇 중재 대화도 등장했다. 예를 들어, 심리상담 챗봇이 두 사람 사이의 갈등 대화를 중재하거나, 그룹 채팅방에서 AI가 콘텐츠 필터역할을 하며 부적절한 발언을 삭제/경고하는 경우도 있다. 이는 일종의 알고리즘이 대화의 제3자로 개입한 형태로 볼 수 있으며, 참여자들은 AI의 개입에 대응하여 표현을 우회하거나, AI를 설득하려 하거나, 때로는 AI의 존재를 잊기도 한다(Kraemer et al., 2021).

이러한 알고리즘 중재 커뮤니케이션 현상을 분석하기 위해서는 전통적 대화분석에 기술 매개에 대한 고려를 통합해야 한다. 대화의 참여자 목록에 인간 외에 알고리즘 에이전트를 포함시키고, 대화 흐름을 만들어내는 규칙에 기술적 제약과 코드를 포함시키는 작업이 필요하다. 예컨대 "발화 → 인식 → 처리 → 응답"의 사이클에서 어디에 인간의 자발성이 있고 어디에 알고리즘의 규칙이 작동하는지 층위를 구분해야 한다. Hancock et al.(2020)은 AI가 인간 사이에 개입하여 메시지를 바꾸거나 만들어내는 상황을 분석함으로써, 기존의 컴퓨터 매개 커뮤니케이션 이론들을 확장해야 한다고 주장한다. 실제 대화분석 사례를 보면, 알고리즘 중재로 인한 오해나 수정(repair)의 패턴이 인간 대화와 미묘히 다른 양상을 띤다. 번역 대화에서는 단일언어 대화에 비해 상대의 발화를 되묻거나 확인하는 빈도가 높고, 서로 간의 침묵이 길어지는 경향이 관찰되는데, 이는 번역 딜레이와 오류가 끼어든 결과다(예: Oviatt & Cohen, 2015). 또한 추천 알고리즘 영향 하의 온라인 토론에서는 참여자들이 자신과 비슷한 의견만 보게 되어 인지적 공명(cognitive resonance) 상태에서 대화를 시작하기 때문에, 초반에는 겉보기엔 순조로운 상호이해가 이루어지다가도 어느 순간 알고리즘이 노출한 극단적 정보로 인해 갑작스러운 의제 전환이나 갈등이 촉발되는 사례도 있다(Epstein et al., 2020). 이는 인간들이 예측하지 못한 비선형적 순차 진행을 만들어내며, 대화의 구조를 뒤흔들 수 있다.

정리하면, 포스트휴먼 시대의 대화는 인간과 기술, 알고리즘이 복합적으로 엮여 새로운 상호작용 질서를 창출한다. 멀티모달 대화분석은 고전 대화분석의 이론적 토대 위에서 이러한 새로운 현상을 설명하고자 한다. 다중 시간성 개념은 대화의 동시다발적 과정 이해를, 신체적 조율 개념은 언어 이외의 상호작용 수단의 중요성을, 전사 혁신은 복잡한 데이터를 과학적으로 다룰 수 있는 방법을 제공하였다. 나아가 AI와의 대화 연구는 인간 대화의 경계를 시험하고, 증강현실과 하이브리드 공간연구는 맥락과 신체성 개념을 재정립하며, 알고리즘 중재 통신연구는 기술과 사회적 상호작용의 접점을 밝혀내고 있다. 이러한 논의는 궁극적으로 대화란 무엇이며 어떻게 이루어지는가에 대한 우리의 이론적 이해를 더욱 풍부하게 만들고 있다. 대화분석은 이제 인간만이 아닌 인간+비인간 행위자, 실제+가상 공간, 자연적 규범+인공적 알고리즘이 뒤얽힌 새로운 대화의 지평을 향해 나아가고 있다. 이는 고전적 대화분석의 사회적 행동에 대한 미시적 통찰과 엄밀한 경험적 연구 전통이, 현대의 복잡한 소통 환경을 이해하는 데 여전히 유용할 뿐 아니라 필수적임을 보여준다. 앞으로도 멀티모달 대화분석은 변화하는 커뮤니케이션 현실을 이론적으로 통합하고 실증적으로 뒷받침하는 작업을 지속함으로써, 언어와 신체, 인간과 기술의 상호작용적 공진화(co-evolution) 과정을 밝혀나갈 것이다.

2.3. 한국어 멀티모달 연구의 과제와 전망

▬ 방법론적 공백과 기회

국제적으로 대화의 멀티모달 측면에 대한 관심이 급증하면서 CANDOR, ECOLANG, CEJC 등 대규모 자료가 공개되고 있다. 예컨대 1,656개 대화(약 850시간 분량)를 영상과 함께 수집한 CANDOR 말뭉치는 대화 속 물질환경과 제스처간의 복합 상호작용 연구를 가능하게 하였으며(Reece et al., 2023), UCL에서 구축된 ECOLANG 말뭉치는 성인-아동 및 성인-성인 간 일상 상호작용을 자세한 주석과 함께 제공함으로써 대화 맥락의 물질적 요소(장난감·도구의 사용, 공간 배치 등)를 정밀히 분석할 수 있도록 지원한다(Gu et al., 2025). 그러나 이러한 질적 도약에도 불구하고, 한국어 멀티모달 연구는 여전히 방법론적 기반이 미약한 실정이다. 기존 말뭉치 연구가 텍스트나 음성 중심으로 발전하면서 제스처, 표정, 시선 등 비언어적 자원의 체계적 수집과 주석에 공백이 발생하였다. 그 결과 한국어 대화의 복합적 특성을 포착할 수 있는 표준화된 주석 체계와 도구도 아직 부재하다. 이는 국제적으로도 지적되는 문제로, Knight & Adolphs(2020)는 멀티모달 자료 구축 사례들을 검토하면서 데이터 형식의 표준화 부족, 주석 체계 미비, 재사용성의 한계 등이 공통 과제임을 지적하고, 연구 간 자료 공유와 비교를 위해 기술적·윤리적 표준 정립의 중요성을 강조하였다. 이러한 방법론적 결손을 메우기 위해서는 대화분석의 통찰과 말뭉치 언어학의 양적 기법을 결합하는 노력이 요구된다. 예를 들어, 북유럽 다국어 프로젝트로 개발된 MUMIN 주석 체계는 피드백과 말차례 관리와 같은 대화의 기능적 측면에 주목하여 13개 범주의 제스처·표정 태그를 제시함으로써 주석 신뢰도와 말뭉치 간 비교 가능성을 높였다(Allwood et al., 2007). 한국어 대화에 특화된 주석 지침도 이러한 국제 사례를 참고하여 마련할 수 있을 것이다. 나아가 대규모 멀티모달 말뭉치의 등장은 전통적 수작업 주석 방법의 한계를 드러내고 있어, 자동화된 영상 분석 등 첨단 기법의 활용이 불가피하다. 실제로 1테라바이트가 넘는 CANDOR 대화 데이터를 전통적 방식으로 주석하는 것은 사실상 불가능에 가까워 새로운 반자동 주석 기법의 도입이 논의되고 있다(Reece et al., 2023). 한국어 말뭉치 구축 시에도 머신러닝을 활용한 제스처 인식이나 음성-영상 동기화 기술을 적극 도입함으로써 효율성을 높이고, 연구자들이 비언어행위까지 포괄적으로 다룰 수 있는 분석 환경을 조성해야 할 것이다.

한편, 자연스러운 대화 데이터를 확보하기 위한 방법론 모색도 중요하다. 멀티모달 말뭉치는 녹화 장비와 환경 통제가 필연적으로 수반되기에 자연스러움과 녹화 품질사이의 균형을 잡는 것이 과제로 지적된다. 멀티모달 말뭉치 구축 시 관찰자 역설을 고려해야 한다. 녹화 장비의 존재나 실험실 환경이 참여자들의 자연스러운 언어적·비언어적 행동에 영향을 줄 수 있으므로, 이러한 간섭효과를 최소화하는 방안이 필요하다. 일본의 일상 일본어 대화 말뭉치구축 사례는 이러한 딜레마에 대한 한 가지 해법을 제공한다. Koiso et al.(2022)은 약 200시간 분량, 577개의 자연 대화를 수집하면서 식당에서의 친구 간 대화, 사무실 동료와의 대화 등 다양한 상황을 균형 있게 포함하도록 설계하였다. 그 결과 해당 말뭉치는 한 언어 내에서도 맥락에 따른 상호작용 양상의 차이를 분석할 수 있는 토대를 제공하였고(Koiso et al., 2022 참조), 대화 자료의 상황적 대표성을 확보한 모범 사례로 평가된다. 반면 CANDOR처럼 규모는 방대하지만 화상 회의라는 단일 상황에 치중된 말뭉치는 맥락 다양성이 부족하여 자료 활용에 제약이 따를 수 있다. 실제 CANDOR 말뭉치는 코로나 시기 화상 대화(줌 미팅)로 한정된 특수 상황의 대화만을 포함한 탓에, 참여자들이 보이는 상호작용 양상이 일상의 대면 대화와는 다를 수 있다. 규모나 기술적 완성도만으로 자연성이 담보되지 않으며, 연구 목적에 부합하는 상황 설계가 병행되어야 할 수 있다. 결국 한국어 멀티모달 자료 구축에서는 목적에 맞는 자료 수집 설계와 맥락의 다양성 확보가 방법론적 과제로 떠오르며, 이를 통해 얻어지는 기회는 한국어 대화의 다층적 특성을 온전히 조명할 수 있다는 점이다.

국제 협력의 필요성

멀티모달 일상대화 연구는 한 언어 공동체의 노력만으로 발전하기 어려우며, 국제적 협력을 통한 시너지 창출이 필수적이다. 첫째, 표준 마련을 위한 협력이 요구된다. 앞서 언급한 대로 데이터 형식과 주석 기준의 통일 없이는 연구 결과의 상호 호환성이 떨어지는데, 이는 국제 공조를 통해서만 효과적으로 해결될 수 있다. 예를 들어 MUMIN 프로젝트는 덴마크, 스웨덴, 핀란드 등 북유럽 연구자들이 연합하여 다언어 공동 주석 기준을 개발한 사례로, 이러한 협업이 없었다면 각국이 제각기 소규모 체계를 만드는 데 그쳤을 것이다. Knight & Adolphs(2020) 역시 멀티모달 자료의 상호 활용을 위해 기술적·윤리적 표준 수립에 대한 연구공동체 간 협력을 촉구하였다. 둘째, 자원 공유와 개방측면에서 국제 협력이 필요하다. 멀티모달 말뭉치는 방대한 영상·음성 데이터로 구성되므로 구축에 많은 비용과 시간이 든다. 이에 각국의 언어 자원 기관 및 대학, 산업체가 컨소시엄을 이루어 데이터를 분담 생산하고 상호 개방한다면 효율적으로 대규모 데이터를 확보할 수 있다. 실제로 CANDOR 말뭉치는 학계와 산업의 협력 산물로서, 코칭 및 리더십 개발 플랫폼 기업인 BetterUp Labs가 연구진과 함께 데이터를 수집·공개하여 학제 간 활용을 도모한 바 있다(Reece et al., 2023). 한국어 멀티모달 연구 역시 국제 협력을 통해 발전할 수 있다. 해외 멀티모달 말뭉치 구축 프로젝트와 방법론을 공유하고, 상호 호환 가능한 주석 체계를 채택한다면, 한국어 일상대화 자료가 국제 비교 연구에 활용되면서 동시에 한국어 연구의 지평도 넓어질 것이다. 셋째, 국제 데이터 공유를 위한 윤리 기준 조율이 필요하다. 각국의 개인정보보호 규정이 상이하므로, 국가 간 멀티모달 데이터 교환을 위해서는 상호 호환 가능한 윤리 프로토콜과 동의 절차를 마련해야 한다. 예를 들어 CANDOR 프로젝트의 세분화된 동의 체계(Reece et al., 2023)나 EU GDPR의 명시적 동의 원칙 등을 참고하여, 국제 공동연구에 적용 가능한 표준을 개발할 필요가 있다. 끝으로, 학술 교류 측면에서도 협력이 요구된다. 대화분석을 포함한 대화 연구는 언어 간 비교를 통해 일반화된 이론을 구축해 왔는데, 한 언어의 특이점도 국제 비교 맥락에서 비로소 그 의미와 범주가 명확해진다. 따라서 한국어 연구자들도 국제 학회와 공동연구를 통해 한국어 대화의 보편성과 특수성을 지속적으로 타 언어 연구와 대조·논의해야 한다. 이러한 개방적 협력 풍토는 한국어 대화의 연구 수준을 제고함은 물론, 보편적 대화 이론을 정교화하는 데에도 기여할 수 있다.

한국적 특수성의 보편적 기여

한국어 대화의 문화적·언어적 특수성을 탐구하는 일은 멀티모달 의사소통의 보편적 메커니즘을 풍부하게 만드는 데 이바지할 수 있다. 한국어는 경어 체계와 상호작용적 문법 형식이 대화의 구성에 큰 영향을 미치는 언어로, 발화 내용뿐 아니라 억양, 자세, 시선, 몸짓 등 비언어적 자원 전반에 걸쳐 드러난다. 예를 들어 한국인은 상대방에 대한 공손성을 표현하기 위해 대화 중 고개를 끄덕이거나 살짝 숙이는 행동을 빈번히 수행하는데, 이러한 머리 끄덕임과 가벼운 목례는 한국어 화자의 상호작용에서 특징적인 비언어적 청취 신호로 관찰된다. 이러한 문화적으로 특수한 제스처 관습을 면밀히 분석하면, 공손행위 이론이나 사회적 의미에 대한 보편적 이해도 한층 깊어질 수 있다. 더 나아가 한국어의 언어적 특질, 예컨대 주어 생략이 가능하고 맥락에 따라 높임법이 선택되는 문법 등이 대화 참여자들의 신체 동작이나 시선 교차와 어떤 상관관계를 맺는지도 흥미로운 연구 주제이다. 이는 결국 언어와 몸의 상호작용에 대한 일반 이론을 점검하는 기회가 된다. 실제 대화분석 연구에서는 여러 언어에 보편적인 상호작용 규범과 더불어 각 언어권마다 상황에 따른 변이가 존재함을 보고하고 있다. 가령 모든 언어에서 말차례 취하기의 원리는 공통적으로 지켜지지만, 응답 속도나 말겹침의 사용 방식에서는 문화권별 차이가 나타난다는 것이다. 한국어 대화 말뭉치가 구축되고 국제적 비교 연구가 가능해진다면, 이러한 보편성과 특수성 논의를 한국어 자료로 검증하고 이론을 수정·보완하는 데 기여할 수 있을 것이다. 마지막으로, 한국어 멀티모달 연구는 포스트휴머니즘적 대화 이해에 있어서도 독자적인 공헌을 할 전망이다. 앞선 2장의 2.1~2.2절에서 살펴보았듯이, 인간 중심의 대화 모델을 넘어 비인간적 요소(예: 주변 사물, 공간, 기술)의 역할까지 포괄하는 새로운 대화 이론이 대두되고 있다. 한국어 대화의 맥락에서 이러한 물질적 행위자들의 참여 양상을 연구하면, 서구 중심으로 제기된 이론들을 다양한 현실에 비추어 검증하게 된다. 결국 한국어 멀티모달 연구에서 도출된 통찰은 개별 문화권의 한계를 넘어 인간 소통 전반의 보편적 원리를 재평가하는 밑거름이 될 것이다. 이는 한국적 특수성이 학문적 고립이 아니라 보편적 지식으로 승화되는 지점으로서, 향후 한국어 연구의 국제적 가치와 위상을 한층 높여줄 것으로 기대된다.

3. 멀티모달 말뭉치의 특수성

3.1. 단일 모달리티 말뭉치와의 차이점

멀티모달 말뭉치는 전통적인 텍스트 기반 말뭉치와 본질적으로 다른 특성을 지닌다. 전통적인 말뭉치 언어학이 Sinclair(1991)가 제시한 '실제 언어 사용의 체계적 관찰'이라는 기본 원칙을 중심으로 발전해 왔다면, 멀티모달 말뭉치는 인간 의사소통의 멀티모달적 특성을 포착하고 분석하는 것을 목표로 한다(Allwood, 2008). 이는 단순한 기술적 확장이 아니라, 언어 사용에 대한 근본적인 관점의 전환을 의미한다.

단일 모달리티 말뭉치가 주로 음성이나 텍스트의 선형적, 순차적 특성을 활용하여 연어 분석이나 키워드 분석과 같은 방법론을 개발했다면, 멀티모달 말뭉치는 시간성, 공간성, 참여자 역할, 일시성 등의 다차원적 속성을 동시에 고려해야 한다. 이러한 차이는 데이터 수집부터 분석까지 전 과정에서 새로운 방법론적 접근을 요구한다.

특히 McNeill(1992)이 제시한 바와 같이, 제스처와 음성이 통합된 시스템으로 기능한다는 이론적 이해는 멀티모달 말뭉치가 단순히 여러 채널의 데이터를 병렬적으로 수집하는 것이 아니라, 이들 간의 상호작용과 통합적 의미 구성 과정을 포착해야 함을 시사한다. 이는 전통적인 말뭉치 언어학에서 다루지 않았던 새로운 차원의 복잡성을 야기한다.

3.2. 멀티모달 환경의 복합적 도전 과제

멀티모달 말뭉치 구축은 전통적인 말뭉치 언어학에서 경험하지 못한 독특한 도전 과제들을 제기한다. 가장 근본적인 도전 과제는 시간적 동기화의 정확성 확보이다. 음성, 영상, 생리적 신호 등 다양한 데이터 스트림을 정확히 정렬하기 위해서는 0.3초 이하의 동기화 오차가 요구되며 (Bannach et al., 2009), 이는 단순한 기술적 문제를 넘어서 서로 다른 기호적 양식들이 의미 구성 과정에서 어떻게 시간적으로 조율되는지에 대한 이론적 질문을 제기한다.

주석의 복잡성은 또 다른 도전 과제이다. 멀티모달 말뭉치는 언어적, 제스처적, 운율적, 화용적 차원을 동시에 포착하는 정교한 다층 주석 체계를 필요로 한다. Rohrer et al.(2020)이 개발한 MultiModal MultiDimensional(M3D) 레이블링 체계는 멀티모달 현상이 단순히 별개 채널들의 합이 아니라, 역동적이고 창발적인 특성을 갖는다는 점을 보여준다. 이는 전통적인 주석 체계로는 포착할 수 없는 복잡성을 내포한다.

확장성의 역설은 가장 중요한 실무적 도전 과제일 것이다. 멀티모달 말뭉치는 인간 의사소통의 풍부함을 포착하기 위해 광범위한 수동 주석을 필요로 하지만, 이러한 노동집약적 과정은 말뭉치의 크기와 일반화 가능성을 제한한다. 1,656개의 대화에서 1테라바이트 이상의 데이터를 포함하는 CANDOR 말뭉치와 같은 대규모 멀티모달 말뭉치는 전통적인 주석 방법으로는 실현하기 어려운 방대한 사업이다(Reece et al., 2023).

3.3. 기존 원칙의 한계점

전통적인 말뭉치 구축 원칙들은 멀티모달 환경에서 근본적인 한계를 드러낸다. Atkins, Clear, & Ostler(1992)가 제시한 전통적 말뭉치 설계 원칙들은 주로 텍스트 중심적 접근에 기반하고 있어, 멀티모달 현상을 텍스트 기반 주석 체계로만 포착하려 할 때 의미 구성에 핵심적인 시각적, 청각적, 제스처적 요소들에 대한 중요한 정보를 손실할 위험이 있다.

이와 더불어 전통적인 말뭉치 방법론의 선형 처리 가정은 여러 채널이 순차적이 아닌 동시적으로 작동하는 멀티모달 데이터에 대해서는 부적절하다. 대표성과 균형성과 같은 전통적인 원칙들은 여전히 관련성이 있지만, 모달리티 간 관계와 멀티모달 의미 구성의 분산적 특성을 고려하여 근본적으로 재개념화되어야 한다.

더욱이, 전통적인 주석 체계는 멀티모달 상호작용의 시간적 역동성과 창발적 특성을 포착할 수 없다. 주석자 간 신뢰도와 대표성과 같은 말뭉치 품질에 대한 기존 메트릭들은 멀티모달 현상의 다차원적 특성을 다루기 위해 상당한 적응을 필요로 한다.

4. 원칙 도출 과정

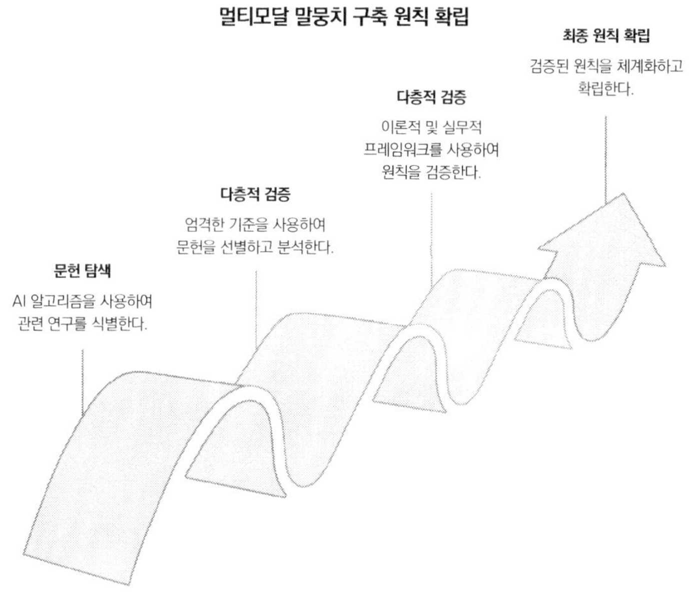

〈그림 2-1〉 멀티모달 말뭉치 구축 원칙 확립 과정

본 연구에서 제시하는 13개의 멀티모달 말뭉치 구축 원칙은 〈그림 2-1〉과 같이 4단계에 걸친 체계적인 연구 방법론을 통해 도출되었다.

1단계: 문헌 탐색

첫째, Elicit 플랫폼과 Semantic Scholar의 방대한 학술 데이터베이스를 활용하여 '멀티모달 말뭉치 구축'과 관련된 핵심 연구 50편을 AI 검색 알고리즘을 활용하여 찾았다. 이를 통해 단순 키워드 매칭을 넘어서, 의미적으로 관련된 주요 문헌들을 포괄적으로 수집하기 위함이다.

2단계: 체계적 선별 및 분석

다음으로, 탐색된 문헌들을 대상으로 '실제 구축 경험', '방법론적 문서화' 등 세밀한 기준을 적용하여 최종 분석 대상 논문 10편을 선별했다. 선별된 논문들은 언어교육, 화용론, 소셜미디어 연구 등 다양한 학문 분야를 포괄하며, 이들로부터 공통적으로 나타나는 원칙과 분야별 특화 방법론을 체계적으로 추출했다.

3단계: 다층적 검증

도출된 잠정적 원칙들은 다시 이론적 차원과 실무적 차원에서 검증을 거쳤다. 먼저 대화분석, 생태학적 시스템 이론 등 주요 이론적 프레임워크와의 정합성을 검토했으며(이론적 검증) , 실제 구축 사례들의 성공 및 실패 요인과 비교하여 실현 가능성을 평가했다(실무적 검증).

4단계: 최종 원칙 확립

마지막으로, 이러한 종합적인 검증 과정을 통과한 핵심 원칙들을 상호보완성과 긴장 관계에 따라 재분류하고 체계화하여, 최종적으로 13개의 '한국어 멀티모달 일상대화 말뭉치 구축 원칙'을 확립하였다.

4.1. 문헌 검토 방법론

멀티모달 말뭉치 구축 원칙의 도출은 AI 기반 체계적 문헌 검토와 학제간 메타 분석을 통해 이루어졌다. 이 과정은 전통적인 문헌 검토의 한계를 극복하고, 대규모 학술 문헌에서 관련성 높은 연구를 효율적으로 식별하여 다양한 이론적 프레임워크로부터의 통찰을 종합하는 것을 목표로 한다.

AI 기반 포괄적 문헌 검색

본 연구는 Elicit 플랫폼을 활용하여 Semantic Scholar의 1억 2천 6백만 편 이상의 학술 논문 데이터베이스를 대상으로 체계적 문헌 검색을 수행했다. 연구 문제 '여러 학문 분과와 연구 맥락에서 멀티모달 말뭉치 구축에 공통적으로 적용되는 원리와 서로 다른 원리는 무엇인가?'를 바탕으로 관련성이 가장 높은 50편의 논문을 AI 기반 관련성 평가를 통해 식별했다. 검색 단계에서 'multimodal corpus', 'corpus construction', 'multimodal data' 등의 키워드를 활용하였고, 2000년 이후 발표된 영어 논문을 중심으로 필터링을 적용하였다.

이러한 AI 기반 접근법은 다음과 같은 방법론적 이점을 제공한다. (1) 전통적 키워드 검색으로는 발견하기 어려운 의미적 관련성을 가진 연구의 포괄적 식별, (2) 대규모 문헌에서 관련성 기반 자동 순위화를 통한 효율성 확보, (3) 연구자의 사전 편향을 최소화한 객관적 문헌 선별 등이다.

체계적 선별 기준 적용

AI가 식별한 50편의 논문 중에서 다음의 기준을 통해 최종 10편을 선별했다.

포함 기준은 다음과 같다.

- 멀티모달리티 포함: 최소 2개 이상의 모달리티(음성, 영상, 텍스트, 주석 등) 활용

- 실제 말뭉치 구축 경험: 이론적 논의를 넘어선 실제 구축 과정의 기술
- 방법론적 문서화: 구축 원칙이나 가이드라인의 명시적 제시
- 세부사항 충분성: 재현 가능한 수준의 구축 방법론 기술
- 실용적 구현: 기술적 구현 요소와 실무적 적용 방안 포함
- 방법론적 기여: 말뭉치 구축 방법론에 대한 의미 있는 통찰 제공

이러한 기준을 통해 선별된 연구들은 다양한 학문 분야와 상호작용 맥락을 포괄한다. 대표적인 예시로는 언어교육 분야의 VAPVISIO 말뭉치(Cappellini et al., 2023), 자연스러운 대화 연구를 위한 CANDOR 말뭉치(Reece et al., 2023), 직장 가상 의사소통 분석을 위한 IVO 말뭉치(Knight et al., 2024), 멀티모달 상호작용 연구를 위한 FreMIC 말뭉치(Rühlemann & Ptak, 2023), 성인-아동 상호작용 연구를 위한 ECOLANG 말뭉치(2025), 온라인 화상회의 분석을 위한 GEHM Zoom 말뭉치(Paggio et al., 2024) 등이 있다. 이들 연구는 교육, 직장, 일상 대화, 온라인 상호작용 등 다양한 의사소통 상황에서의 멀티모달 현상을 포착하고 분석하는 방법론을 제시한다.

4.2. 원칙 분류 체계

멀티모달 말뭉치 구축을 위한 분류 체계의 개발은 다층 범주화 접근법을 따른다. 이 접근법은 여러 추상화 수준에서 작동한다. 기초 수준에서는 데이터 수집, 저장, 초기 처리를 위한 기본 요구사항을 다루는 원칙들을 포함한다. 방법론적 수준은 주석, 검증, 품질 통제를 위한 원칙들을

포함한다. 분석적 수준은 말뭉치 분석과 해석을 위한 원칙들에 초점을 맞춘다.

이러한 분류는 편의상의 구분이며, 실제로는 각 원칙들이 상호 연관되어 작동한다. 예를 들어, 생태학적 타당성의 원칙(자연스러운 맥락에서 데이터 수집)은 멀티모달 통합의 원칙(모든 관련 기호적 양식의 포착)에 직접적으로 영향을 미치며, 이는 다시 주석 일관성의 원칙(양식 채널 간 일관성 유지)에 영향을 미친다.

5. 멀티모달 일상대화 말뭉치 구축 원칙의 개관

5.1. 원칙 선정 기준과 근거

멀티모달 말뭉치 구축을 위한 13개 원칙은 이론적 프레임워크의 체계적 분석, Elicit 기반 실증적 연구, 그리고 현재 진행 중인 한국어 멀티모달 일상대화 말뭉치 구축 프로젝트에서의 실무적 경험을 종합하여 도출되었다. 선정 기준은 멀티모달 의사소통의 고유한 특성을 다루면서도 확립된 말뭉치 언어학 방법론과의 호환성을 유지하는 원칙들을 우선시한다.

포괄성이 주요 기준으로 작용하여, 원칙들이 초기 계획부터 최종 분석까지 멀티모달 말뭉치 구축의 모든 주요 측면을 집합적으로 다루도록 보장하도록 하였다. 상호 보완성은 원칙들이 중복되기보다는 시너지 효과를 발휘하도록 하며, 각 원칙이 구축 과정의 별개 측면을 다루면서도 다른 원칙들을 지원하도록 한다.

구현 가능성은 여전히 중요한 요소로, 원칙들이 현재의 기술적 역량과 자원 제약 조건 하에서 실행 가능하도록 설계되었다. 이러한 실용적 초점은 원칙들이 연구자들에게 구체적인 방향성을 제공할 수 있을 것이다.

5.2. 13개 원칙의 구성과 8개 하위섹션으로의 체계화

도출된 13개 원칙을 이론적 연관성과 실무적 상호작용을 기준으로 8개 범주로 분류하면 다음과 같다.

1 대표성과 균형성 원칙

- 대표성(Representativeness): 목표 언어 영역과 담화 공동체의 정확한 반영
- 균형성(Balance): 담화 유형, 상황적 맥락, 모달리티 간의 적절한 비중 분배

2 자연성 원칙

- 자연성 혹은 생태학적 타당성(Naturalness or Ecological Validity): 실제 일상생활에서 자연스럽게 발생하는 상호작용의 포착과 연구 결과의 실제 환경 일반화 가능성 보장

3 멀티모달 동기화와 일관성 원칙

- 멀티모달 동기화(Multimodal Synchronization): 서로 다른 모달리티

의 정확한 시간적 동기화

- 일관성(Consistency): 구축 전 과정에서 동일한 기준과 방법론의 지속적 적용

4 목적 특화 원칙

- 목적 특화(Purpose Specialization): 명확하게 정의된 연구 목적에 맞는 설계와 모든 구성 요소의 일치

5 윤리적 수집과 개인정보 보호 원칙

- 윤리적 수집(Ethical Collection): 참여자의 인권과 존엄성 보장, 연구 윤리 준수
- 개인정보 보호(Privacy Protection): 멀티모달 데이터의 다차원적 개인정보 노출 위험에 대한 체계적 보호

6 확장성과 재사용성 원칙

- 확장성(Scalability): 시간 경과에 따른 데이터 규모와 기능적 범위의 확장 가능성
- 재사용성(Reusability): 초기 구축 목적을 넘어선 다양한 연구 분야에서의 활용 가능성

7 맥락 정보의 체계적 수집 원칙

- 맥락 정보의 체계적 수집(Systematic Collection of Contextual Information): 언어 사용이 발생하는 상황적, 사회적, 문화적 맥락에

대한 포괄적 정보 수집

8 기술적 품질과 안정성 원칙

- 기술적 품질(Technical Quality): 모든 기술적 구성 요소의 연구 목적 적합 품질 유지
- 안정성(Stability): 장기간에 걸친 안정적 접근성과 데이터 무결성 보장

5.3. 각 원칙의 고유한 중요성과 상호 보완적 관계

13개 원칙은 각각 멀티모달 말뭉치 구축의 특정 도전 과제를 다루면서도 통합적 프레임워크에 기여한다.

기초 원칙군(대표성, 균형성)은 전통적인 말뭉치 원칙을 멀티모달 맥락에 적응시켜, 말뭉치가 대상 의사소통 관행을 적절히 대표하도록 보장한다. 품질 보장 원칙군(자연성, 멀티모달 동기화, 일관성)은 말뭉치가 자연스러운 맥락에서 진정한 의사소통 관행을 포착하고, 모든 기호적 양식이 조율된 시스템으로 분석되도록 보장한다.

목적성 원칙(목적 특화)은 말뭉치가 명확한 연구 목적에 맞게 설계되고 구축 과정 전반에 걸쳐 일관된 기준을 적용하도록 보장한다. 윤리적 보호 원칙군(윤리적 수집, 개인정보 보호)은 멀티모달 데이터의 민감한 특성을 고려하여 참여자의 권리와 존엄성을 보장한다.

지속가능성 원칙군(확장성, 재사용성)은 말뭉치가 초기 구축 목적을 넘어서 다양한 연구 분야에서 활용될 수 있도록 설계되어야 한다는 실용적 요구사항을 다룬다. 맥락성 원칙(맥락 정보 수집)은 언어 사용이 발생하는 사회적,

문화적, 상황적 맥락에 대한 정보의 체계적 문서화를 보장한다. 기술적 안정성 원칙군(기술적 품질, 안정성)은 멀티모달 말뭉치의 모든 기술적 구성 요소가 연구 목적에 적합한 수준의 품질을 유지하고 장기간에 걸쳐 안정적으로 접근 가능하도록 보장한다. 13개 원칙을 정리하면 다음 그림과 같다.

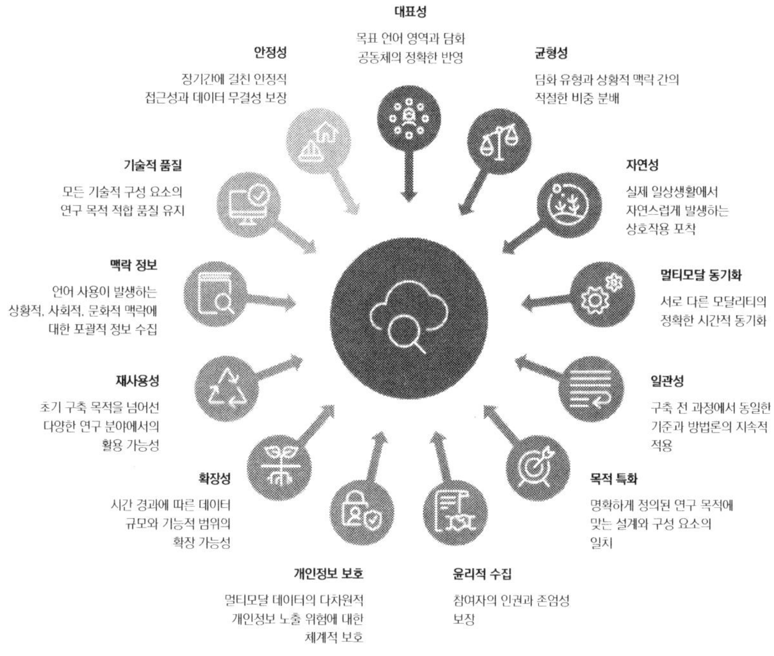

〈그림 2-2〉 멀티모달 일상대화 말뭉치 구축의 원리

5.4. 원칙 적용 시 고려사항

이러한 원칙들의 적용은 상대적 중요성과 구체적 구현에 영향을 미치는 맥락적 요인들에 대한 신중한 고려를 필요로 한다. 연구 목적은 원칙들이 어떻게 우선순위를 매기고 운용되는지를 근본적으로 형성하며, 서로 다른 연구 질문들은 포괄성과 초점 간의 서로 다른 균형을 요구한다.

자원 제약과 현실적 한계 멀티모달 말뭉치 구축은 상당한 시간, 예산, 인력을 요구하는 대규모 프로젝트이다. 자원 제약은 원칙 구현에 상당한 영향을 미치며, 연구자들이 사용 가능한 시간, 자금, 기술적 역량 하에서 멀티모달 현상의 어떤 측면을 우선시할지에 대한 전략적 결정을 내리도록 요구한다. 이러한 현실적 제약으로 인해 모든 원칙을 동시에 최고 수준으로 구현하는 것은 실질적으로 불가능한 경우가 많다.

단계적 구축 전략의 필요성 독일의 FOLK(Forschungs-und Lehrkorpus gesprochenes Deutsch) 말뭉치가 보여주는 바와 같이, 대규모 멀티모달 말뭉치는 단계적이고 점진적인 접근법을 통해 구축되는 것이 현실적이다. FOLK는 2008년 시작되어 현재까지 지속적으로 확장되고 있으며, 초기에는 기본적인 오디오 데이터와 전사에 집중하다가 점차 비디오 데이터와 멀티모달 주석을 추가하는 방식을 취하고 있다. 이러한 접근법은 대표성과 균형성 원칙을 완벽하게 구현하기 어려운 초기 단계에서도 유용한 말뭉치를 구축하고 점진적으로 개선해 나갈 수 있음을 보여준다.

원칙 간 우선순위의 유연한 설정 현실적 제약 하에서는 13개 원칙을 모두 동등하게 적용하기보다는 연구 목적과 가용 자원에 따라 우선순위를 설정하는 융통성이 필요하다. 예를 들어, 초기 구축 단계에서는 윤리적 수집과 기술적 품질에 집중하고, 이후 단계에서 대표성과 확장성을 점진적으로 개선하는 전략이 효과적일 수 있다. 중요한 것은 이러한 우선순위 설정이 임의적이 아니라 명확한 근거와 향후 개선 계획에 기반해야 한다는 점이다.

기술 발전과 자동화의 활용 멀티모달 전사는 텍스트 전사보다 훨씬 많은 시간과 비용을 요구하는 작업이다. 이는 앞서 살펴본 일본 CEJC 말뭉치의 사례처럼, 멀티모달 주석을 나중에 추가하는 단계적 접근법이 현실적임을 보여준다. 즉, 초기에는 기본적인 텍스트 전사에 집중하고, 향후 자원과 기술이 허용할 때 멀티모달 주석을 추가하는 방식이 실용적이라는 점이다. 이러한 접근법은 초기 투자 부담을 줄이면서도 말뭉치의 즉시적 활용을 가능하게 한다.

특히 최근 AI 기술의 발전으로 자동 음성 인식(ASR), 자동 제스처 감지, 표정 분석 등의 자동화 도구들이 급속히 발전하고 있다. 이러한 기술적 발전은 멀티모달 주석 작업의 효율성을 크게 향상시킬 수 있으므로, 말뭉치 구축 시 다음과 같은 전략적 고려가 필요하다.

- 단계적 주석 전략: 초기에는 기본적인 전사와 핵심 주석에 집중하고, 기술이 성숙해지면 자동화 도구를 활용하여 세부 주석을 추가
- 표준화된 데이터 구조: 향후 자동화 도구의 출력을 쉽게 통합할 수 있는 개방형 표준 형식 채택
- 점진적 품질 개선: 자동화 도구의 정확도 향상에 따라 기존 주석을 단계적으로 개선

단계적 접근 방향

우선 확장성과 재사용성 측면에서는 모듈형 아키텍처 설계를 통해 새로운 자동화 도구나 주석 레이어를 쉽게 추가할 수 있는 구조를 구축하는 것이 좋을 것이다. 또한 API[22] 기반 접근으로 외부 자동화 서비스나 도구와의 연동을 가능하게 하며, 버전 관리 시스템을 활용하여 기술 발전에

따른 주석 개선 과정을 체계적으로 관리할 필요가 있다.

기술적 품질과 안정성 측면에서는 인간 주석자와 자동화 도구의 장점을 결합한 하이브리드 접근법을 통해 반자동 주석 체계를 구축하고, 자동화 도구의 출력을 검증하고 수정할 수 있는 품질 보증 파이프라인을 수립하여야 할 것이다. 또한, 기존 수동 주석 데이터가 새로운 자동 주석 시스템에서도 호환되도록 보장해야 한다.

구체적 구현은 3단계로 진행하는 것이 좋다고 본다. 1단계에서는 고품질 텍스트 전사와 기본 메타데이터에 집중하면서 향후 확장을 위한 기술적 인프라를 구축한다. 2단계에서는 중요도가 높은 데이터 부분에 대해 수동 멀티모달 주석을 추가하고 자동화 도구 성능을 평가한다. 3단계에서는 검증된 자동화 도구를 활용하여 나머지 데이터에 대한 멀티모달 주석을 확장한다.

이러한 단계적 접근의 관건은 완벽을 추구하기보다는 활용 가능한 데이터를 우선 공개하는 것이다. 완벽한 멀티모달 주석이 완성될 때까지 기다리기보다는 기초 데이터를 충실하게 구축하여 조기에 공개하는 것이 더욱 합리적이다. 고품질의 텍스트 전사와 기본적인 메타데이터만으로도 많은 연구에 유용하며, 이는 즉시적인 학술적 기여를 가능하게 한다.

---

22 API(Application Programming Interface)는 서로 다른 소프트웨어 간에 정보를 주고받을 수 있게 해주는 연결 통로를 의미한다. 예를 들어, ELAN이 Whisper와 연동하여 자동 전사 기능을 사용할 수 있는 것도 API를 통해 가능하다. API를 통해 연구자는 Google Speech-to-Text, OpenAI Whisper, 감정 분석 도구 등 다양한 외부 서비스를 자신의 전사 작업 흐름에 통합할 수 있다. 이는 각 도구를 개별적으로 사용하는 것보다 효율적이며, 데이터가 자동으로 형식 변환되어 전달되므로 수작업을 크게 줄일 수 있다.

나아가 이러한 조기 공개는 협력적 발전 모델을 가능하게 한다는 장점이 있다. 개별 연구자들이 자신의 연구 필요성에 따라 특정 부분에 대한 추가 전사나 주석을 수행하고, 이를 다시 커뮤니티에 기여할 수 있는 구조를 만드는 것이 중요하다. 이를 위해서는 다음과 같은 요소들이 필요하다. 첫째, ELAN, Praat 등 널리 사용되는 표준 도구와 호환되는 범용적 주석 형식을 채택해야 한다. 둘째, 녹음 상황, 참여자 정보, 기술적 사양 등 향후 확장에 필요한 기초 정보를 체계적으로 문서화해야 한다. 셋째, 새로운 주석 레이어나 분석 결과를 기존 데이터에 쉽게 추가할 수 있는 모듈형 구조를 설계해야 한다. 넷째, 외부 연구자들이 추가 주석을 기여할 때 따라야 할 품질 기준과 절차를 명확히 제시해야 한다.

이러한 개방형 확장 접근법은 여러 측면에서 이점을 제공한다. 무엇보다 각 연구자의 전문 분야에 따른 분산된 전문성을 활용할 수 있어 고품질 주석이 가능하다. 또한 처음부터 모든 데이터를 완전히 주석하는 방식보다 훨씬 경제적이어서 비용 효율성이 높고, 시간이 지남에 따라 말뭉치가 자연스럽게 발전하는 지속적 개선이 가능하다. 더불어 공통 기반 위에서 다양한 주석 방식의 호환성을 확보함으로써 표준화를 촉진할 수 있다.

특히 미래 확장 가능성을 보장하기 위해서는 초기 구축 단계에서 기초 정보 수집에 집중해야 한다. 나중에 재수집하기 어려운 맥락 정보, 참여자 배경, 녹음 환경 등의 메타데이터를 완전하고 체계적으로 수집하는 것이 중요하다. 이러한 기초 정보가 충실할수록 향후 다양한 연구 목적에 따른 확장이 용이해진다. 결국 이러한 접근법은 완성도 추구와 현실적 제약 사이의 균형을 잘 보여주며, 멀티모달 말뭉치 구축의 지속가능하고 협력적인 모델을 제시한다.

이러한 접근법은 완성도 추구와 현실적 제약 사이의 균형을 잘 보여주며, 멀티모달 말뭉치 구축의 지속가능하고 협력적인 모델을 제시한다.

한편 멀티모달 말뭉치 구축의 성공을 위해서는 학제적 협력과 소통이 필수적이다. 멀티모달 말뭉치 구축의 학제적 특성은 서로 다른 이론적 전통과 방법론적 접근을 연결할 수 있는 원칙들을 필요로 한다. 이는 프레임워크가 다양한 연구 공동체에서 접근 가능하고 적용 가능하도록 보장하기 위해 원칙들이 어떻게 소통되고 구현되는지에 대한 신중한 고려를 요구한다. 특히 언어학자, 컴퓨터과학자, 연구윤리 전문가 등 서로 다른 배경을 가진 팀원들 간의 효과적인 협력이 성공적인 말뭉치 구축의 핵심이다.

결론적으로, 이러한 이론적 기초와 방법론적 프레임워크는 멀티모달 말뭉치 구축을 위한 개념적 토대를 제공하며, 각 구성 요소들이 고립된 지침이 아닌 통합적 시스템으로 작동하도록 보장한다. 다음 장에서는 이러한 이론적 기초가 실용적인 말뭉치 구축 방법론으로 어떻게 전환되는지를 구체적 구현 전략과 함께 상세히 다룰 것이다.

이 장에서 정리한 개념과 방법론은 프로젝트 전 단계에 걸친 점검 항목으로 정리될 수 있으며, 실무적 활용을 위한 통합 체크리스트를 부록 A에 수록하였다[23].

23 부록에 넣은 다음 표식의 의미는 아래와 같다.
[필수]: 반드시 준수한다. 예외가 불가피하면 사전 승인과 사후 기록을 남긴다.
[권장]: 따르는 것을 원칙으로 한다. 다른 선택을 할 경우 사유와 대체 통제를 문서화한다.
[선택]: 맥락과 자원에 따라 결정한다. 결정 근거를 간단히 기록한다.
[금지]: 실행하지 않는다.
[비권장]: 원칙적으로 피한다. 불가피하면 위험 완화 조치를 병행하고 사유를 남긴다.

〈표 4〉 13개 멀티모달 말뭉치 구축 원칙 요약

원칙 그룹	핵심 원칙	핵심 정의
기초 원칙	① 대표성, ② 균형성	목표 언어 공동체를 정확히 반영하고, 데이터 내 다양한 유형이 적절한 비율로 분배되어야 함.
품질 보증 원칙	③ 자연성, ④ 멀티모달 동기화, ⑤ 일관성	실제 상호작용을 그대로 포착하고, 여러 모달리티를 시간적으로 정확히 정렬하며, 전 과정에 동일 기준을 적용해야 함.
목적성 원칙	⑥ 목적 특화	명확한 연구 목적에 맞춰 말뭉치의 모든 구성요소를 설계해야 함.
윤리적 보호 원칙	⑦ 윤리적 수집, ⑧ 개인정보 보호	참여자의 인권을 존중하고, 민감한 개인정보를 체계적으로 보호해야 함.
지속가능성 원칙	⑨ 확장성, ⑩ 재사용성	데이터 규모나 기능 확장이 가능해야 하며, 초기 목적 외 다양한 연구에 활용될 수 있어야 함.
맥락성 원칙	⑪ 맥락 정보의 체계적 수집	상호작용이 발생하는 사회적, 문화적, 상황적 맥락 정보를 포괄적으로 수집해야 함.
기술적 안정성 원칙	⑫ 기술적 품질, ⑬ 안정성	모든 기술 요소가 연구 목적에 부합하는 품질을 유지하고, 장기간 안정적으로 접근 가능해야 함.

제3장

멀티모달 말뭉치 구축 원칙

Chapter 03 멀티모달 말뭉치 구축 원칙

1. 대표성과 균형성 원칙

1.1. 대표성

원칙 정의

대표성(Representativeness) 원칙은 멀티모달 일상대화 말뭉치가 목표로 하는 언어 영역과 담화 공동체[24]를 정확하게 대표해야 한다는 원칙이

24 담화 공동체(discourse community)는 Swales(1990)가 정의한 개념으로, "공통된 공적 목표를 가지고, 목표 달성을 위한 참여적 메커니즘을 갖추며, 정보와 피드백을 교환하기 위해 하나 이상의 장르를 활용하고, 특정한 어휘를 사용하며, 전문성을 가진 구성원들로 이루어진 사회수사학적 네트워크"를 의미한다(Swales, 1990: 24-27). 일상대화 맥락에서 담화 공동체는 가족, 친구 집단, 직장 동료 등과 같이 특정한 사회적 관계와 상호작용 맥락을 공유하는 집단을 지칭한다. Hymes(1974)의 의사소통 민족지학적 접근에 따르면, 언어 사용은 화자, 청자, 상황(setting), 주

다. 이는 단순히 많은 양의 데이터를 수집하는 것이 아니라, 실제 일상대화에서 나타나는 언어 사용 패턴을 정확히 반영하고, 연구 결과의 일반화 가능성을 보장할 수 있는 방식으로 데이터를 구성하는 것을 의미한다. 멀티모달 환경에서 대표성은 음성, 영상, 제스처, 표정 등 다양한 모달리티가 실제 일상대화에서 나타나는 양상을 충실히 반영해야 함을 포괄한다.

이론적 근거

대표성 원칙의 이론적 토대는 표집 이론(sampling theory)의 체계적 적용에서 출발한다. Biber(1993)는 말뭉치 언어학에서 대표성을 두 가지 차원으로 구분했는데, 첫째 외적 대표성(external representativeness)은 말뭉치가 목표로 하는 언어 영역이나 담화 공동체의 특성을 얼마나 정확히 반영하는지를 의미하며, 둘째 내적 대표성(internal representativeness)은 말뭉치 내부에서 언어적 변이와 패턴을 안정적이고 신뢰할 수 있는 방식으로 기술할 수 있는 정도를 의미한다. 즉, 외적 대표성은 '무엇을 포함할 것인가'의 문제이고, 내적 대표성은 '포함된 데이터가 얼마나 신뢰할 만한가'의 문제이다.

그러나 Egbert, Biber, & Gray(2022)는 말뭉치 언어학에서 대표성에 대한 10가지 서로 다른 개념화를 제시하며 개념적 혼재 문제를 지적했다[25]. 이러한 문제에 대한 해결책으로 이중 기둥 프레임워크(dual pillars

---

제(topic), 채널(channel), 규범(norms) 등의 구성 요소가 복합적으로 작용하는 사회적 행위이며, 동일한 언어적 형태라도 담화 공동체에 따라 다른 사회적 의미와 기능을 갖는다(Hymes, 1974: 53-62). 따라서 멀티모달 일상대화 말뭉치에서 담화 공동체의 대표성 확보는 언어 사용의 사회적 변이를 체계적으로 포착하기 위한 필수적 요건이다.

framework)를 제안했는데, 이는 영역 고려사항(domain considerations)과 분포 고려사항(distribution considerations)으로 구성된다.

영역 고려사항은 말뭉치가 목표로 하는 언어 영역이나 담화 공동체를 얼마나 적절히 반영하는지를 평가하는 것으로, 구체적인 검증 기준으로는 (1) 목표 영역의 명확한 정의와 경계 설정, (2) 하위 영역의 체계적 식별과 분류, (3) 각 하위 영역의 상대적 중요성과 빈도 결정, (4) 말뭉치 구성과 목표 영역 간의 적합성 평가가 제시된다. 분포 고려사항은 선택된 영역 내에서 언어적 특징들이 어떻게 분포하는지를 평가하는 것으로, 검증 기준으로는 (1) 통계적 신뢰도 확보를 위한 충분한 표본 크기, (2) 변이 포착을 위한 적절한 표본 수, (3) 언어적 특징의 균등 분포를 보장하는 분

25 Egbert, Biber, & Gray(2022)는 말뭉치 언어학에서 '대표성(representativeness)' 개념이 상충하는 의미로 사용되어 온 문제를 해결하기 위해 기존 연구에서 나타난 10가지 서로 다른 개념화를 체계적으로 분석했다. 이들 개념화는 다음과 같다. (1) 구체적 기준 없이 해당 말뭉치가 좋다고 여겨지는 주관적 평가에 의존하는 접근법(general acclaim for data), (2) 특정 언어 현상이나 텍스트 유형에 편향되지 않고 중립적으로 수집되었다고 간주하는 접근법(absence of selective focus), (3) 해당 언어 영역의 전형적이고 이상적인 사례들을 포함한다고 보는 접근법(typical or ideal cases of the target domain), (4) 전체 언어 사용 모집단을 비례적으로 축소한 표본이라고 보는 통계학적 접근법(miniature of the population), (5) 언어 변이의 다양성과 이질성을 최대한 포괄한다고 보는 접근법(coverage of the population's heterogeneity), (6) 통계적으로 신뢰할 수 있는 추정치를 도출할 수 있게 한다고 보는 접근법(permits good estimation), (7) 특정 연구 목적에 충분한 수준이면 된다고 보는 실용주의적 접근법(good enough for a particular purpose), (8) 대표성보다는 말뭉치의 크기가 더 중요하다고 보는 관점(a large corpus is more important than a representative corpus), (9) 다양한 텍스트 유형과 장르의 균등한 분포를 통해 달성된다고 보는 접근법(balanced corpus), (10) 완전한 대표성은 이론적으로 달성 불가능하다고 보는 회의주의적 관점(a representative corpus is never possible). 이러한 개념적 혼재는 연구자들이 동일한 용어를 사용하면서도 서로 다른 의미를 전제하여 개념적 혼재가 심하다고 지적된다.

산 패턴, (4) Biber(1990)의 최소 표본 수 이론에 기반한 정량적 기준 적용이 포함된다.

이러한 이중 기둥 프레임워크는 Biber(1993)의 외적·내적 대표성 개념을 더욱 체계화한 것으로, 멀티모달 일상대화 말뭉치에서 담화 공동체별 언어 사용 패턴의 체계적 포착과 통계적 신뢰성 확보를 동시에 가능하게 하는 이론적 기반을 제공한다.

실증적 증거

대표성 부족으로 인한 연구 결과의 신뢰성 문제는 Miller & Biber (2015)의 연구에서 입증되었다. 이 연구에서는 심리학 교재를 대상으로 한 제한된 담화 영역에서도 말뭉치 설계와 구성이 어휘 변이에 예상보다 훨씬 큰 영향을 미친다는 것을 실험적으로 보여주었다. 이들은 동일한 영역 내에서도 다른 표집 전략이 상당히 다른 언어적 발견을 가져올 수 있으며, 층화 표집과 비례 표집의 선택이 결과의 일반화 가능성에 결정적 영향을 미친다는 것을 확인했다.

체계적인 대표성 검증의 성공 사례는 Kemp(2022)의 국제법 말뭉치 연구에서 확인되었다. 그는 체계적인 대표성 논거를 통해 198만 단어 규모의 DSVC-IL 말뭉치의 유효성을 입증했다. 전문가 판단을 통한 목표 영역 대표성 확인과 빈도, 핵심성, 범위, 분포 균등성 측정을 통한 언어적 대표성을 검증했다.

멀티모달 환경에서의 대표성 문제는 더욱 복잡하다. 멀티모달 말뭉치는 음성뿐 아니라 제스처, 시선, 표정 등 다양한 모달리티를 포함해야 하는데, 이들의 분포와 패턴은 상황적 맥락에 크게 의존한다. 예를 들어,

Knight(2011)는 학술적 맥락과 일상 대화에서 제스처 사용 패턴이 현저히 다[illegible]을 지적했으며, 단일 맥락에서 수집된 멀티모달 데이터로는 일반적인 [illegible]호작용 패턴을 대표할 수 없음을 강조했다.

더욱이 문화적 대표성도 중요하다. Chen et al.(2017)의 연구는 대만, 인도네시아, 인도 화자들 간 제스처-음성 패턴의 차이를 보여주었는데, 이는 단일 문화권 참여자만으로 구축된 멀티모달 말뭉치가 범문화적 일반화에 한계가 있음을 시사한다.

1.2. 균형성

▬ 원칙 정의

균형성(Balance) 원칙은 멀티모달 말뭉치 내에서 다양한 담화 유형, 상황적 맥락, 모달리티 간의 비중이 적절하게 분배되어야 한다는 원칙이다. Sinclair(1991)의 말뭉치 설계 원칙에 따르면, 균형성은 말뭉치 내 구성 요소들 간의 적절한 비례 관계를 의미하며, 특정 유형의 데이터에 과도하게 편중되지 않도록 하는 것이 핵심이다. 멀티모달 환경에서 균형성은 전통적인 텍스트 유형별 균형을 넘어서 모달리티 간 균형과 대화 상황의 균형을 동시에 고려해야 하는 복합적 개념이다.

▬ 이론적 근거

균형성 원칙의 이론적 기초는 Atkins et al.(1992)의 설계 기준과 McEnery & Hardie(2012)의 품질 관리 원칙에서 찾을 수 있다. 이들은 말뭉치가 특정 텍스트 유형이나 장르에 편중되지 않도록 하는 것이 연구 결과의 신뢰성과 일반화 가능성을 보장하는 주요한 요소라고 강조했다.

멀티모달 말뭉치의 균형성은 Allwood(2008)가 지적한 바와 같이 "여러 모달리티 간의 일관성 있는 주석 체계가 연구 목적에 따라 체계적으로 설계되어야 한다"는 원칙과 직결된다. 이는 단순히 데이터의 양적 균형이 아니라 질적 균형, 즉 각 모달리티가 분석에 기여할 수 있는 정보의 질과 깊이가 균등해야 함을 의미한다.

나아가, 멀티모달 의사소통의 본질적인 특성 자체가 균형성을 요구한다. 의사소통 참여자들은 음성, 제스처, 표정 등 여러 채널을 통해 정보를 통합적으로 전달하고 해석한다. 각 채널은 서로 다른 종류의 정보를 전달하며 때로는 서로의 의미를 보충하거나 명확하게 해주는 역할을 한다. 따라서 이들 정보 채널 간의 기여도를 균등하게 고려하지 않으면, 전체 의사소통 과정에 대한 왜곡된 분석으로 이어질 수 있다.

▬ 실증적 증거

모달리티 간 균형성의 중요성은 McNeill(1992)의 제스처 연구에서 확인되었다. 그는 언어와 제스처가 동시에 발생하는 멀티모달 상호작용에서 하나의 모달리티만 분석할 경우 의미 전달의 핵심 요소를 놓칠 수 있음을 보여주었다. 이러한 관점은 후속 연구들을 통해 더욱 강화되었는데, 예를 들어 Kita(2009)와 같은 연구들은 제스처가 발화의 담화 구조를 조직하고 화자의 의도를 명확히 하는 데 결정적인 역할을 함을 강조한다. 따라서 제스처와 같은 비언어적 모달리티를 체계적으로 수집하고 분석하지 않으면, 발화의 진정한 의미와 기능에 대한 왜곡된 결론에 이를 수 있다.

균형성 부족이 야기하는 문제점 또한 명확하다. 만약 말뭉치가 실험실 환경이나 초면의 참가자 간 온라인 미팅처럼 단일하고 통제된 상황에만 집중된다면, 여기서 나타나는 대화 패턴은 실제 일상 대화와는 체계적인 차이를 보일 것이다. 예를 들어, 친밀한 관계에서 나타나는 비격식적 발화나 생략 구문, 복합적인 상호작용 양상이 배제되어 연구 결과의 일반화 가능성을 훼손할 가능성이 있다.

성공적인 균형성 확보 사례는 CEJC 말뭉치에서 찾을 수 있다. CEJC는 200시간의 음성, 577개 대화를 포함하며, 레스토랑에서 친구들과의 대화나 사무실에서 동료들과의 만남 등 다양한 일상 대화 상황을 균형 있게 포함하도록 설계되었다. 이처럼 다양한 맥락을 의도적으로 포괄하는 균형 잡힌 설계 자체가 말뭉치의 가치를 높이며, 특정 상황에 편중된 말뭉치에서는 확보하기 어려운 연구의 신뢰성과 타당성의 기반이 된다.

1.3. 실천적 함의

대표성과 균형성 원칙의 실제적 적용에서 가장 중요한 것은 두 원칙의 상호보완적 특성을 이해하는 것이다. 대표성이 "무엇을 포함할 것인가"의 문제라면, 균형성은 "어떤 비율로 포함할 것인가"의 문제이다. 멀티모달 일상대화 말뭉치에서는 이 두 원칙이 동시에 고려되어야 의미 있는 결과를 얻을 수 있다.

표집 설계의 체계성이 주요 과제이다. 멀티모달 일상대화 말뭉치의 경우, 화자 특성(연령, 성별, 지역, 사회경제적 배경), 대화 상황(가족 대화, 친구 대화, 업무 대화), 물리적 환경(실내/실외, 공적/사적 공간), 참여자 수(2인, 3-4인,

5인 이상) 등의 다차원적 변수를 고려한 층화 표집이 필요하다. 실제적으로는 특정 데이터가 과소 또는 과대 표집되는 것을 막기 위한 하나의 경험적 가이드라인으로서, 목표 모집단의 각 하위 집단이 최소 전체의 5% 이상을 차지하도록 설계하고 특정 집단이 50%를 초과하지 않도록 제한하는 방법을 고려할 수 있다.

모달리티 균형 관리는 멀티모달 말뭉치의 특수한 과제이다. 음성 데이터의 품질이 우수하더라도 영상 데이터가 부족하거나 제스처 주석이 불완전하면 멀티모달 분석의 신뢰성이 크게 저하된다. 실제적으로는 각 모달리티별로 최소 품질 기준을 설정하고, 하나의 모달리티라도 기준에 미달할 경우 해당 데이터 전체를 함께 제외하는 상호 연계적인 품질 관리 방식을 적용하는 것이 바람직하다. 이는 특정 모달리티의 품질 저하가 전체 분석의 신뢰도를 훼손하는 것을 막기 위한 방법으로 볼 수 있다.

다음의 〈표 5〉는 앞서 논의한 대표성과 균형성의 원칙을 실제 한국어 멀티모달 일상대화 말뭉치 설계에 적용한 구체적인 표집 예시안이다. 이 설계안은 말뭉치가 특정 데이터에 편중되지 않고, 목표로 하는 언어 현실(모집단)을 체계적으로 반영하기 위한 것이다.

〈표 5〉 한국어 멀티모달 말뭉치 표집 설계 예시안

표집 변수	하위 범주	목표 비율 (예시)	고려사항
화자 특성	연령: 20-30대 / 40-50대 / 60대 이상 성별: 남성 / 여성	40% / 40% / 20% 50% / 50%	특정 연령/성별 집단이 50%를 초과하지 않도록 하여 편향을 최소화.
대화 상황	친구/지인 간 사적 대화 가족 간 대화 업무 관련 대화	50% 30% 20%	한국어 일상대화에서 가장 빈번한 상황을 중심으로 구성하되, 다양한 담화 유형을 포함.
참여자 수	2인 대화 3-4인 대화 5인 이상 대화	60% 30% 10%	참여자 수에 따라 제스처 사용 등 상호작용 양상이 질적으로 달라지므로, 다양한 규모의 집단을 포함.
물리적 환경	사적 공간 (가정 등) 공적 공간 (카페, 식당 등)	50% 50%	공간의 공적/사적 성격이 대화의 형식성과 내용에 영향을 미치므로 균형 있게 수집.

여기에서는 화자 특성(연령, 성별), 대화 상황, 참여자 수, 물리적 환경이라는 네 가지 핵심 변수를 설정하고, 각 변수 내 하위 범주별 목표 비율을 구체적으로 제시했다. 특히 한국어 일상대화에서 가장 빈번한 '친구·지인 간 대화'에 높은 비중을 두는 한편, 참여자 수에 따라 제스처나 시선 사용 양상이 달라지는 멀티모달 연구의 특성을 고려하여 2인 대화부터 5인 이상 대화까지 다양한 규모의 집단을 포함하도록 설계했다. 이러한 층화 표집(stratified sampling) 방식은 말뭉치의 균형을 확보하고 연구 결과의

일반화 가능성을 높이는 실천적인 방안이 된다고 본다. 물론 여기에 제시된 각 변수와 목표 비율은 하나의 가능한 예시이며, 실제 구축하려는 말뭉치의 구체적인 연구 목적과 가용 자원 등에 따라 유연하게 수정될 수 있다.

2. 자연성 원칙

▬ 원칙 정의

자연성(Naturalness), 혹은 생태학적 타당성(Ecological Validity) 원칙은 멀티모달 일상대화 말뭉치가 연구자의 인위적 개입을 최소화하고, 실제 일상생활에서 자연스럽게 발생하는 상호작용을 그대로 포착하여 연구 결과의 실제 환경에 대한 일반화 가능성을 보장해야 한다는 원칙이다. 자연성(naturalness)과 생태학적 타당성(ecological validity)은 본질적으로 동일한 목표를 지향하는 개념으로, 참여자들이 평소와 동일한 방식으로 상호작용하는 자연스러운 상황을 보존하고, 그 상황의 복잡성과 맥락적 풍부함을 온전히 담아내는 것을 의미한다. 특히 멀티모달 상호작용에서는 제스처, 표정, 자세 등의 비언어적 요소들이 자연스러운 환경에서만 진정한 의미를 갖기 때문에, 이러한 자연성의 확보가 더욱 중요하다.

▬ 이론적 근거

자연성 원칙의 이론적 토대는 대화분석(Conversation Analysis, CA)의 자연주의적 입장에서 찾을 수 있다. Schegloff & Sacks(1973)가 확립한 대화분석의 기본 원칙은 자연스럽게 발생하는 상호작용(naturally occurring interactions)을 연구 대상으로 한다는 것으로, 이는 연구자의 개입이나 인위적 조작 없이 일상적으로 일어나는 대화를 분석해야 한다는 방법론적 원칙이다. 언어 사용의 진정한 패턴은 자연스러운 상황에서만 관찰될 수 있다는 전제가 이러한 접근법의 이론적 기반을 이룬다.

이와 연결하여 Gibson(1979)의 생태심리학에서 발전된 생태학적 타당성(ecological validity) 개념은 Bronfenbrenner(1979)의 생태학적 시스템 이론을 통해 사회과학 연구에 적용되었다. 이 개념은 연구 결과가 실제 자연스러운 환경이나 일상적 상황에 일반화될 수 있는 정도를 의미하며, 말뭉치 언어학에서는 수집된 언어 자료가 실제 언어 사용 환경의 특성을 얼마나 잘 보존하고 있는지를 나타낸다.

이러한 입장은 담화분석의 주요 원칙과도 연결된다. 이 분야의 초석을 다진 Potter & Wetherell(1987)은 실험실 연구의 인위성을 비판하며, 자연스럽게 발생하는 실제 언어를 분석해야만 인간 상호작용의 복잡하고 미묘한 맥락을 포착하고 예상치 못한 패턴을 발견할 수 있다고 주장했다. 이는 자연주의적 데이터가 갖는 생태학적 타당성과 발견적 가치(heuristic value)를 강조한 것으로, 멀티모달 상호작용 연구에서 자연 발생 데이터가 왜 중요한지를 명확히 보여준다.

특히 Suchman(1987)의 연구에 따르면, 인간의 행동은 특정 상황과 맥락에 깊이 뿌리내리고 있으며, 동일한 행동도 다른 상황에서는 다른 의미를 가질 수 있다. 이는 멀티모달 상호작용에서 제스처, 표정, 자세 등이 자연스러운 상황적 맥락에서만 올바르게 해석될 수 있다.

실증적 증거

자연성, 혹은 생태학적 타당성 원칙의 중요성은 실제 말뭉치 연구 사례를 통해 입증되어 왔다. 일본어 일상대화 말뭉치(CEJC)는 자연성 원칙의 중요성을 보여주는 대표적 사례이다. Koiso et al.(2022)이 구축한 CEJC는 200시간의 음성, 577개 대화, 약 240만 단어, 총 1,675명의 대화 참여자를 포함하며, 레스토랑에서 친구들과의 대화나 사무실에서 동료들과의 만남 등 다양한 일상 대화 상황에서 자발적으로 발생한 대화를 녹음, 녹화했다. 이 말뭉치를 활용하는 연구들은 실험실에서 관찰할 수 없는 일상 대화의 고유한 언어적 패턴을 발견하게 한다.

자연성이 언어적 발견에 미치는 영향은 Chiba & Higashinaka(2023)의 CEJC 활용 연구에서 구체적으로 드러났다. 이 연구에서는 기능 표현의 의미 라벨을 이용한 요인 분석을 통해 일상 대화를 특징짓는 7가지 요인을 식별했다. 설명, 요청, 서사(Narrative), 제안 등의 대화 목적과 공손성, 정동, 관여(Involvement) 등의 대화 방식이 결합된 형태였다. 이러한 발견은 자연스러운 일상 대화 데이터 없이는 불가능했던 언어적 변이 패턴을 보여준다.

인위적 환경의 한계 사례는 여러 연구에서 확인되었다. CANDOR 말뭉치(2023)의 경우, 구축 목적[26]에는 적합하지만, 초면의 2인을 매칭한

26 CANDOR 말뭉치는 가상 코칭 및 정신건강 플랫폼 기업인 BetterUp Labs에서 구축하여 2023년 Science Advances지에 공개한 대화 데이터셋으로, 인간 연결의 과학을 발전시키고 학제간 대화 연구를 촉진하기 위해 설계되었다. 이 말뭉치는 2020년 1-11월 동안 수집된 1,600여 개의 화상 대화를 포함하며, 대화의 복잡성을 다학제적으로 연구할 수 있는 대규모 멀티모달 데이터 제공을 목적으로 한다. 따라서 본 연구에서 추구하는 일상생활 맥락에서의 자연 발생적 상호작

온라인 화상회의라는 설정으로 인해 자연스러운 일상 대화와는 다른 특성을 보인다. 이는 자연성이 단순히 규모나 기술적 품질만으로 달성될 수 없으며, 연구 목적에 따라 적절한 수집 환경을 고려해야 함을 보여주는 사례이다.

실험실 환경과 자연 환경의 차이는 멀티모달 상호작용 연구에서 반복적으로 확인되고 있다. Bavelas et al.(1992)은 대화 맥락에서 제스처의 기능을 체계적으로 분석하여, 상호작용적 제스처(interactive gestures)가 대화 상대방과의 사회적 관계 유지에 핵심적 역할을 한다는 것을 밝혔다. 이러한 연구들은 자연스러운 상호작용 맥락에서만 관찰 가능한 비언어적 소통의 복잡성을 보여준다.

자연성 확보의 성공 사례는 Mondada의 일련의 연구들에서 확인되었다. Mondada는 2001년부터 수술실에서의 원격 참여 연구를 시작으로(Mondada, 2001), 외과의사들의 비디오 기록 작업 방식(Mondada, 2003), 멀티모달 교실 상호작용(Mondada, 2006a), 비디오 녹화의 반성적 보존 방법론(Mondada, 2006b), 화상회의를 통한 공동 작업 공간 구성(Mondada, 2007a), 말차례 교대에서의 멀티모달 자원(Mondada, 2007b), 제도적 맥락에서의 이중언어 사용(Mondada, 2007c), 외과 시연에서의 동시 행동 과정 조직(Mondada, 2011), 수술실에서의 즉시 행동 요청(Mondada, 2014) 등을 통해 다양한 기관적 맥락에서 자연 발생적 상호작용을 비디오 녹화하여 통제된 환경에서는 포착할 수 없는 미시적 상호작용 역학을 발견했다. 특히 전문가-내담자 간의 권력 관계가 미묘한 신체

용과는 다른 연구 목적을 가진다.

적 배치(embodied positioning)와 시선 패턴을 통해 어떻게 구성되는지를 보여주었다.

맥락적 풍부함의 중요성은 Heritage & Maynard(2006)의 종합적 연구에서 입증되었다. 이들은 1차 의료 상담에서의 자연 발생적 대화 분석을 통해 단순한 화행 분석으로는 포착할 수 없는 순차적이고 맥락 의존적인 의미 구성 과정을 발견했다. 이는 자연스러운 제도적 맥락에서 수집된 멀티모달 데이터가 갖는 독특한 분석적 가치를 보여준다.

녹화 장치와 연구자 존재의 영향은 Speer & Hutchby(2003)의 연구에서 새로운 관점으로 다뤄졌다. 이들은 참여자들이 녹화 장치의 존재를 어떻게 지향하고 활용하는지를 분석하여, 연구 도구 자체가 상호작용의 자원이 될 수 있음을 보여주었다. 이는 자연성을 단순히 '연구자 부재'로 개념화하는 것을 넘어, 참여자들의 능동적 맥락 관리 능력을 인정하는 관점을 제시한다.

실천적 함의

자연성, 혹은 생태학적 타당성 원칙의 실무적 적용에서 가장 중요한 것은 관찰자 효과(observer effect)의 최소화이다. 멀티모달 데이터 수집을 위해서는 여러 대의 카메라와 마이크가 필요하지만, 이러한 장비가 참여자의 자연스러운 행동을 방해해서는 안 된다. 실무적으로는 참여자들이 녹음·녹화 장비에 적응하고 초기 긴장을 완화할 수 있도록, 녹음·녹화 시작 후 초기 부분을 적응을 위한 '워밍업' 구간으로 활용하는 것이 효과적이다. 이 구간의 데이터는 실제 분석에서 제외하거나 자연성의 수준을 별도로 고려하여 다룰 수 있다.

물리적 환경의 자연성 유지는 또 다른 핵심 과제이다. 가정에서의 가족 대화를 녹음할 경우, 평소 가족들이 모이는 공간(거실, 식탁 등)을 그대로 활용하되, 조명이나 카메라 각도 조정을 위한 최소한의 변경만을 허용해야 한다. 직장에서의 동료 대화의 경우, 실제 업무가 진행되는 회의실이나 휴게 공간에서 녹음하는 것이 바람직하다.

시간적 자연성도 중요한 고려사항이다. 참여자들의 일상적인 대화 시간대에 맞춰 녹음을 진행해야 하며, 인위적으로 대화 시간을 연장하거나 단축하지 않아야 한다. 자연스러운 대화의 시작과 끝을 포착하기 위해서는 계획된 녹음 시간보다 여유 있게 설정하되, 참여자가 원할 때 언제든 중단할 수 있도록 해야 한다.

3. 멀티모달 동기화와 일관성 원칙

3.1. 멀티모달 동기화

▬ 원칙 정의

멀티모달 동기화(Multimodal Synchronization, 혹은 정렬) 원칙은 서로 다른 모달리티(음성, 제스처, 표정, 시선 등)가 시간적으로 정확히 동기화되어 수집, 처리, 저장되어야 한다는 원칙이다. 이는 인간의 자연스러운 의사소통에서 각 모달리티가 독립적으로 작동하는 것이 아니라 통합된 시스템으로 기능한다는 이론적 이해에 기반한다. 멀티모달 말뭉치에서는 밀리초 단위의 정확한 시간 정렬이 데이터의 분석 가능성과 연구 결과의 신뢰성을 결정하는 핵심 요소가 된다. 이러한 동기화는 단순한 기술적 요구사항을 넘어서 인간 의사소통의 본질적 특성을 정확히 포착하기 위한 방법론적 필수조건이다.

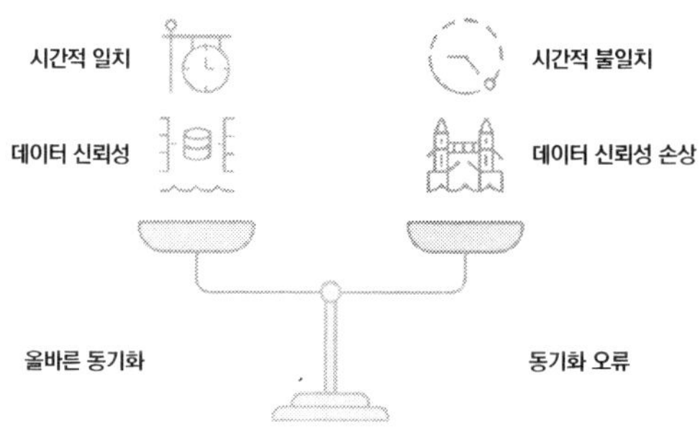

〈그림 3-1〉 멀티모달 동기화의 정확성 비교

멀티모달 동기화의 정확성은 분석 결과의 신뢰도와 재현성에 직접적인 영향을 준다. 〈그림 3-1〉은 올바른 동기화가 이루어질 때 시간적 일치가 확보되어 데이터 신뢰성이 높아지는 경우(왼쪽)와, 동기화 오류로 시간적 불일치가 발생해 신뢰성이 저하되는 경우(오른쪽)를 개념적으로 대비하여 보여주는 것이다. 즉, 동기화는 단순한 기술 요소가 아니라, 말-제스처 등 모달리티 간 의미 통합 해석의 전제 조건이다.

이론적 근거

멀티모달 동기화 원칙의 이론적 토대는 음성-제스처 통합 시스템 이론의 핵심 연구들에서 찾을 수 있다. 이 원칙의 가장 기본적인 이론적 기반은 McNeill(1992)이 제시한 음운 동기화 규칙(phonological synchrony rule)이다. 이 규칙에 따르면, 제스처의 핵심 단계(stroke)는 음성의 음성학적 정점 음절보다 앞서거나 동시에 끝나지만, 뒤따르지는 않는다(McNeill, 1992). 이는 우연적 동시성이 아니라 체계적 정렬 경향을 시사합니다. Kendon은 제스처의 단계(준비-핵심-유지-복귀)를 정립하고 말과 제스처의 결합 양상을 선구적으로 관찰하여, 핵심 단계가 발화의 두드러진 운율 지점과 맞물리는 경향을 지적했다(Kendon, 2004). 이후 연구들은 '핵심 단계-억양핵'이 수십~수백 ms 범위에서 공기·근접한다는 정량적 결과를 보고하고 있다(Loehr, 2007; Leonard & Cummins, 2011; Esteve-Gibert & Prieto, 2013; Wagner et al., 2014).

이러한 동기화 현상의 인지적 메커니즘은 McNeill(2005)의 성장점 이론(Growth Point Theory)으로 설명할 수 있다. 성장점은 발화의 개념적 출발점으로, 언어적 정보와 이미지적 정보를 결합된 사고의 초기 단위로 정의된다(McNeill & Duncan, 2000). 이 이론의 핵심 통찰은 제스처와 음성이 우연히 일치하는 별개의 시스템이 아니라, 공통된 개념적 기원에서 발생하는 통합된 행동 계획에 따라 공동 생성된다는 점이다. 성장점 이론에 따르면, 발화의 내부 '핵심'은 제스처가 전달하는 전역적·종합적(이미지적) 표현과, 말이 전달하는 선형적, 분절적, 위계적 언어 구조를 함께 포함하며, 발화의 시각·공간적 측면과 언어적 측면은 분리될 수 없다는 점이다(McNeill, 2005).

이러한 음성-제스처 통합 이론은 Barsalou(2008)의 체현된 인지 이론(grounded cognition theory)에 의해 더욱 광범위한 인지과학적 맥락에서 뒷받침된다. Barsalou는 전통적 의미의 비모달(amodal) 기호 조작모델, 즉 "인지가 지각·행동·내성을 위한 뇌의 모달 시스템과 분리된 모듈러 체계에서 비모달 기호를 계산한다"는 관점을 비판하고, 대신 모달 시뮬레이션, 신체적 상태, 상황적 행동이 인지의 기초를 이룬다고 제안한다(Barsalou, 2008: 618-619). 여기서 시뮬레이션은 세계·신체·마음과의 경험 속에서 획득된 지각적·운동적·내성적 상태의 재연으로 정의되며(Barsalou, 2008: 618-619), 이는 인간의 인지 과정이 여러 감각 모달리티가 통합적으로 작동하는 체계임을 시사한다.

체화적 관점에 따르면, 인지는 고전적 연산과정만으로 환원되지 않고 모달리티·신체·환경과의 상호작용에서 나타난다. Barsalou의 지각 기호 시스템 이론(perceptual symbols theory)[27]은 인간 인지가 세계와 자의적 대응을 갖는 비모달 표상이 아니라, 다양한 감각 모달리티 정보가 활성화 패턴으로 구현된 표상들로 구성된다는 가정에 근거한다(Barsalou, 1999; 2008). 이로부터 언어 처리 역시 음성 정보만이 아니라 시각적·운동적·촉각적 정보가 동시에 관여함을 기대할 수 있으며, 이러한 멀티모달 정보의 정확한 시간적 정렬은 인간의 자연스러운 인지 처리를 충실히 반영하기 위한 방법론적 조건 가운데 하나가 된다.

이러한 틀에서 볼 때, 체현된 시뮬레이션은 멀티모달 감각-운동 네트워크에서 발생하며, 개념 지식의 구조적·의미적 내용을 뒷받침한다. 따

27 지각 기호 시스템 이론(PSS)은 Barsalou(1999)가 제안한 구체적 모델로, 표상을 비모달 기호가 아니라 지각·운동 체계의 활성화 패턴(모달 시뮬레이션)으로 본다. 이후 Barsalou(2008)의 체현된 인지 이론(grounded cognition)은 이러한 관점을 우산 개념으로 일반화하며, 모달 시뮬레이션·신체 상태·상황적 행동이 인지의 기초임을 강조한다(Barsalou, 2008: 618-619). 본서에서는 '정렬 임계치' 등 기술 사양을 Barsalou가 직접 규정하지 않았음을 전제로, PSS가 제시하는 모달 통합 처리의 취지를 말뭉치 동기화 원칙의 인지적 배경으로만 사용한다.

라서 멀티모달 말뭉치에서 모달리티 간 동기화는 단순한 데이터 수집 기법이 아니라 인간 인지의 통합적 실재를 모델링하기 위한 필수적 절차로 이해되어야 한다. 이는 멀티모달 동기화 원칙이 기술적 편의가 아니라 의사소통과 인지의 본질에 근거한 과학적 방법론임을 보여준다. 아울러 각 모달리티는 독립적이 아닌, 통합적 시스템으로 기능하므로, 연구 실제에서는 오디오-비디오 간 정렬오차를 1프레임 이하(예를 들어, 30fps≈33ms, 60fps≈16.7ms)로 관리하고 세션 길이에 따른 드리프트[28]를 추정·보정하는 등 정량적 품질 관리를 병행하는 것이 바람직하다. 이러한 절차는 연구 결과의 타당성·신뢰성·재현성을 유지·향상시키는 핵심 요인 가운데 하나다.

실증적 증거

멀티모달 동기화 연구의 실증적 성과는 여러 연구에서 구체적으로 입증되었다. Rohrer et al.(2023)은 M3D-TED 말뭉치에서 제스처 핵심 단계의 85.99%가 억양핵이 실현된 음절과 시간적으로 겹치며, apex 정렬[29]은 50.4%로 보고하였다. 이 결과는 ELAN 기반의 ms 단위 주석으로

28 드리프트는 길게 녹화할수록 오디오와 비디오의 시간이 서서히 어긋나는 현상을 말한다. 카메라·녹음기마다 내부 시계(클럭)가 미세하게 달라서 장시간(예: 수십 분~수 시간) 지나면 수십~수백 ms 차이가 누적될 수 있다. 확인 방법은, 녹화 시작-중간-끝에 손뼉이나 플래시 같은 기준 신호를 남겨 얼마나 늦거나 빠졌는지를 비교하면 된다. 또한 보정 방법으로는, 편집, 전사 전에 기준 신호에 맞춰 시간 늘이기 혹은 줄이기(선형 시간 보정)를 적용하거나, 시간코드가 있을 경우 그 코드를 기준으로 재정렬한다. 기준 신호는 세션의 시작-중간-끝에 최소 1회씩, 길게 녹화하는 경우 10-15분 간격으로 한 번씩 추가하면 드리프트 추정이 더 정확해질 수 있다.

29 apex 정렬은 제스처가 정점(apex)에 도달하는 시점이 발화의 억양핵이 실현된 음절과 어

도출되었다.

Shattuck-Hufnagel & Ren(2018)은 학술 강의 스타일 담화에서 비지시 제스처의 핵심 단계가 억양핵 음절과 높은 비율로 공기함을 보였다. 이 연구는 담화 장르(학술 강의)에서도 운율-제스처 결합이 뚜렷하게 나타난다는 점, 그리고 핵심 단계 기준의 정렬 평가가 유효하다는 점을 뒷받침한다. 관련해서 Loehr(2007)와 Esteve-Gibert & Prieto(2013)는 발화 리듬·운율 구조가 제스처 타이밍을 형성한다는 증거를 제시하며, 정렬이 개별 사례의 우연한 동시성이 아니라 담화·운율 체계와 결부된 패턴임을 보여준다.

언어 발달 측면에서도 조기 정렬이 확인된다. Florit-Pons et al.(2023)은 5-6세 아동의 내러티브 말하기에서 참조적·비참조적 제스처(referential / non-referential gestures)의 핵심 단계가 억양핵 음절과 정렬하는 경향을 보고하였다. 이는 정렬 민감성이 비교적 이른 시기에 나타난다는 점, 따라서 시간 정렬 기반의 말-제스처 통합이 발달적으로도 안정적인 특징임을 시사한다.

담화 기능 차원에서 Im & Baumann(2020)은 TED 강연을 분석하여 제스처 출현 확률이 억양핵과의 공기뿐 아니라 정보구조(신정보·구정보·대조 초점 등)에 따라 유의하게 달라짐을 보였다. 특히 대조 초점 환경에서 제스처가 가장 빈번하게 나타나는 경향이 보고되었으며, 이는 화자가 주의 배분과 대비 표지를 위해 제스처 타이밍을 전략적으로 조절한다는 해

느 정도 동시로 나타나는지를 측정하는 절차를 말한다. 보통 제스처 핵심 단계 정렬과 구분하여 별도로 보고한다.

석과 맞닿아 있다. Wagner, Malisz, & Kopp(2014)의 종합 논의 역시 의미·정보구조·운율이 제스처 타이밍과 상호 제약을 이룬다는 점을 정리하고 있다.

시간 해상도 관점에서는 수십~수백 ms 규모의 근접 시간창에서 운동학(제스처)-음향(음성) 결합이 체계적으로 관찰된다는 보고가 축적되어 있다. Pouw et al.(2020)은 제스처 운동 매개변수(예를 들어, 최대 신장 근방의 감속률 등)와 음향 사건이 수백 ms 범위에서 밀접히 연동된다고 하였으며, ms 단위 주석과 고해상도 계측의 필요성을 강조하였다. 한편 Leonard & Cummins(2011)은 일부 랜드마크에서 정점(apex)이 강세 모음 시작을 약간(+200ms 내외) 뒤따라 도달하는 경향을 보고하여, 핵심 단계 정렬이 정점 정렬보다 운율과 더 밀접히 공기하는 경우가 많음을 시사하였다. 이처럼 정렬 기준을 어디(핵심 단계 혹은 정점)에 두느냐에 따라 관찰되는 동기화 패턴과 해석의 초점이 달라질 수 있으므로, 말뭉치 설계와 주석 규정에서는 두 기준을 명확히 구분해 병행 보고하는 것이 바람직하다.

방법론적으로는, 이러한 결과들이 ELAN 등의 전문 주석 도구로 오디오-비디오-모션 트랙을 프레임/밀리초 단위로 정렬하고, 핵심 단계-정점-억양핵 사건에 양방향 시간 앵커를 부여한 뒤 주석자 간 일치도를 확보하는 절차를 통해 도출되었다는 점도 중요하다. 아울러 오디오-비디오 정렬 오차를 ≤ 1프레임으로 관리하고, 세션 길이에 따른 드리프트를 시작-중간-끝 기준 신호로 추정·보정하는 정량적 품질 관리가 뒷받침될 때, 정렬 기반 통합 분석의 신뢰도가 안정적으로 확보될 것이다.

3.2. 일관성

원칙 정의

일관성(Consistency) 원칙은 멀티모달 말뭉치 구축의 전 과정에서 동일한 기준과 방법론이 지속적으로 적용되어야 한다는 원칙이다. 이는 데이터 수집부터 주석, 검증, 저장에 이르기까지 모든 단계에서 일관된 품질 기준과 처리 방식을 유지하여 말뭉치 내부의 통일성과 신뢰성을 보장하는 것을 의미한다. 멀티모달 말뭉치에서 일관성은 단순히 개별 데이터의 품질을 넘어서 서로 다른 모달리티 간, 서로 다른 시점에 수집된 데이터 간, 서로 다른 주석자 간의 일관성을 모두 포괄하는 포괄적 개념이다. 특히 대규모 말뭉치 구축이나 장기간에 걸친 프로젝트에서 일관성 유지는 최종 산출물의 분석 가능성과 학술적 가치를 결정하는 핵심 요소가 된다.

이론적 근거

멀티모달 말뭉치에서 일관성 원칙이 필수적인 이유는 말뭉치의 근본적 특성과 연구 목적에서 찾을 수 있다. 말뭉치는 언어 현상을 객관적으로 분석하기 위한 표준화된 데이터 집합이므로, 내부의 모든 구성 요소가 동일한 기준으로 처리되어야 비교 가능하고 일반화 가능한 연구 결과를 도출할 수 있다.

특히 멀티모달 데이터의 경우, 모달리티 간 불일치가 분석 결과를 왜곡시킬 위험이 크다. Wynne(2005)은 말뭉치 내 데이터의 품질 균일성을 보장하는 것이 비교 가능한 분석 결과를 도출하는 데 필수적임을 강조한다. 이는 음성, 제스처, 시선 등 서로 다른 특성을 가진 모달리티들이 동일한 품질 수준으로 처리되지 않으면 연구자가 실제 언어 현상이 아닌 데이터 처리 방식의 차이를 분석하게 될 가능성이 있기 때문이다.

더 나아가, 멀티모달 환경에서의 일관성은 Allwood(2008)가 강조한 여러 모달리티 간의 일관성 있는 주석 체계라는 새로운 차원을 요구한다. 이는 단일 모달리티 말뭉치에서는 고려할 필요가 없었던 모달리티 간 동기화와 상호 참조의 일관성 문제를 포함한다. 예를 들어, 제스처의 시작점을 정의하는 기준이 화자마다 다르게 적용된다면, 제스처-음성 동기화 분석에서 잘못된 결론을 도출할 수 있다.

결국 일관성 원칙은 단순한 데이터 관리가 아니라, 멀티모달 말뭉치 기반 연구의 과학적 타당성을 좌우하는 요건이다. Reppen(2010)은 말뭉치 구축의 각 단계에서 동일한 방법론과 기준을 지속적으로 적용할 것을 권고하며, 이를 통해 비교가능성·재현성을 확보할 수 있음을 제시한다.

▬ 실증적 증거

일관성 원칙의 중요성은 멀티모달 연구 도구의 설계 원리에서 구체적으로 드러난다. Wittenburg et al.(2006)은 ELAN을 소개하면서 멀티 트랙을 하나의 공통 타임라인에 정밀 정렬하고, 프레임과 샘플 수준의 경계 표기, 층렬(tier) 구조의 주석 체계, 통제 어휘·템플릿 기반 입력, 표준화된 EAF(ELAN Annotation Format) 스키마를 통해 시간 정확성과 주석 규칙의 일관 적용을 동시에 달성해야 함을 강조한다. 이러한 요구는 단순한 기술적 동기화에 그치지 않고, 모든 모달리티를 동일한 시간 기준으로 정렬하고 동일한 범주 정의·라벨 규칙을 강제함으로써 재현성과 비교 가능성을 높이는 방법론적 일관성의 핵심으로 기능한다(Wittenburg et al., 2006; Bird & Liberman, 2001).

멀티모달 주석 체계에서 일관성을 확보한 대표적 사례로는 MUMIN 코딩 체계가 있다. Allwood et al.(2007)은 피드백, 말차례 관리, 순차화[30] 등 대화 조직을 포괄하는 멀티모달 주석 스키마를 제안하고, 이를 스웨덴어·핀란드어·덴마크어 영상 클립에 적용하여 범주 정의와 표기 규칙을 일관되게 운용할 수 있음을 보였다. 적용 결과, 범주 수준의 주석자 간 일치도가 수용 가능한 수준으로 보고되었고, 체계 전반이 멀티모달 의사소통 연구를 위한 범용 분석 틀로 활용 가능함이 제시되었다(Allwood et al., 2007).

대규모 멀티모달 말뭉치에서도 일관성의 중요성이 확인된다. Carletta et al.(2005)의 AMI 프로젝트는 약 100시간 분량의 회의 데이터를, 다중 카메라(개별 화자와 실내 전경)와 다중 마이크(근접·원거리)를 포함한 복수 센서로 수집하고, 이들 신호를 공통 시간축에 정밀 동기화하도록 설계하였다. 이러한 동일한 시간 기준과 일관된 수집·주석 절차 덕분에 참여자들 사이의 복잡한 상호작용 패턴을 안정적으로 포착할 수 있었고, 결과물은 음성·비디오 처리, 언어공학, 말뭉치 언어학, 조직 심리학 등 다학제적 연구에서 재사용 가능한 표준 자료로 널리 활용되고 있다.

이러한 연구들은 멀티모달 말뭉치 구축에서 일관성 원칙이 단순한 데

30 '순차화(sequencing)'는 대화 내 말차례들의 구조화된 연속체(sequence)가 실제 상호작용에서 전개되는 과정적 측면을 가리킨다.

이터 관리를 넘어 연구의 과학적 타당성을 뒷받침하는 핵심 요소임을 보여준다. 특히 시간적 동기화의 정확성과 주석 체계의 일관성이 최종 데이터의 품질과 연구 결과의 신뢰성에 중요하게 기여함이 일관되게 확인되었다.

일관성 부족이 야기하는 문제점은 여러 연구에서 지적되어 왔다. 멀티모달 자료에서 시간적 동기화 기준이 들쑥날쑥하면 모달리티 간 사건 공기가 왜곡되어 분석 편향과 재사용성 저하가 발생한다. Wittenburg et al.(2006)은 커뮤니티 요구에 근거해 시간 정확성 제고와 단일 공통 시간축, 다층렬 주석, 표준화된 EAF 스키마 일관성 확보 메커니즘을 강화하는 개발 방향을 보고하였다. 핵심은 모든 모달리티에 동일한 시간 기준과 동일한 라벨 규칙을 적용하여 결과의 재현성·비교 가능성을 지키는 것이다(Wittenburg et al., 2006).

실제 구축 과정에서의 전형적 오류로는 프레임레이트가 다른 소스의 혼합, 장치 간 드리프트 미보정, 핵심 단계·정점·억양핵 경계 정의 불일치, 층렬 간 상호참조 규칙 미통일 등이다. 이러한 요인은 주석자 간 일치도(κ/α, ICC)와 시간 정렬 오차(ms)를 악화시키므로, 수집·주석 단계에서 사전 규정과 지표 기반 점검이 필요하다.

사례 중심의 논의를 넘어, 표준화와 신뢰도 방법론은 일관성 확보의 제도적 기반을 제공한다. 대화 행동 주석에서 널리 쓰이는 주석자 간 일치도 지표는 라벨 정의·경계 기준이 일관되게 적용되는지를 계량적으로 점검하는 수단이다. 더불어 작업 영역별 ISO 기반 스키마와 같은 표준화된 주석 스키마와 버전 관리(스키마·지침)는 프로젝트 기간 전반에 걸쳐 규칙 변이를 최소화하고, 말뭉치 간 비교 가능성과 재사용성을 높일 것이다. 이러한 지표 기반 검증, 표준 스키마, 버전 관리의 결합이 멀티모달 말뭉치의 일관성을 실제적으로 뒷받침할 수 있다.

대규모·이질적 자료에서도 공통 시간축과 일관 규정이 유지될 때 재사용성이 커진다는 점은 여러 코퍼스에서 확인된다. ICSI Meeting Corpus는 약 72시간, 75회 회의를 다중 마이크(개별 화자용 근접 마이크와 실내 환경 수음용 마이크 등)로 수집하고, 모든 채널을 공통 시간축에 정밀 정렬·전사하여 회의 담화 연구의 표준 자료로 자리 잡았다. 이러한 설계는 발화 단위 분석과 참여자 간 상호작용 패턴 비교를 일관된 시간 기준에서 가능하게 한다(Janin et al., 2003).

IEMOCAP 말뭉치는 약 12시간 규모의 오디오, 비디오, 모션 캡처를 단일 타임라인에 배치하고, 표정·손동작 등을 층렬 주석으로 연결하였다. 더불어 범주형 감정과 연속형 차원(정서 강도/가치 등) 주석을 함께 제공하여, 모달리티 간 동기화와 일관된 범주 운용이 감정·제스처 결합 연구에서 어떻게 재현성과 비교가능성을 높이는지 실증했다(Busso et al., 2008).

CMU-MOSEI는 온라인 발화 기반의 대규모 자료를 대상으로 발화 단위 시간 정렬 하에 텍스트·음성·시각 정보를 결합하고, 표준화된 주석 지침과 품질 관리 절차를 제공한다. 이로써 서로 다른 장르, 화자, 촬영 조건에서도 동일한 스키마·절차로 주석이 축적되어, 말뭉치 간 비교 가능성과 재현성을 크게 높였다(Zadeh et al., 2018).

세 코퍼스의 공통점은 공통 시간축 정렬과 일관된 주석 스키마·지침을 핵심 원리로 삼았다는 점이다. 이 원리는 서로 다른 장르, 화자, 그리고 녹화 조건에서도 동일한 층렬 규칙과 시간 기준을 유지하게 하여, 분석 결과의 비교 가능성과 재현성을 높인다. 그 결과 말뭉치의 확장과 교차 활용, 그리고 재사용이 실질적으로 가능해진다.

3.3. 실천적 함의

멀티모달 동기화와 일관성 원칙의 실무적 적용에서 가장 중요한 것은 수집 단계에서의 동기화 설계이다. 여러 대의 카메라와 마이크를 사용할 경우, 하드웨어 수준에서의 동기화가 가능한 경우 가장 바람직하다. 실무적으로는 모든 녹음·녹화 장비가 공통 타임코드를 공유하도록 설정하고, 녹음·녹화 시작과 중간, 그리고 종료 시점에 동기화 확인을 위한 표식(예: 손뼉 소리, 플래시 등)을 기록하는 것이 권장된다. 수집 환경의 일관성도 중요한 고려사항이다. 동일한 연구 목적의 데이터라면 촬영·녹음 환경, 장비 설정, 참여자 배치를 가능한 한 표준화해야 한다. 이에는 프레임레이트·샘플레이트, 카메라·마이크 배치, 조명, 참여자 배치의 표준화가 포함된다.

주석 과정에서의 일관성 관리는 또 다른 핵심 과제이다. 여러 모달리티를 동시에 주석할 때는 하나의 공통 시간축에서 동작하는 다층렬 주석 체계가 필요하다. ELAN과 같은 전문 도구를 사용하여 모든 모달리티의 주석이 동일한 시간축 상에서 정렬되도록 하고, 주석자 간 일치도를 정기적으로 추정하여 보정한다(범주 라벨: κ/α, 경계 시점: ICC·평균 절대 시차 ms). 특히 한 모달리티의 주석이 다른 모달리티 주석과 상충할 경우, 원신호 재검토 → 기준 정의 재확인 → 수정 순으로 일관성을 회복하여야 한다. 팀 내 일관성 확보를 위해서는 주석 매뉴얼과 예시 세트 작성, 정기 캘

리브레이션(소구간 중복 주석), 주석자 간 교차 검증 등의 체계적 접근이 필요하다.

품질 관리 프로토콜의 수립 역시 중요하다. 동기화 정확도를 지속적으로 모니터링하고, 오디오-비디오 ≤ 1프레임, 경계 시점 평균 절대 시차(ms) 상한 등 기준을 초과하면 즉시 보정한다. 또한 압축·형식 변환 시 타임코드와 메타데이터(EAF, BWF iXML 등) 보존을 확인하고, 변환 전후 무작위 샘플 재검사를 수행한다. 장기적 일관성 유지를 위해서는 정기 재교육, 스키마와 지침 버전 관리와 변경 이력, 지표 기반 품질 모니터링으로 초기 기준을 전 기간 동일하게 적용하도록 한다.

4. 목적 특화의 원칙

▬ 원칙 정의

목적 특화(Purpose Specialization) 원칙은 멀티모달 말뭉치를 명확하게 정의된 연구 목적에 맞게 설계하고, 모든 구성 요소(데이터 수집, 주석, 메타데이터)가 그 목적과 일치하도록 해야 한다는 원칙이다. 이는 말뭉치가 단순히 언어 데이터의 집합이 아니라 특정 연구 질문에 답하기 위한 도구이므로, 목적이 불분명하면 방향성을 잃고 활용도가 떨어지기 쉽다. 특히 멀티모달 말뭉치는 단일 모달리티 말뭉치보다 훨씬 복잡한 구조를 갖기 때문에, 명확한 목적 의식 없이는 방향성을 잃고 활용도가 떨어지는 말뭉치가 될 위험이 높다. 따라서 목적 특화 원칙은 말뭉치 구축의 효율성과 최종 산출물의 유용성을 좌우할 수 있다. 따라서 목적에 부합하는지 여부를 정기 검토하고 필요 시 설계와 지침을 갱신하여, 초기의 목적이 수집과 주석과 메타데이터 운영 전반에서 일관되게 유지되도록 해야 한다.

▬ 이론적 근거

목적 특화 원칙의 이론적 근거는 말뭉치 언어학에서 연구 목적 중심 설계의 요구에 있다. Biber(1993)는 말뭉치 설계에서 이론적 검토가 선행되어야 하며, 한 언어공동체 내 텍스트를 구별하는 상황적 매개변수와 분석 대상이 될 언어적 특징의 유형을 먼저 규정해야 한다고 논의한다. 또한 이러한 이론적 고려가 시범 말뭉치[31]의 실증적 점검과 결합되어 구체적 표집 결정을 뒷받침해야 한다고 보았다.

말뭉치의 목적 특화성은 McEnery & Hardie(2012)에서 더 구체화되었다. 이들은 말뭉치 언어학을 대규모 언어 자료의 컴퓨터 보조 분석으로 개괄하며, 연구 질문에 맞춘 설계가 표집 범위와 단위, 균형과 대표성, 말뭉치 규모, 주석의 세분성, 메타데이터·인코딩 규칙에까지 일관되게 반영되어야 함을 논의하였다(McEnery & Hardie, 2012). 또한 Allwood(2008)는 멀티모달 자료의 경우 모달리티 간 정렬과 일관된 주석 체계(층렬 구조, 범주 정의, 상호참조 규칙)의 사전 설계가 특히 중요하다고 지적하였다.

설계 이론[32]의 관점에서 Simon(1969)은 설계를 '기존 상황을 바람직

---

31 여기서 시범 말뭉치(pilot corpus)는 말뭉치의 본격적인 구축에 앞서 소규모로 수집·주석하여 설계 타당성을 점검하는 자료를 말한다.

32 설계 이론은 설계를 공학·건축·교육 등 여러 분야에 공통되는 일반적 활동으로 간주하고, 기존 상황을 바람직한 상태로 전환하기 위한 행위 계획의 고안과 그 반복적 개선을 다룬다. 이 관점에

한 상황으로 바꾸려는 행위 계획을 고안하는 일'로 규정한다(Simon, 1969). 그는 공학·건축·비즈니스·교육·법학·의학 등 여러 전문 분야가 공통적으로 설계 과정에 중심적 관심을 둔다고 지적하며 설계의 일반성을 강조하였다. 이러한 관점은 멀티모달 말뭉치가 특정 연구 목적을 수행하도록 고안된 인공물임을 분명히 하며, 따라서 기능(무엇을 가능케 할 것인가), 목표(어떤 연구 질문에 답할 것인가), 환경 적응(수집·주석·메타데이터 조건에의 정합)을 기준으로 목적에 최적화된 설계가 필요함을 시사한다.

이러한 이론적 토대는 말뭉치 구축에서 목적의 명확성이 설계의 품질을 결정한다는 원리로 귀결된다. 특히 멀티모달 말뭉치에서는 복수의 모달리티 간 통합과 동기화가 필요하므로, 연구 목적에 따른 체계적 설계가 더욱 중요하다. 목적이 명확하지 않으면 어떤 모달리티를 포함할지, 어떤 수준의 동기화 정확도가 필요한지, 어떤 주석 체계를 적용할지 등의 주요한 설계 결정을 내릴 수 없기 때문이다.

실증적 증거

멀티모달 말뭉치가 연구 목적과 정합하지 않게 설계될 경우 활용도가 낮아질 수 있다는 점은 여러 경험적 사례에서 확인된다. Gilmartin & Campbell(2016)은 d64와 DANS[33] 말뭉치의 주석 과정에서 발화 중첩

서 말뭉치는 연구라는 구체적 목적을 수행하도록 설계된 인공물이며, 목적 정의와 기능 명세, 환경과 제약의 설정, 검증과 개정이 통합적으로 운영되어야 한다(Simon, 1969).

33 d64 말뭉치는 2009년 아일랜드 더블린의 Trinity College Dublin 내 아파트형 거주 공간에서 2-5명의 화자가 참여해 약 8 시간 동안 녹화·녹음된 다자간 영어 일상대화 자료(Oertel et al., 2010)이며 DANS 말뭉치는 2012년 Trinity College Dublin Speech Communication

과 웃음 등으로 자동 분절 및 정렬이 어려워 수동 동기화와 다중 채널 교차 확인이 필수적이었음을 보고하였다. 이는 '일반목적 다자간 일상대화'처럼 목표가 넓을수록 주석 기준의 일관된 적용과 재현성 확보를 위해 더 명시적인 설계·지침이 필요함을 시사한다. 한편 Zheng et al.(2021)의 MMChat 말뭉치는 이미지 기반 SNS 대화를 대규모로 수집한 뒤, 대화가 비이미지 주제로 전이되는 희소성 문제를 확인하고 품질 기준에 따라 대규모 선별·재주석을 수행하여 최종적으로 약 0.4%에 해당하는 대화를 목적 적합 자료로 확정하였다. 두 사례는 연구 목표의 구체성이 주석 일관성, 재가공 비용, 재사용성에 직접적인 영향을 미친다는 점을 보여준다.

반대로, 연구 목표를 명확히 설정해 설계된 말뭉치는 재사용성과 분석 효율을 높이는 경향이 있다. Paggio & Navarretta(2016)는 첫 대면 상황의 피드백, 말차례 관리, 감정 표지를 규명하기 위해 구축한 덴마크어 NOMCO 말뭉치[34]에서 기능별 제스처·표정 코딩 체계를 적용하였고, 동일 자료를 바탕으로 후속 연구가 파생될 수 있었음을 보고한다. Hunyadi et al.(2018)의 HuComTech 말뭉치[35]는 사람-사람 및 사람-기계 상호작용 모델링을 목표로 다층 주석을 채택하여 방대한 주석 항목

Lab의 거실형 스튜디오에서 3명의 화자가 1시간씩 대화한 멀티모달 자료로, 음성·영상·생체신호를 동시 수집한 것이다(Hennig et al., 2014).

34 NOMCO 말뭉치는 2010-2012년 덴마크 코펜하겐대와 남덴마크대가 공동 구축한 덴마크어 '첫 대면' 대화 자료로, 두 화자가 서로 처음 만난 상황에서 12 쌍(총 4 시간)을 HD 비디오와 오디오로 기록한 것이다.

35 HuComTech 말뭉치는 2010-2013년 헝가리 데브레첸대와 부다페스트 공대가 수집한 헝가리어 멀티모달 대화 자료로, 사람-사람·사람-기계 상호작용 52 시간(100 명 참여)을 다층 주석하였다.

을 포함시켰고, 상호작용 패턴 분석과 대화 에이전트 연구로의 확장 가능성을 제시하였다. 또한 Mlakar et al.(2023)의 EVA 말뭉치[36]는 다자 토크쇼 대화의 언어·준언어·시각 신호를 통합 주석 스키마로 구조화하여 메타 담화와 제스처의 동조 관계 분석 및 대화 모델 학습에 활용되었다. 더불어 Allwood et al.(2007)의 MUMIN 주석 체계는 주석자 간 일치도와 말뭉치 간 비교 가능성을 높이는 데 기여한 것으로 평가된다.

종합하면, 목적 특화는 단순한 '맞춤형 데이터 수집'을 넘어 주석 일관성과 분석 효율, 나아가 학술적 파급 효과에까지 영향을 미치는 핵심 요인으로 작동한다. 명확한 연구 목적을 바탕으로 설계된 멀티모달 말뭉치는 주석 품질을 높이고 후속 연구의 생산성을 증대시키는 경향이 있으며, 반대로 목적이 모호한 말뭉치는 규모가 크더라도 학술적 기여가 제한되는 사례가 다수 보고되어 왔다. 이러한 경향은 선행 사례들을 통해 일관되게 관찰된다.

실천적 함의

목적 특화 원칙의 실무적 적용에서 가장 중요한 것은 명확한 연구 목적 설정과 문서화이다. 프로젝트 초기 단계에서 구체적이고 측정 가능한 연구 질문을 설정하고, 이를 모든 연구자 및 작업자가 공유할 수 있도록 명확히 문서화해야 한다. 실무적으로는 연구 목적 명세서(Research Purpose Specification)를 작성하여 데이터 수집 기준, 주석 체계, 품질 관리 방법이

36 EVA 말뭉치는 2018-2021년 슬로베니아 국영방송 TV 토크쇼 42 회(약 35 시간)를 HD 영상·오디오로 수집한 다자 대화 자료로, 언어·준언어·시각 신호를 통합 주석한 것이다.

모두 연구 목적과 어떻게 연결되는지를 명시하는 것이 권장된다.

주석 체계의 목적 특화 설계는 또 다른 핵심 과제이다. 일반적인 주석 체계를 그대로 적용하기보다는, 특정 연구 질문에 답하기 위해 필요한 정보가 무엇인지를 먼저 파악하고 이에 맞는 주석 체계를 설계해야 한다. 예를 들어, 감정 표현 연구가 목적이라면 표정과 제스처, 음성의 감정적 특성을 세밀하게 주석할 수 있는 체계가 필요하다.

데이터 수집 전략도 연구 목적에 맞게 특화되어야 한다. 말차례 취하기 연구가 목적이라면 자연스러운 대화 흐름이 중요하므로 최소한의 개입으로 데이터를 수집해야 하고, 특정 언어 현상 연구가 목적이라면 해당 현상이 자주 발생하는 상황을 의도적으로 포함시켜야 한다.

5. 윤리적 수집과 개인정보 보호 원칙

5.1. 윤리적 수집

원칙 정의

윤리적 수집(Ethical Collection) 원칙은 멀티모달 말뭉치 구축 과정에서 참여자의 인권과 존엄성을 보장하고, 연구 윤리를 준수해야 한다는 원칙이다. 이는 단순한 법적 준수를 넘어서 참여자의 자율성 존중, 잠재적 피해 최소화, 연구 이익의 공정한 분배를 아우르는 포괄적 윤리 체계를 요구한다. 멀티모달 데이터 수집은 참여자의 음성, 영상, 행동 패턴 등을 종합적으로 기록하므로, 기존의 설문조사나 인터뷰보다 훨씬 더 침습적이고 민감한 특성을 갖는다. 따라서 윤리적 수집 원칙은 참여자의 권리 보호와 연구의 학술적 가치 사이의 적절한 균형(명확한 동의, 윤리적 위험 최소화, 정당한 이익 환원)을 찾는 것이 핵심이다.

이론적 근거

멀티모달 말뭉치의 윤리적 수집은 언어학적 데이터의 특수성과 연구 윤리학의 교차점에서 이해되어야 한다. 언어는 단순한 정보 전달 도구를 넘어 화자의 정체성, 사회적 배경, 문화적 소속을 드러내는 복합적 기호 체계이다. 대화는 언어적·준언어적·시각적 채널이 동시에 작동하는 멀티모달 현상이며, 멀티모달 말뭉치에서 수집되는 음성, 제스처, 표정, 운율 정보는 화자의 개인적 특성과 밀접하게 연결되어 있어, 전통적인 텍스트 기반 말뭉치보다 훨씬 높은 수준의 개인정보 보호가 요구된다.

Beauchamp & Childress(2019)의 자율성 존중(respect for autonomy), 악행 금지(nonmaleficence), 선행(beneficence), 정의(justice) 원칙[37]이 언어학 연구에 적용될 때 특별한 의미를 갖는다. 다국어 연구 상황에서 자율성 존중은 자율적 행위자의 권리와 자기결정권을 인정·보장하는 원칙임을 시사한다. 자율성 존중은 참여자가 자신의 언어적 표현에 대한 통제권을 유지할 수 있도록 하며, 악행 금지는 언어적 정체성[38]의 오남용이나 사생활

37 자율성 존중 원칙은 개인이 자신의 행동과 선택에 대해 자율적으로 결정할 수 있는 능력을 인정하고 존중하는 원칙이며, 악행 금지 원칙은 "해를 끼치지 말라(do no harm)"는 원칙으로, 연구나 치료 과정에서 의도적 또는 비의도적 해악을 피해야 한다는 의무이다. 선행 원칙은 타인의 복지를 증진하고 이익을 가져다주어야 한다는 적극적 의무이며 정의 원칙은 이익, 위험, 비용이 공정하게 분배되어야 한다는 원칙이다.

침해를 방지하는 것이다. 선행 원칙은 연구가 언어학적 지식의 발전과 사회적 이익에 기여해야 함을 의미하고, 정의 원칙은 다양한 언어 공동체의 대표성과 연구 혜택의 공정한 분배를 요구한다.

언어 연구는 본질적으로 연구자와 참여자 간의 비대칭적 권력 관계를 포함한다. Kvale(1996)은 인터뷰 상황을 설정하고 처리하는 권력은 일반적으로 면접관에게 있으며, 면접관에게 유리한 권력의 비대칭성은 의도적인 균형 조치를 취하지 않는 한 면접 상황에서 흔히 나타나는 특성이라고 주장했다. 이런 관점에서 보면 연구자는 데이터를 분석하고 해석하는 권한을 갖는 반면, 참여자는 자신의 언어적 행동이 어떻게 분석되고 활용될지에 대한 통제력이 제한적이다. Cameron et al.(1992), Kvale(1996), Rice(2011) 등은 연구자와 참여자 사이의 권력 비대칭이 연구 과정 전반에 영향을 줄 수 있음을 지적해 왔다. 이러한 권력 불균형을 완화하기 위해서는 참여자를 연구의 수동적 대상이 아닌 능동적 협력자로 인식하는 접근이 필요하다.

Rawls(1971)의 '정의론'은 멀티모달 말뭉치 구축에서 참여자와 연구자 간의 관계를 이해하는 중요한 틀을 제공한다. '무지의 베일[39]' 개념을 언어학 연구에 적용하면, 연구자는 자신이 어떤 언어 공동체의 구성원이

---

38 여기서 '언어적 정체성'은 화자가 방언, 억양, 음색, 운율, 어휘, 문체 등 언어적 자원을 선택·배치함으로써 사회적 범주(성별, 지역, 계층, 민족·문화 집단 등)를 수행 및 지표화(index)하는 방식을 가리킨다. 이는 본질적 속성이 아니라 상호작용 속에서 구성되는 사회적 실천으로 본다(Bucholtz & Hall, 2005; Ochs, 1992; Eckert, 2000).

39 무지의 베일(veil of ignorance)이란 Rawls가 제시한 사고실험으로, 정의로운 사회 원칙을 도출하기 위해 자신의 사회적 지위, 능력, 성별, 인종, 종교 등 개인적 특성을 모르는 상태에서 사회제도를 선택하도록 하는 가상적 상황이다. 이를 통해 편견 없는 공정한 판단이 가능하다고 본다.

될지 모른다는 가정 하에서 연구 윤리 기준을 설정해야 한다. 말뭉치 언어학에서 윤리적 고려사항은 말뭉치 언어학 프로젝트의 개별 단계에 국한되지 않고 연구 생애주기 전반에 걸쳐 얽혀 있다는 점에서(Brookes & McEnery, 2024), 이는 모든 언어 집단이 공정하게 대우받을 수 있는 연구 설계와 데이터 수집 방식(명확한 동의, 윤리적 위험 최소화, 이익 환원, 접근·재사용 통제)을 요구한다.

실증적 증거

윤리적 수집의 중요성은 멀티모달 말뭉치 구축 과정에서 발생하는 실제 문제들에서 반복적으로 보고되어 왔다. 특히 참여자 동의 범위와 실제 데이터 사용 목적 간의 불일치가 지속적으로 제기된다. Cieri(2014)는 멀티모달 데이터의 재사용 가능성이 초기 수집 시점에 완전히 예측되기 어렵다고 지적하며, 음성, 영상, 행동 신호를 종합적으로 기록하는 특성상 동의 과정에서 이를 충분히 고려해야 함을 논의하고 있다.

윤리적 수집 원칙 위반으로 인한 연구 제약 사례들이 보고되어 왔다. Brookes & McEnery(2024)는 참여자에게 수집될 데이터의 정확한 범위와 향후 활용 목적에 대한 불충분한 설명으로 인해 일부 멀티모달 말뭉치 프로젝트들이 윤리위원회 승인 취소나 데이터 공개 제한 등의 문제에 직면했다고 보고했다. 이러한 사례들은 멀티모달 데이터의 침습적 특성을 고려한 포괄적 동의 절차의 중요성을 보여준다.

성공적인 윤리적 수집 사례는 참여자의 자율성 존중과 충분한 정보 제공을 통해 달성되고 있다. Reece et al.(2023)의 CANDOR 말뭉치에서는 참여자들에게 수집될 멀티모달 데이터의 범위(음성, 영상 등)와 향후 활용 목적을 명확히 설명하고, 데이터 공개 수준을 사전 안내하고 동의를 받았다. 또한 참여자들의 대화 후 광범위한 설문조사를 통해 연구 참여 경험에 대한 피드백을 수집하여 윤리적 절차를 지속적으로 개선했다.

참여자 권리 보장의 구체적 효과는 데이터 품질과 직결된다. Holmes et al.(2023)은 수집 내용과 공개 범위에 대한 충분한 정보 제공과 자발적 동의를 기반으로 한 연구에서 참여자들이 더 자연스럽고 협조적인 태도를 보인다고 보고하였다. 이는 결과적으로 더 높은 품질의 멀티모달 데이터 수집으로 이어질 수 있다. 반면 Schembri & Jahić Jašić(2022)는 동의 과정이 불충분한 연구에서 참여자들이 긴장하거나 방어적인 태도를 보여 수집된 데이터의 자연성이 크게 저하되는 문제가 발생한다고 보고했다.

CEJC의 사례는 윤리적 수집 절차를 구체적으로 보여준다. 이 말뭉치는 자연스러운 대화를 수집하기 위해 일반인 협력자에게 녹화 장비를 대여하고, 협력자가 대화 참여자들에게 연구 취지를 설명한 뒤 서면 동의를 받는 방식을 채택했다(小磯花絵・伝康晴, 2018). 이 과정에서 설명용 전단지와 웹페이지를 함께 활용했으며, 참여자 중 한 명이라도 동의하지 않으면 해당 대화는 원칙적으로 수집하지 않았다. 또한 참여자 권리 보장을 위해, 동의서에 비공개를 원하는 부분을 직접 기재할 수 있게 하고, 동의 철회서를 별도로 제공하여 언제든 의사 철회가 가능함을 안내했다. 이러한 조치는 참여자의 이해와 자율적 선택을 높여 자연스럽고 협조적인 참여를 유도할 수 있으며, 결과적으로 데이터 품질 향상과도 관련될 수 있다(Holmes et al., 2023).

5.2. 개인정보 보호의 원칙

▬ 원칙 정의

개인정보 보호(Privacy Protection) 원칙은 멀티모달 말뭉치 구축 과정에서 수집된 개인정보의 보호를 통해 참여자의 프라이버시 권리를 보장해야 한다는 원칙이다. 멀티모달 데이터의 특성상 음성, 영상, 생체정보 등 고도로 민감한 개인정보가 포함되어 있어 더욱 엄격한 보호 조치가 필요하다. 이에 따라 대한민국 개인정보 보호법 및 EU GDPR 등 관련 법규 준수를 위한 구체적인 절차를 마련해야 한다. 특히 미성년자나 정보 취약계층 등 보호가 필요한 참여자 집단에 대해서는 별도의 강화된 보호 조치를 고려해야 한다. 또한 제스처, 표정, 자세 등의 준언어적 혹은 비언어적 행동 패턴이 개인의 고유한 행동 지문(behavioral fingerprint)을 형성할 수 있어, 다중 모달리티 정보의 결합을 통한 개인 식별 위험성이 현저히 증가할 수 있다. 따라서 개인정보 보호 원칙은 단순한 익명화를 넘어서 다차원적이고 체계적인 보호 전략을 요구한다.

▬ 이론적 근거

개인정보 보호 원칙의 이론적 기초는 프라이버시가 맥락에 따라 달라진다는 인식에서 출발한다. Nissenbaum(2004)은 맥락적 무결성(contextual integrity) 이론에서, 프라이버시 보호의 적절성은 특정 맥락의 사회적 규범과 그 안에서 허용되는 정보의 수집과 이동, 그리고 공유 방식에 따라 판단되어야 함을 논의한다. 연구 맥락에서는 학술적 목적과 공익을 고려하되, 해당 맥락의 규범에 맞춘 정보 최소화, 목적 제한, 접근 통제 등의 원칙을 함께 설계해야 한다.

프라이버시 권리의 기본 개념은 Warren & Brandeis(1890)가 제시한 '혼자 있을 권리(right to be let alone)'에서 찾을 수 있다. 이 논의는 기술 환경의 변화에 따라 프라이버시 개념과 보호 방식이 재정의되어야 한다는 점을 시사한다. 멀티모달 말뭉치와 같이 음성·영상 등 고식별성 신호를 함께 다루는 연구 맥락에서는, 단순 익명화만으로는 한계가 발생할 수 있으므로 목적 제한, 정보 최소화, 보존 기간 관리, 접근 통제와 같은 원칙을 결합한 설계가 요구된다.

멀티모달 데이터의 특수성은 익명화, 가명처리 등 기술적 보호 기법의 한계 논의에서 분명해진다. Sweeney(2002)는 k-익명성을 통해 공개 데이터에서 각 개인이 최소 k-1명의 다른 개인과 구별되지 않도록 설계하는 방식을 제안하였다. 그러나 음성·영상·동작 등 고식별 신호가 결합된 멀티모달 자료는 속성 결합과 모달리티 간 상호참조로 재식별 위험이 상대적으로 커질 수 있다. Dwork(2006)의 차등 프라이버시(differential privacy)는 데이터베이스 참여로 인한 추가 위험을 수학적으로 상한화하는 보장 개념을 제시하지만, 멀티모달 환경에서는 모달리티 결합, 상관구조, 반복 노출 등으로 인해 적용 및 튜닝, 그리고 효용 간 균형이 더 어렵게 설정될 수 있다.

멀티모달 환경에서 가장 중요한 문제는 모달리티 간 상호 참조(cross-modal reference) 위험이다. 음성 데이터는 화자의 생체정보적 특성을 담고 있어 성별, 연령, 지역적 배경뿐만 아니라 정서 상태까지 추론 가능하며, 영상 데이터는 얼굴 인식을 통한 직접적 신원 식별을 가능하게 할 수 있다. 단일 모달리티에서는 익명화가 가능한 정보라도, 여러 모달리티의 정보가 결합되면 개인 식별 가능성이 높아질 수 있다. 이는 멀티모달 말뭉치가 단순한 데이터 집합이 아니라 개인의 다면적 정보가 통합된 고도로 민감한 자료 환경임을 의미한다.

▬ 실증적 증거

멀티모달 말뭉치의 개인정보 보호에 특화된 실증 연구는 아직 제한적이지만, 관련 분야의 말뭉치 및 데이터셋 구축 과정에서 발견된 개인정보 노출 위험과 보호 방법의 효과는 멀티모달 환경에서도 중요한 시사점을 제공한다.

음성 데이터의 화자 식별 위험성은 노르웨이 의회 음성 말뭉치(Norwegian Parliamentary Speech Corpus) 개발 사례에서도 시사점을 준다. Solberg & Ortiz(2022)의 연구에 따르면, 이 말뭉치는 140시간의 음성 녹음과 267명의 고유 화자를 포함하고 있으며, 화자별 상세한 메타데이터가 제공된다. 이러한 구성은 현대 음성, 화자 인식 기술과 결합될 경우 재식별 가능성이 존재함을 시사하며, 멀티모달 환경에서는 음성 변조, 가명 처리, 접근 통제 등 추가 보호조치를 병행하지 않으면 위험이 잔존할 수 있다.

말뭉치로 훈련된 모델에서의 데이터 추출 위험성은 Carlini et al.(2021)의 연구에서 심각한 문제로 제기되었다. 이들은 GPT-2 언어 모델에서 개인 신상정보(이름, 전화번호, 이메일 주소), IRC 대화, 코드, 128비트 UUID 등 훈련 데이터의 원문 일부가 그대로 출력되는 사례를 다수 확인하였다. 이는 멀티모달 말뭉치로 학습한 인공지능 모델에서도 유사한 위험이 존재할 수 있으며, 말뭉치의 공개, 공유, 2차 이용(예를 들어, 모델

학습에의 활용 등)까지 이어질 수 있는 재사용 경로를 고려해, 말뭉치 초기 설계에서부터 프라이버시 보호와 접근·사용 조건을 명확히 해야 함을 시사한다.

텍스트 기반 말뭉치에서의 체계적인 개인정보 보호 정책의 필요성은 Pilán et al.(2022)의 텍스트 익명화 벤치마크(Text Anonymization Benchmark, TAB) 연구가 잘 보여준다. 이 연구는 공개 가능한 주석 말뭉치와 평가 절차를 함께 제시하여, 다양한 익명화 기법의 성능을 비교·검증할 수 있는 준거틀을 마련했다. 이러한 접근은 멀티모달 말뭉치에도 적용 가능하며, 수집·주석·공개 단계 전반에서 재현 가능한 평가 기준과 문서화된 절차를 도입함으로써 개인정보 보호를 전제로 한 안전한 데이터 활용 환경을 설계하는 데 참고가 된다.

멀티모달 환경에서 가장 우려되는 문제는 모달리티 간 상호 참조로 인한 재식별 위험성이다. 단일 모달리티 말뭉치에서는 익명화가 가능한 정보라도, 여러 모달리티의 정보가 결합되면 개인 식별이 가능해지는 복합적 문제가 발생한다. 음성 데이터는 화자의 생체정보적 특성을 담고 있어 성별, 연령, 지역적 배경뿐만 아니라 정서 상태까지 추론 가능하며, 영상 데이터는 얼굴 인식을 통한 직접적 신원 식별을 가능하게 한다. 이러한 특성들이 텍스트 정보와 결합될 때 개인 식별 위험성은 현저히 증가할 수 있다.

단일 모달리티 말뭉치에서 검증된 대치 및 가명 처리(substitution and pseudonymization) 기법들은 멀티모달 환경에서도 개인정보 보호와 데이터 유용성 간의 균형 달성에 중요한 참고점을 제공한다. 이러한 기법들은 데이터의 가독성과 자연스러움을 유지하면서도 개인정보를 보호할 수 있어, 멀티모달 말뭉치의 장기적인 연구 지속성과 국제적 협력 연구 가능성을 시사한다.

영상 데이터의 경우 얼굴 인식 기술의 발전으로 인해 단순한 블러링이나 모자이크 처리만으로는 충분하지 않을 수 있으며, 상황에 따라 더 정교한 마스킹 기법이 요구될 수 있다. 특히 제스처, 표정, 자세 등의 비언어적 행동 패턴이 개인의 고유한 행동 지문(behavioral fingerprint)을 형성할 수 있어, 다중 모달리티 정보의 결합을 통한 개인 식별 위험은 단일 모달리티보다 더 복잡한 양상을 보일 수 있다.

이러한 복합적인 재식별 위험에 대응하기 위한 구체적인 정책 수립의 모범 사례는 CEJC 구축 과정에서 찾아볼 수 있다(小磯花絵·伝康晴, 2018). CEJC 팀은 실제 수집된 데이터를 바탕으로 발생 가능한 문제들을 유형화하고, 법률 전문가와의 상담을 거쳐 다음과 같은 상세한 처리 방침을 수립했다.

- 제3자 정보 처리: 일상 대화에는 동의 받지 않은 제3자(행인, 점원 등)가 포함될 수 있다. CEJC는 제3자의 초상권 문제를 해결하기 위해 '촬영 장소(공적/사적)', '활동 내용(일상적/민감함)' 등을 종합적으로 판단하는 기준을 세웠다(小磯花絵·伝康晴, 2018). 예를 들어, 공공장소에서 일반적인 행동을 하는 행인은 원칙적으로 비식별화(블러 등) 처리를 하지 않지만, 병원과 같은 민감한 장소이거나 경찰 조사를 받는 등 민감한 상황에 놓인 제3자는 데이터를 비공개 처리하거나 비식별화한다(小磯花絵·伝康晴, 2018). 제3자의 음성이 명확하게 녹음된 경우에도, 사적인 내용이면 공개 대상에서 제외하고, 점원의 주문 응대와

같은 사회적 상호작용은 음성은 포함하되 영상의 얼굴은 비식별화 처리를 하는 등 구체적인 지침을 마련했다(小磯花絵·伝康晴, 2018).

- 저작물의 부수적 포함: 대화 중 배경으로 노출되는 TV 화면, 음악, 책 표지 등은 저작권 문제와 관련된다. CEJC는 일본 저작권법 제30조의 2에 근거하여, 대화의 주된 내용이 아니고 분리가 어려우며 저작권자의 이익을 부당하게 해치지 않는 '부수적 포함(写り込み)'의 경우 별도의 처리 없이 공개하는 것을 원칙으로 삼았다(小磯花絵·伝康晴, 2018: 185). 단, 그림책을 처음부터 끝까지 읽어주는 것처럼 저작물 이용이 대화의 주된 목적이 되는 경우에는 저작권 침해 소지가 있다고 판단하여 해당 부분을 비공개 처리한다(小磯花絵·伝康晴, 2018).
- 기타 민감정보 처리: 동의서에 명시된 이름, 주소 외에도 은행 계좌 정보나 집의 위치를 상세히 유추할 수 있는 발언 등은 동등한 수준의 민감정보로 간주하여 비식별화 처리 대상으로 포함했다(小磯花絵·伝康晴, 2018). 또한, 법규 위반(예: 안전벨트 미착용)이나 차별적 발언 등 윤리적으로 민감한 내용이 포함된 경우, 법적 문제뿐만 아니라 참여자에게 미칠 해악을 고려하여 사례별로 공개 여부를 신중하게 결정하는 유연한 정책을 운영했다(小磯花絵·伝康晴, 2018).

5.3. 실천적 함의

윤리적 수집과 개인정보 보호 원칙의 실제적 적용에서 가장 중요한 것은 포괄적 동의 과정의 설계이다. 멀티모달 데이터의 특성상 참여자들이 모든 잠재적 위험과 활용 방안을 완전히 이해하기 어렵기 때문에, 단계적이고 반복적인 동의 과정을 설계해야 한다. 주요 연구윤리 가이드라인에 따르면, 동의 과정은 정보 제공, 이해 촉진, 자발성 보장의 세 가지 핵심 요소를 포함해야 하며, 실제적으로는 초기 동의, 녹음·녹화 직전 재확인, 데이터 처리 전 최종 확인의 3단계 동의 프로세스를 시행하는 것이 바람직하다. 또한, CEJC의 사례처럼 참여자가 이해하기 쉬운 설명용 전단지를 활용하고, 별도의 '동의 철회서'를 제공하여 참여자의 권리를 실질적으로 보장하는 것이 좋다(小磯花絵·伝康晴, 2018: 183).

또한 다층적 익명화 전략의 구현이 필요하다. 단일 차원의 익명화로는 충분하지 않으므로, 최근 확장현실(XR) 환경 연구에서도 단일 모달리티 보호장치를 각각 따로 적용하는 방식만으로는 재식별을 충분히 막기 어렵다는 점이 보고된다(Ibragimov et al., 2025). 따라서 음성 변조, 얼굴 블러 처리, 개인 식별 정보 제거, 행동 패턴 일반화 등을 조합한 다층적 접근이 필요하다. 특히 CEJC가 계약된 연구자와 일반 대중 등 데이터 공개 대상에 따라 비식별화 수준(예를 들어, 얼굴 블러 처리 여부 등)을 달리 적용한 것처럼, 연구 목적과 데이터 민감도에 따라 익명화 수준을 유연하게 조정하는 시스템을 구축해야 한다(小磯花絵·伝康晴, 2018: 184).

마지막으로, 예상치 못한 상황에 대비한 구체적인 처리 지침을 마련하고 지속적인 윤리 모니터링 체계를 구축하는 것이 중요하다. CEJC가 동의 받지 않은 제3자나 저작물이 부수적으로 포함되는 다양한 시나리오에 대한 상세한 처리 방침을 수립한 것처럼(小磯花絵·伝康晴, 2018: 189-190), 예상 가능한 주요 윤리적, 법적 문제에 대한 대응 계획을 사전에 준비해야 한다. 주요 연구 윤리 지침에 따르면[40] 데이터 윤리와 관련된 아이디어와 모범 사례는 지속적으로 발전하고 변화하고 있다고 강조되고 있으며, 정기적인 윤리 검토, 참여자 피드백 수집, 새로운 위험 요소 평가 등을 포함하는 체계적 모니터링 시스템이 필요하다.

6. 확장성과 재사용성 원칙

6.1. 확장성

원칙 정의

확장성(Scalability) 원칙은 멀티모달 말뭉치가 시간이 지남에 따라 데이터 규모와 기능적 범위가 확장 가능하도록 설계되어야 한다는 원칙이다. 이는 단순히 데이터의 양적 증가만을 의미하는 것이 아니라, 새로운 연구 질문에 대응할 수 있는 구조적 유연성, 다양한 기술적 환경에서의 호환성, 그리고 변화하는 연구 요구사항에 적응할 수 있는 진화 가능성을 포괄한다. 멀티모달 데이터의 복잡성과 구축 비용을 고려할 때, 처음부터 확장 가능한 구조로 설계하지 않으면 나중에 확장하기 위해 전체 시스템을 재구축해야 하는 비효율이 발생할 수 있다. 따라서 확장성 원칙은 장기적 관점에서 말뭉치의 지속가능성과 발전 가능성을 보장하는 핵심 요소이다.

40 University of the Cumberlands. (n.d.). Institutional Review Board (IRB) FAQ. In The Doctoral Experience. Retrieved October 7, 2025, from https://www.ucumberlands. edu/academics/ academic-advising-assistance/doctoral-experience

■ 이론적 근거

확장성이 멀티모달 말뭉치 구축에서 핵심 원칙이 되는 이유는 복잡 시스템의 본질적 특성과 연구 환경의 동적 변화에서 찾을 수 있다.

멀티모달 말뭉치는 본질적으로 복잡 시스템[41]이며, 이러한 시스템이 지속가능하기 위해서는 환경 변화에 대한 적응 능력이 필수적이다. von Bertalanffy(1968)가 제시한 개방 시스템 이론에 따르면, 외부와 물질 교환 없이 에너지만 교환하는 닫힌 시스템은 시간이 지남에 따라 내부의 에너지가 점차 소진되거나 무질서해져서, 결국 더 이상의 변화나 활동이 없는 안정된 상태(평형 상태)에 도달하는 경향이 있다. 이는 외부 환경과의 상호작용 없이는 시스템이 더 이상 스스로 발전하거나 환경에 적응하기 어렵다는 것을 의미한다. 멀티모달 말뭉치가 연구 도구로서 지속적인 가치를 유지하려면 새로운 연구 요구, 기술적 변화, 데이터 증가에 대응할 수 있는 개방성을 가져야 한다. 고정된 구조로 설계된 말뭉치는 초기 목적에만 최적화되어 있어 변화하는 연구 환경에서 점차 유용성을 잃게 된다.

멀티모달 말뭉치의 모듈 설계 필요성은 Simon(1962)이 논의한 복잡 시스템 구조에서 그 근거를 찾을 수 있다. Simon은 복잡 시스템이 안정적으로 진화하기 위해서는 안정적인 하위 구조들이 독립적으로 기능하면서

41 복잡 시스템(complex system)은 다수의 상호작용하는 구성요소들로 이루어져 있으며, 이들의 상호작용으로부터 개별 구성요소의 단순한 합을 넘어서는 창발적 특성(emergent properties)이 나타나는 시스템을 의미한다. 멀티모달 말뭉치의 경우 음성, 영상, 텍스트, 메타데이터 등의 개별 구성요소들이 상호작용하여 단일 모달리티로는 달성할 수 없는 통합적 연구 가능성을 창출한다는 점에서 복잡 시스템의 특성을 보인다.

도 상호 결합할 수 있어야 함을 논의했다. 멀티모달 말뭉치에서 음성, 영상, 텍스트 데이터는 각각 독립적인 '하위 시스템'으로 볼 수 있으며, 이들이 모듈 형태로 설계될 때 전체 시스템의 안정성과 발전 가능성이 높아진다. 예를 들어, 새로운 음성 인식 기술이 등장했을 때 음성 모듈만 업데이트하고 영상이나 텍스트 모듈은 그대로 유지할 수 있다. Simon의 이론에 따르면, 이러한 '거의 분해 가능한(almost decomposable)' 구조는 복잡한 시스템이 부분적 변화를 통해 점진적으로 발전할 수 있게 한다.

대규모 멀티모달 말뭉치가 직면하는 확장성 문제는 분산 시스템이 해결해야 하는 과제와 구조적으로 유사하다. Tanenbaum & van Steen(2016)이 제시한 분산 시스템의 확장성 차원—크기, 지리적, 관리적 확장성—은 멀티모달 말뭉치에 직접 대응시켜 볼 수 있다. 크기 확장성은 데이터 양과 사용자 수의 증가에 대응하는 능력을 의미하며, 멀티모달 데이터의 경우 단일 모달리티보다 훨씬 큰 저장 공간과 처리 능력을 요구한다. 지리적 확장성은 전 세계 연구자들이 네트워크를 통해 말뭉치에 접근할 때 유의미한 성능 저하 없이 서비스를 제공하는 능력이다. 관리적 확장성은 서로 다른 기관, 국가, 연구 분야의 연구자들이 하나의 말뭉치를 공유하면서도 기관·국가별 정책과 규제를 준수한 채 공동 활용이 가능하도록 하는 능력을 의미한다. 이러한 확장성 요구사항들은 멀티모달 말뭉치가 단순한 데이터 저장소가 아니라 복잡한 분산 시스템으로 설계되어야 함을 보여준다.

경제적 관점에서도 확장성은 필수적이다. 멀티모달 말뭉치 구축에는 상당한 시간과 비용이 투입되므로, 투자 가치가 지속되려면 초기 용도를 넘어 다양한 연구로의 재사용이 가능해야 한다. 확장성이 부족한 구조는 새로운 연구 요구가 생길 때마다 사실상 재구축을 초래하여 매몰 비용을 키운다. 반대로 확장 가능한 구조는 추가 요구에 선별적으로 대응할 수 있어, 초기 투자의 가치를 장기간에 걸쳐 극대화할 수 있다.

▬ 실증적 증거

확장성 부족으로 인한 문제점은 여러 초기 멀티모달 말뭉치 프로젝트에서 공통적으로 관찰되었다. 설계 단계에서 확장성을 충분히 고려하지 않은 경우, 프로젝트들은 데이터 증가에 따른 검색·처리 성능 저하와 새로운 연구 요구에 대한 대응 범위가 제한되는 한계를 보였다. 특히 고정된 파일 형식이나 경직된 저장 구조에 의존한 말뭉치들은 데이터 규모가 커질수록 파일 시스템 병목이 나타나 검색 지연이 커지는 문제가 보고되었다.

성공적인 확장성 사례로는 Common Voice 프로젝트를 들 수 있다. Ardila et al.(2020)은 Common Voice 프로젝트가 영어 중심의 초기 단계에서 출발하여 대규모 다언어 음성 말뭉치로 확장되었다고 보고하였다. 2019년 11월 기준으로 29개 언어가 공개되었고 38개 언어에서 수집이 진행되었으며, 5만 명 이상이 참여하여 약 2,500시간의 음성이 축적되었다(Ardila et al., 2020). 성공 요인으로는 모듈형 웹 플랫폼과 크라우드소싱 기반 수집 및 검증 파이프라인을 들 수 있다. 언어 추가는 인터페이스 번역과 문장 수집을 통해 이루어지며, 커뮤니티가 제공한 문장은 주 단위 자동 검증과 검토를 거쳐 녹음이 활성화된다. 녹음본은 다수결 투표로 검증되어 유효 클립만 학습, 개발, 평가 세트에 포함되고, 화자 누출을 방지하기 위해 세트 간 화자가 겹치지 않도록 분할된다. 배포본은

TSV 메타데이터와 48kHz 단일 채널 MP3 오디오를 포함하며, 연령, 성별, 억양 등은 화자의 자가 보고 항목으로 관리된다(Ardila et al., 2020). 언어별로 독립적으로 운영되면서도 통합 인터페이스와 공통 포맷으로 배포되어, 언어 추가와 데이터 증분, 품질 검증을 병렬적으로 진행할 수 있는 확장 가능한 체계를 구현했다(Ardila et al., 2020).

멀티모달 말뭉치의 기술적 확장성은 여러 대규모 프로젝트들을 통해 실증되었다. AMI(Carletta et al., 2005), CANDOR(Reece et al., 2023), 그리고 CLARIN[42] 인프라와 같은 프로젝트들은 공통적으로 세 가지 확장성 과제를 해결하였다. 첫째, 다양한 모달리티의 동기화된 데이터 수집과 처리를 위한 기술적 아키텍처를 구현했다. 둘째, 점진적으로 추가 가능한 다층적 주석 체계를 설계하여 새로운 연구 질문에 대응할 수 있도록 했다. 셋째, 표준화된 메타데이터 프레임워크를 통해 이질적인 자원들의 통합과 상호운용성을 확보했다. 이러한 사례들은 멀티모달 말뭉치가 초기 설계 단계부터 확장성을 고려해야 하며, 기술적 인프라와 표준화가 확장성 실현의 핵심 요소임을 시사한다.

42 CLARIN은 Common Language Resources and Technology Infrastructure의 줄임말로, 인문학과 사회과학 분야의 학자들에게 디지털 언어 데이터와 고급 도구에 대한 쉽고 지속 가능한 접근을 제공하는 것을 목표로 하는 유럽 연구 인프라 컨소시엄이다. 네트워크화된 유럽 데이터 저장소, 서비스 센터, 전문 센터의 아상블라주를 구축하고 있다.

6.2. 재사용성

원칙 정의

재사용성(Reusability) 원칙은 멀티모달 말뭉치가 초기 구축 목적을 넘어서 다양한 연구 분야와 응용 영역에서 활용될 수 있도록 설계되어야 한다는 원칙이다. 이는 말뭉치가 구축된 특정 연구 맥락을 벗어나서도 학술적 가치를 제공할 수 있는 범용성과 호환성을 갖추어야 함을 의미한다. 멀티모달 말뭉치의 높은 구축 비용과 복잡성을 고려할 때, 한 번 구축된 말뭉치가 최대한 광범위하게 활용될 수 있도록 하는 것은 연구 자원의 효율적 활용과 학문적 발전을 위한 필수적 요구사항이다. 재사용성은 단순히 데이터를 공개하는 것을 넘어서 다른 연구자들이 쉽게 접근하고 활용할 수 있는 형태로 제공하는 것을 포괄한다.

이론적 근거

재사용성은 멀티모달 말뭉치가 지닌 자원 특성과 연구 확산의 작동 방식에 비추어 핵심 원칙으로 논의된다. 멀티모달 말뭉치는 수집, 정렬, 주석, 품질 관리에 상당한 시간과 비용이 필요하나, 공유와 재사용이 활성화될수록 파급 효과가 누적될 가능성이 있다. 이러한 효과는 네트워크 연구에서 제기된 제곱 법칙형 증가 가정[43]과 유사한 직관과 맞닿아 있다.

---

43 제곱 법칙형 증가 가정(quadratic growth assumption)은 일반적으로 네트워크의 가치나 연결 수가 노드(참여자) 수의 제곱(n^2)에 비례하여 증가한다는 개념을 의미한다. 이는 통신 네트워크의 가치를 설명하는 메칼프의 법칙과 관련이 깊다. 네트워크에 새로운 참여자가 추가될 때, 단순히 선형적으로 가치가 증가하는 것이 아니라 기하급수적으로 상호작용 가능성이 늘어나는 효과

이용자나 활용 주체가 늘어날수록 상호 연결의 수가 비선형적으로 증가하여 파생 연구의 기회가 확대될 수 있다는 관찰이다(Metcalfe, 1995). 다만 제곱 비례 가정은 보수적으로 다룰 필요가 있으며, 대규모 체계에서의 한계와 수정 모델에 대한 비판도 함께 고려해야 한다(Briscoe, Odlyzko, & Tilly, 2006). 한편 연구 데이터 관리 영역에서는 재사용성을 포함한 설계 원칙이 FAIR 원칙[44]으로 정식화되어 왔으며, 이는 말뭉치 자원의 문서화, 상호운용성, 접근 경로와 허가 조건의 명시 등을 통해 후속 활용을 체계적으로 지원한다(Wilkinson et al., 2016). 데이터 공개와 재사용은 인용 확대나 2차 분석을 촉진할 수 있다는 경험적 보고가 있으며, 이는 초기 구축 비용의 분산과 연구 네트워크의 확장을 매개하는 근거로 해석될 수 있다(Piwowar & Vision, 2013). 따라서 말뭉치의 가치는 단순한 데이터 양이 아니라, 표준화된 기술 문서와 허가 조건, 상호운용 가능한 형식, 명확한 인용 방식 등을 매개로 생성·확장되는 연구 네트워크의 규모와 연결성에 의해 좌우될 수 있다.

를 설명하는 데 사용된다.

44 FAIR 원칙은 연구 데이터 관리 지침으로서 Findable, Accessible, Interoperable, Reusable의 약자이다. Findable은 영구 식별자 부여와 검색 가능한 메타데이터 제공을 뜻하며, Accessible은 표준화된 공개 프로토콜을 통한 접근과 인증이 필요한 경우에도 메타데이터를 최소 공개하는 것을 포함한다. Interoperable은 공통 표준, 통제 어휘, 온톨로지, 파일 형식의 상호운용을 요구한다. Reusable은 명시적 라이선스, 출처와 생성 맥락, 품질 지표, 버전 이력 등 재사용에 필요한 조건을 갖출 것을 의미한다. 멀티모달 말뭉치의 맥락에서는 영구 식별자 부여, 메타데이터 스키마와 주석 층렬의 명세, 접근 절차와 이용 허가의 명시, 공개 사양의 파일 형식 사용, 용어집과 주석 지침 제공, 인용 방식과 변경 이력 제시가 핵심 요소로 간주된다. 법적·윤리적 제약으로 원자료 접근이 제한되더라도 접근 조건과 메타데이터를 명확히 제시하면 FAIR 원칙을 위배하는 것은 아니다.

이러한 연쇄적 활용이 가능하려면 서로 다른 연구 환경과 도구 간의 호환성이 필수적이다. IEEE(1990)가 정의한 상호운용성 개념에서 볼 수 있듯이, 정보의 교환과 활용이 모두 가능해야 진정한 재사용이 이루어진다. 멀티모달 말뭉치에서 이는 더욱 복잡한 의미를 갖는다. 음성 데이터를 음성학자가 분석한 후 그 결과를 컴퓨터 과학자가 기계학습에 활용하고, 다시 그 모델을 언어 치료사가 임상에서 사용하려면 각 단계에서 데이터와 메타데이터가 의미를 잃지 않고 전달되어야 한다. 이는 단순한 기술적 호환성을 넘어서 학문적 개념과 방법론의 일관성까지 요구하는 높은 수준의 상호운용성이다.

현대 과학 연구의 특성 또한 재사용성의 중요성을 강화한다. Wilkinson et al.(2016)이 제시한 FAIR 원칙이 과학계에서 광범위한 지지를 받는 이유는 연구의 투명성과 재현성이 과학적 진실을 확보하는 핵심 요소이기 때문이다. 멀티모달 말뭉치와 같은 복잡한 데이터는 개별 연구자나 소규모 팀이 독립적으로 검증하기 어렵다. 그러나 동일한 데이터를 다양한 관점에서 분석한 여러 연구가 누적되면 상호 검증과 보완을 통해 더 견고한 과학적 지식이 구축된다. 이는 개방적 공유를 통해 과학적 발견이 가속화된다는 Nielsen(2011)의 주장과 일맥상통한다.

경제적 관점에서도 재사용성은 필수불가결하다. 멀티모달 말뭉치 구축에 투입되는 자원의 규모를 고려할 때, 단일 연구 목적으로만 활용되는 말뭉치는 비용 대비 효과가 현저히 낮다. 반면 재사용 가능하게 설계된 말뭉치는 초기 투자 비용을 여러 연구에 분산시킬 수 있을 뿐만 아니라, 예상하지 못한 새로운 연구 영역에서도 가치를 창출할 수 있다. 특히 멀티모달 데이터는 단일 관점으로는 발견하기 어려운 복합적 패턴을 포함하고 있어, 다양한 분야의 연구자들이 협력할 때 그 진정한 가치가 발현된다.

▬ 실증적 증거

재사용성의 실질적 효과는 범용 의존관계 주석체계(Universal Dependen- cies, UD) 프레임워크에서 입증되었다. de Marneffe et al.(2021)과 Nivre et al.(2020)이 기술한 바와 같이, UD는 10개의 트리뱅크로 출발하여 100개 이상의 언어에 대한 200개 이상의 트리뱅크와 600명 이상의 기여자로 성장했다. 이러한 확장은 재사용 가능한 표준화된 주석 체계의 효과를 보여준다. UD의 성공 요인은 언어 간 일관성(유형론적으로 다양한 언어에 걸친 형태구문 주석의 통합 프레임워크), 기계 처리 가능성(언어적 타당성을 유지하면서 계산 처리 능력 강조), 협력적 확장성(표준화된 접근법이 새로운 언어와 연구자의 참여를 용이하게 하는 지수적 성장 패턴)을 보여준다. 특히 UD는 한 번 구축된 언어 자원이 다양한 언어학적 연구, 자연어처리 응용, 교차언어적 비교 연구에서 반복적으로 활용될 수 있도록 하여 말뭉치 재사용성의 모델을 제시했다.

재사용성 측면에서 표준화의 이익은 CLARIN 인프라의 성공 사례에서 잘 드러난다. Hinrichs & Krauwer(2014)에 따르면, CLARIN은 유럽 전역의 언어 자원과 도구에 대한 지속 가능한 접근을 제공하는 공통 언어 자원 및 기술 인프라를 구축하여 연구자들이 발견, 탐색, 활용, 주석, 분석 또는 조합할 수 있는 고급 도구와 함께 디지털 언어 데이터에 쉽게 접근할 수 있도록 했다. 이러한 표준화된 접근 방식은 말뭉치의 재사용성을 촉진하여 말뭉치 간 비교 연구와 대규모 메타 분석이 활성화되었으며,

개별 연구기관에서는 불가능했던 대규모 다언어 비교 연구와 국제적 협력 프로젝트가 촉진되었다. 특히 표준화된 메타데이터와 지속적 식별자의 사용을 통해 서로 다른 센터의 도구와 데이터가 상호 운용 가능하게 되어, 연구자들이 다양한 소스의 자원을 원활하게 결합하여 활용할 수 있게 되었다.

멀티모달 말뭉치 영역에서도 재사용성의 이익이 확인되고 있다. 예컨대 CANDOR와 ECOLANG은 대규모 멀티모달 말뭉치에 동기화된 주석과 일관된 메타데이터를 갖춘 공개 체계를 제공함으로써, 다양한 분야에서의 2차 분석과 벤치마크, 교차 연구를 용이하게 한다(Reece et al., 2023; Gu et al., 2025). 두 말뭉치는 형식과 주석 지침, 접근 절차의 표준화를 통해 상호운용성을 높였으며, 이는 단일 연구의 범위를 넘어 반복적 재분석과 도구 검증, 모델 성능 비교 등 재사용 지향 연구를 촉진한다.

그러나 재사용성 부족의 문제점도 여전히 존재한다. 멀티모달 말뭉치 구축과 분석에 관한 연구들에서는 실용적이고 방법론적 과제와 우려사항들이 지속적으로 제기되고 있으며(Knight & Adolphs, 2020), 표준화 부족, 문서화 미흡, 접근 인터페이스 부재 등이 주요 원인으로 분석되고 있다. 특히 멀티모달 데이터의 복잡성과 다양한 주석 체계로 인해 서로 다른 말뭉치 간의 호환성 문제가 지속되고 있다.

기술적 호환성 부족도 심각한 문제로 나타났다. 대부분의 말뭉치가 여전히 음성 중심 관점을 채택하여 '단어'가 아닌 모든 것을 걸러내고 음성 언어를 단순히 철자식으로 진사하고 있어서(Rühlemann, 2023), 언어의 다중모달적 특성을 제대로 반영하지 못하고 있다. 이러한 기술적 진부화는 말뭉치의 장기적 재사용성을 심각하게 제약하는 요인이다.

최근의 연구 동향을 보면, 온라인 직업적 음성 상호작용을 포착, 처리, 분석하는 멀티모달 말뭉치 혁신과 같은 새로운 접근법들이 시도되고 있으며(O'Keeffe et al., 2024), 이는 변화하는 연구 환경에 대응하기 위한 재사용성 향상 노력의 일환으로 볼 수 있다.

6.3. 실천적 함의

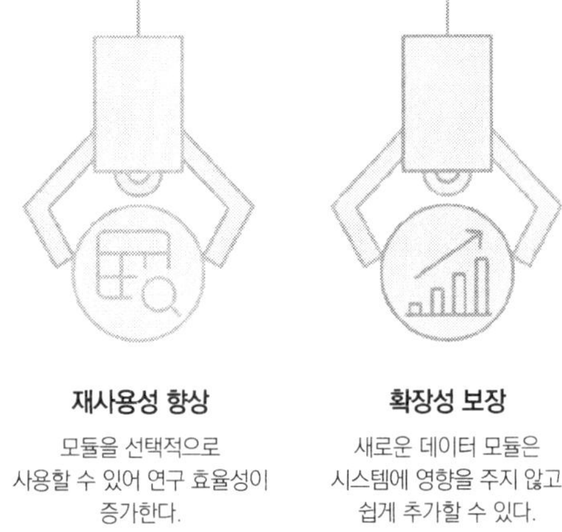

〈그림 3-2〉 확장성과 재사용성의 모듈형 아키텍처의 장점

확장성과 재사용성 원칙의 실무적 적용은 여러 핵심 영역에서 구체적인 구현 전략을 요구한다. 이러한 전략들은 상호 연결되어 있으며, 다른 구축 원칙들과도 밀접한 관계를 형성한다. 실무 적용에서 무엇보다 중요한 것은 모듈형 아키텍처 설계이다. 모듈형 아키텍처란 시스템을 독립적이면서도 상호 연결 가능한 구성 요소들로 분할하여 설계하는 접근으로, 각 모듈이 특정 기능을 담당하면서도 표준화된 인터페이스를 통해 상호 작용할 수

있도록 하는 구조를 가리킨다. RESTful API는 Representational State Transfer(REST) 아키텍처 스타일을 따르는 구현 방식으로, 리소스 중심의 균일 인터페이스와 무상태성, 계층화 등을 통해 서로 다른 구성 요소 간 결합도를 낮추고 상호운용성을 높인다(Fielding, 2000; Richardson & Ruby, 2007). 멀티모달 말뭉치에서는 음성 데이터, 영상 데이터, 주석 정보, 메타데이터를 모듈 단위로 분리하고, 이들이 표준화된 API를 통해 접근·조합될 수 있도록 설계하는 것이 바람직하다. 이러한 설계는 특정 모달리티만 필요한 연구에서 해당 모듈만 선택적으로 활용하게 하며, 새로운 주석 체계나 분석 도구의 추가를 용이하게 한다.

표준 준수와 호환성 확보는 재사용성 실현의 핵심 요소로, 모듈형 설계와 직접적으로 연결된다. 국제적으로 인정받는 표준(ISO, IEEE, W3C 등)을 준수함으로써 서로 다른 시스템 간의 상호운용성을 확보할 수 있다. CLARIN 인프라는 이러한 접근법의 성공 사례로, 17개의 멀티모달 말뭉치를 제공하며 이들은 대화의 다양한 언어적, 준언어적 요소들에 대해 풍부하게 주석이 달려 있다(CLARIN ERIC, 2024). 특히 TEI 기반 ISO 표준 24624:2016 '음성 언어 전사'와 같은 표준을 적용하여 CLARIN 내에서 기본적인 의미적 상호운용성을 갖춘 교환 형식으로 활용할 수 있다(Hedeland & Schmidt, 2022). Dublin Core 메타데이터 표준 역시 웹 자원을 설명하기 위한 15개의 핵심 요소로 구성되어 있으며, 상호운용성을 위해 설계된 범용 메타데이터 어휘(DCMI, 2012; ISO 2017)로서 국제적 호환성 확보에 중요한 역할을 한다.

이러한 표준화된 접근법은 자연스럽게 확장 가능한 저장과 처리 시스템의 필요성으로 이어진다. 멀티모달 데이터는 대용량과 복합 구조를 가지므로 단순 저장 방식에는 한계가 있다. 클라우드 기반 분산 저장, 콘텐츠 전송 네트워크(CDN) 활용, 자동 백업과 복구 체계를 마련하고, 데이터 증가에 따른 성능 저하를 방지하기 위해 인덱싱과 캐싱 전략[45]을 체계적으로 도입할 필요가 있다. 또한 환경 조건에 따라 이용 가능한 모달리티가 달라질 수 있음을 전제해야 한다. 예컨대 저조도·야간 환경에서는 시각 정보의 유효성이 저하되어 음성이나 다른 센서 신호가 상대적으로 유용해질 수 있으며, 반대로 고소음 환경에서는 시각 정보가 대체 수단이 될 수 있다. 이러한 설계 원칙은 클라우드 컴퓨팅에서의 데이터 흐름·범주·활용 관리 체계, 상호운용 표준에 부합하는 자원 노출 방식, 그리고 네트워크 전송 효율을 위한 최신 캐싱 기법과 결합될 때 재사용성 향상에 기여한다(ISO/IEC, 2020; NIST, 2013; Chen et al., 2023; Wu et al., 2024).

7. 맥락 정보의 체계적 수집 원칙

원칙 정의

맥락 정보의 체계적 수집(Systematic Collection of Contextual Information) 원칙은 멀티모달 말뭉치 구축 시 언어적 데이터와 더불어 그 언어 사용이 발생하는 상황적, 사회적, 문화적 맥락에 대한 정보를 체계적

45 캐싱 전략(Caching Strategy)은 자주 사용되는 데이터나 연산 결과를 임시 저장소(캐시)에 보관하여 빠른 접근을 가능하게 하는 기법이다.

으로 수집하고 기록해야 한다는 원칙이다. 이는 단순히 언어적 형태나 멀티모달 신호만을 기록하는 것이 아니라, 참여자의 사회적 배경, 상호작용의 목적과 성격, 물리적 환경, 문화적 규범 등 언어 사용에 영향을 미치는 모든 관련 요소들을 포괄적으로 문서화하는 것을 의미한다. 특히 멀티모달 상호작용은 맥락에 따라 동일한 제스처나 표정이 완전히 다른 의미를 가질 수 있으므로, 맥락 정보의 체계적 수집은 데이터의 정확한 해석과 분석을 위한 필수적 전제조건이다. 이러한 맥락 정보는 말뭉치의 재사용성과 일반화 가능성을 높이는 동시에, 문화 간 비교 연구와 종단적 연구의 기초를 제공한다.

이론적 근거

맥락 정보의 체계적 수집이 멀티모달 말뭉치 구축에서 필수적 원칙이 되는 이유는 상호작용의 의미가 언어적 신호와 비언어적 자원, 그리고 상황적, 사회적 조건의 결합 속에서 구성되기 때문이다(Clark, 1996; Goodwin, 2000; Kendon, 2004; Heath et al., 2010; Mondada, 2018). 제스처, 표정, 자세, 시선, 공간 사용은 발화와 상호 조정되어 행위를 조직하며, 이러한 결합은 참여자 역할, 활동의 목적, 물리적 배치와 같은 맥락 변수에 따라 달라질 수 있다. 따라서 언어적 신호만으로는 상호작용의 의미 구성 과정을 충분히 포착하기 어렵고, 맥락 정보를 함께 기록해야 해석 가능성과 비교 가능성이 확보될 수 있다.

이 원칙은 주석 설계와 메타데이터 수집의 수준을 규정한다. 기록 환경, 참여자 간 관계, 상호작용의 목적과 과업, 공간적 배치, 시선 및 몸 움직임의 시간 정렬, 도구와 자료의 사용 방식 등 맥락 변수를 체계적으로 문서화할 때, 동일한 신호가 맥락에 따라 상이한 기능을 수행한다는 점을 재현 가능하게 검증할 수 있다(Heath et al., 2010; Mondada, 2018). 이는 언어적·비언어적 신호가 특정 활동 유형 안에서 어떤 순차 조직과 결합 양상을 보이는지, 그리고 그 결합이 의미 해석에 어떤 제약을 가하는지 분석 가능하게 한다. 결과적으로 맥락 정보의 체계적 수집은 분석의 타당도와 말뭉치 재사용성 모두를 높이는 방법론적 요건이 된다.

실증적 증거

맥락 정보를 체계적으로 수집하는 원칙이 연구 결과의 질을 어떻게 향상시키는지는 실제 말뭉치 구축 및 분석 사례를 통해 확인할 수 있다.

Biber(1995)의 연구는 맥락 정보의 체계적 수집이 언어 변이 연구에서 중요함을 보여주는 참고할 만한 사례이다. 그는 다양한 장르의 텍스트에서 격식성, 상호작용성 등 구체적인 상황적 맥락을 체계적으로 기록하고 언어적 특징과 연관시켰다. 그 결과, 맥락 변인들이 특정 언어 형태(인칭대명사, 명사구 등)의 사용 빈도를 체계적으로 예측할 수 있음을 발견했다. 이러한 패턴은 개별 텍스트만 분석해서는 파악할 수 없으며, 오직 체계적으로 수집된 맥락 정보와의 연관 분석을 통해서만 드러나는 것이었다.

최근의 멀티모달 말뭉치 연구에서도 이 원칙의 중요성이 재확인되었다. Koiso et al.(2022)가 구축한 CEJC는 참여자 관계, 대화 목적, 물리적 환경 등 상세한 맥락 정보를 포함하고 있는데, Chiba & Higashinaka(2023)는 이 말뭉치의 맥락 정보를 활용하여 주목할 만한 분석 결과를 제시했다. 이 연구는 기능 표현에 대한 요인 분석을 통해, 겉으로 보기에 무질서해 보였던 일상 대화를 7개의 핵심 요인(예를 들어, 설명, 요청, 서사, 제안, 공손성, 정서 표현 등)으로 유형화할 수 있음을 밝혔다. 더 중요한 것은, 이러한 대화 유형이 참여자 관계나 대화 목적과 같은 맥락 정보와 강한 상관관계를 보였다는 점이다. 예를 들어, 가족 간의 대화에서는 서사(narrative) 요인이 두드러졌고, 동료 간의 업무 관련 대화에서는 요청이나 제안 요인이 높은 점수를 보였다.

이러한 연구는 맥락 정보 없이는 그저 복잡하게만 보였을 대화 데이터 속에서, 어떤 상황에서는 어떤 종류의 대화가 주로 오간다는, 매우 일관되고 예측 가능한 패턴을 찾아낸 것이다. 이는 맥락 정보의 체계적 수집이 언어의 실제 사용 원리를 파악하는 데 중요함을 보여주는 증거이다.

실천적 함의

맥락 정보의 체계적 수집 원칙을 실무에 적용할 때 핵심은 다층적 수집 체계의 구축이다. 멀티모달 말뭉치에서 맥락 정보는 단일한 범주가 아니라 상호 연결된 여러 층위로 구성되어야 한다. 참여자 층위에서는 연령, 성별, 교육 수준, 직업, 지역적 배경과 같은 사회인구학적 정보를, 관계 층위에서는 참여자 간 친밀도, 사회적 위계, 상호작용 빈도와 같은 관계적 정보를, 상황 층위에서는 물리적 환경, 시간적 맥락, 진행 중인 활동의 성격을 각각 체계적으로 문서화해야 한다. 문화 층위는 연구 목적상 필요할 때에만 수집 대상으로 삼으며, 지역 관습이나 사회 규범, 언어 사용의 문화적 특성은 해당 연구 질문과 직접 관련될 때에 한해 문서화한다. 이러한 다층적 접근을 통해 멀티모달 상호작용이 발생하는 복합적 맥락을 더 충실히 포착할 수 있다.

표준화된 코딩 체계의 개발이 실무적으로 중요한 과제이다. 맥락 정보 수집이 연구자의 주관적 판단에 의존하면 일관성과 재현성을 확보할 수 없으므로, 객관적이고 체계적인 분류 기준이 필요하다. 실무적으로는 기존 사회언어학 연구에서 검증된 분류 체계를 멀티모달 데이터의 특성에 맞게 확장해야 한다. 예를 들어, 제스처의 문화적 의미 분류, 공간 사용의 사회적 함의 체계, 표정과 시선의 맥락별 해석 기준 등을 포함하는 통합적 코딩 매뉴얼을 개발하고, 이를 바탕으로 주석자 간 일치도를 확보해야 한다.

또한 맥락 정보와 멀티모달 데이터의 시간적 연동이 중요한 실무적 고려사항이다. 맥락 정보가 별도 파일로 보관되어 언어적·비언어적 현상과 분리되어서는 안 되며, 시간축 상에서 맥락 변화와 언어 사용 변화를 동시에 추적할 수 있어야 한다. ELAN과 같은 멀티모달 주석 도구를 활용하여 발화, 제스처, 시선, 표정 등의 멀티모달 신호와 맥락 정보를 동일한 시간축에서 통합적으로 주석하는 체계를 구축해야 한다. 이를 통해 특정 시점에서 어떤 맥락적 조건 하에서 어떤 멀티모달 행동이 나타나는지를 정확히 파악할 수 있다.

동적 맥락 변화의 추적도 실무적으로 중요하다. 대화 진행 중에 맥락은 지속적으로 변화할 수 있다. 새로운 참여자가 합류하거나, 화제가 전환되거나, 물리적 공간이 바뀌거나, 활동의 성격이 변화할 때마다 맥락적 조건이 달라지므로, 이러한 변화 지점을 명확히 표시하고 변화 전후의 맥락적 차이를 체계적으로 기록해야 한다. 실무적으로는 맥락 변화 감지 프로토콜을 수립하고, 변화 지점에서의 맥락 재평가 절차를 마련해야 한다.

개인정보 보호와 맥락 정보 수집 사이의 균형점을 찾는 것이 실무적 과제이다. 상세한 맥락 정보는 연구의 질을 높이지만 동시에 개인 식별 위험을 증가시킬 수 있다. 실무적으로는 직접적 개인 식별 정보는 수집하지 않되, 사회적 배경과 상황적 맥락은 충분히 포착할 수 있는 익명화된 코딩 체계를 개발해야 한다. 예를 들어, 구체적인 직장명 대신 '대기업 사무직'과 같은 범주적 정보를 사용하거나, 정확한 나이 대신 '20대 후반'과 같은 연령대 정보를 활용하는 방식으로 개인정보 보호와 맥락 정보 수집의 균형을 맞출 수 있다.

8. 기술적 품질과 안정성 원칙

8.1. 기술적 품질

▬ 원칙 정의

기술적 품질(Technical Quality) 원칙은 멀티모달 말뭉치의 모든 기술적 구성 요소가 연구 목적에 적합한 수준의 품질을 유지해야 한다는 원칙이다. 이는 오디오 및 비디오 데이터의 해상도와 압축률, 전사 및 주석의 정확도, 동기화의 정밀도, 메타데이터의 완성도 등을 포괄한다. 멀티모달 말뭉치는 다양한 기술적 구성 요소들이 복합적으로 연결되어 있어 하나의 요소라도 품질이 저하되면 전체 말뭉치의 연구 활용성이 현저히 감소할 수 있다. 따라서 기술적 품질 원칙은 각 모달리티별로 연구 목적에 부합하는 최적의 품질 기준을 설정하고, 이를 일관되게 유지하는 것을 핵심으로 한다. 특히 멀티모달 데이터의 복잡성으로 인해 품질 저하의 누적 효과가 단일 모달리티보다 더 심각하게 나타날 수 있으므로, 초기 구축 단계부터 충분한 수준의 기술적 품질을 확보하는 것이 중요하다.

이론적 근거

기술적 품질의 중요성에 대한 이론적 토대는 데이터 품질 관리 연구에서 찾을 수 있다. Wang & Strong(1996)은 데이터 품질을 정확성, 완전성, 일관성, 접근성의 다차원적 개념으로 체계화했으며, 데이터 소비자 관점에서 품질의 중요성을 논의했다. 이들의 후속 연구는 데이터가 가진 고유한 특성인 내재적 품질과 사용 맥락에 따라 달라지는 맥락적 품질이 상호작용하여 전체 데이터의 활용성을 좌우할 수 있음을 설명한다(Strong, Lee, & Wang, 1997). 멀티모달 말뭉치에서는 이러한 기본 품질 차원에 더해, 모달리티 간 동기화의 정확성, 압축으로 인한 정보 손실 최소화, 장기적 접근성 보장과 같은 추가적인 요구사항이 고려될 필요가 있다.

데이터 품질의 체계적 관리 필요성은 Juran(1988)의 품질 관리 이론에서도 강조된다. 그는 품질을 사용자의 요구와 목적에 부합하는 정도를 의미하는 '사용 목적에 대한 적합성(fitness for use)'으로 정의하고, 품질 계획, 품질 통제, 품질 개선이라는 체계적 과정을 제시했다. 이 접근법은 멀티모달 말뭉치 구축에서 기술적 품질이 단순히 특정 사양을 충족하는 문제를 넘어, 연구 목적에 부합하도록 관리되어야 할 전략적 요소임을 시사한다. Juran의 품질 삼원론(Quality Trilogy)에 따르면, 계획 단계에서는 연구 목적에 맞는 품질 기준을 설정하고, 통제 단계에서는 일관된 수준을 유지하며, 개선 단계에서는 지속적인 향상을 추구해야 한다.

또한, 기술적 품질 관리에서 자원 배분의 최적화 문제는 Pareto(1906)의 효율성 개념을 통해 이론적 기반을 얻을 수 있다. 한 요소의 개선이 다른 요소의 손실 없이는 불가능한 상태를 가리키는 파레토 효율성(Pareto efficiency) 원리는 제한된 자원 하에서 최적의 결과를 얻는 방법을 모색하는 데 도움을 준다. 멀티모달 말뭉치 구축 과정에서는 오디오 품질, 비디오 해상도, 동기화 정확도, 주석의 정밀도 등 여러 품질 차원 간의 균형점을 찾아야 한다. 예를 들어, 초고화질 비디오를 확보하는 데 자원을 집중하면 상세한 제스처 주석을 위한 인력과 시간을 확보하기 어려워질 수 있다. 이는 모든 측면에서 최고 사양을 추구하기보다, 연구 목적에 가장 중요한 품질 요소에 자원을 우선 배분하여 전체적으로 최적의 효과를 얻는 전략적 접근을 의미한다.

결론적으로 기술적 품질 원칙은 데이터 품질의 다차원적 특성, 체계적 품질 관리의 필요성, 그리고 자원 배분의 최적화 원리를 통합적으로 적용하여 멀티모달 말뭉치의 연구 활용성을 높이는 이론적 근거를 갖는다고 볼 수 있다.

실증적 증거

기술적 품질 원칙의 중요성은 실제 멀티모달 말뭉치 구축 사례를 통해 다양한 측면에서 입증되고 있다. 초기 멀티모달 말뭉치 구축에서는 기술적 제약으로 인한 문제들이 보고되었으며, 이러한 사례들은 기술적 품질이 연구 성공의 주요 요소임을 보여준다.

Gibbon, Mertins, & Moore(2000)는 멀티모달 대화 시스템 개발을

위한 자원 구축에서 표준화와 품질 관리의 중요성을 논의했다. 특히 독점적 포맷으로 저장된 데이터들이 소프트웨어 업데이트로 인해 접근 불가능해지는 문제가 발생할 수 있으며, 이로 인한 데이터 손실 위험을 지적했다. 이러한 초기 경험은 표준화된 포맷과 충분한 품질 기준의 중요성을 시사한다.

디지털 아카이브 분야에서는 품질 표준의 체계적 적용이 성과를 보이고 있다. FADGI(Federal Agencies Digital Guidelines Initiative)는 2007년부터 연방기관들이 디지털화된 역사적, 아카이브적, 문화적 콘텐츠를 위한 지속가능한 관행과 가이드라인을 제시하기 위해 개발되었다. FADGI 표준은 4단계 등급 시스템을 통해 이미지 품질을 체계적으로 관리하며, 2023년 5월 10일에 최종 개정된 3판이 발행되었다. 3급 이상의 품질이 확보된 디지털 자료만이 장기적 보존과 연구 활용에 적합하며, 2023년 1월 1일부터 NARA에 제출되는 모든 영구 기록물은 최소 3급 기준을 충족해야 한다(FADGI, 2023).

최근 대규모 멀티모달 말뭉치 구축 연구에서도 품질의 중요성이 확인되었다. CANDOR 말뭉치 프로젝트는 1,656개의 자연스러운 대화를 고품질로 녹화하여, 순간순간의 음성, 표정, 의미적 표현에 대한 측정치를 포함함으로써 대화의 복잡한 다층적 패턴을 성공적으로 분석할 수 있었다(Reece et al., 2023). 이는 고품질 데이터가 인간 커뮤니케이션과 사회적 상호작용의 과학적 연구를 가능하게 한다는 것을 보여준다.

음성 품질에 대한 연구에서는 샘플링 레이트가 분석 결과에 미치는 영향이 구체적으로 확인되고 있다. 음성 처리 연구에 따르면, 인간 음성의 가장 중요한 정보인 포먼트는 300Hz에서 3500Hz 범위에 위치하므로,

샘플링 레이트의 하한은 약 7-8kHz 정도이다. 협대역(narrow-band) 코덱인 AMR-NB는 8kHz 샘플링 레이트를 사용하지만, /s/와 같은 마찰음은 4kHz 이상에서 상당한 에너지를 포함하므로 고품질 음성에는 부족하다고 알려져 있다. 대부분의 에너지는 8kHz 이하에 남아있어 광대역인 16kHz가 대부분의 목적에 충분하며, 초광대역과 전대역은 각각 32kHz와 44.1kHz(또는 48kHz)에 해당한다(Bäckström et al., 2023).

음성 품질 연구에 따르면, 인간 음성의 포먼트는 주로 300Hz-3500Hz 범위에 위치하며, Nyquist-Shannon 샘플링 정리[46]에 따라 최소 7-8kHz의 샘플링 레이트가 필요하다(Kent & Read, 2002). 고품질 음성을 위해서는 16kHz 이상이 표준적으로 권장되는데, 이는 음성 인식 및 전화 시스템에서 널리 채택되고 있다. 다만 Colelough & Zheng(2024)의 연구에서 확인되듯이, 48kHz와 같은 높은 샘플링 레이트는 더 나은 오디오 품질(THD 및 WARP-Q 지표 기준[47])을 제공하지만 처리 시간의 증가라는 비용을 동반한다. 특히 모바일 디바이스의 처리 제약 내에서 작동하는 경량 DNN을 고려할 때, 샘플링 레이트와 처리 효율성 간의 균형점을 찾는 것이

46 Nyquist-Shannon 샘플링 정리는 특정 대역폭을 갖는 연속적인 아날로그 신호를 정보 손실 없이 디지털 신호로 복원하기 위해서는, 해당 신호가 포함하는 가장 높은 주파수 성분의 최소 2배가 되는 속도(Nyquist rate) 이상으로 샘플링해야 한다는 정리이다. 본문에서 언급된 인간 음성의 주요 주파수 대역(최대 약 3.5-4kHz)을 고려할 때, 이를 손실 없이 디지털화하기 위한 이론적 최소 샘플링 레이트는 7-8kHz가 된다.

47 Colelough & Zheng(2024)은 오디오 품질 평가를 위해 THD(Total Harmonic Distortion, 전고조파 왜곡)와 WARP-Q(Quality Prediction For Generative Neural Speech Codecs) 지표를 사용하였다. THD는 신호의 왜곡 정도를 측정하는 지표이며, WARP-Q는 생성형 신경망 음성 코덱의 품질을 예측하는 지표이다.

중요하다(Colelough & Zheng, 2024). 비디오 품질 측면에서는 미세 표정(micro-expression) 연구에서 1080p 이상의 해상도가 87% 이상의 정확도를 보이는 반면, 720p는 70-80%, 480p 이하는 부적합한 것으로 나타나, 미세한 표정 변화와 제스처 세부 사항을 정확히 포착하는 데 고해상도가 필요함이 입증되었다(Li et al., 2021).

MODALITY 말뭉치[48]와 같은 멀티모달 말뭉치들은 고해상도, 고프레임레이트 스테레오스코픽 비디오 스트림과 Time-of-Flight 카메라를 활용한 깊이 이미징(depth imaging)을 제공하여 기존 말뭉치보다 훨씬 우수한 품질의 비디오 자료를 연구자들에게 제공하고 있다. 이러한 고품질 데이터는 특히 소음이 있는 환경에서도 시각적 파라미터의 추가로 인해 자동 음성 인식 정확도가 향상되고 단어 오류율(WER)이 낮아지는 것을 가능하게 했다(Czyżewski et al., 2017).

시각적 음성 분석 분야의 연구 성과도 기술적 품질의 중요성을 보여준다. 딥러닝 기반 시각적 음성 인식 방법들이 제약된 녹화 환경과 제한된 말뭉치인 GRID 데이터셋에서 최신 기술 수준(SOTA)인 1.3% 오류율(WER)을 달성하여 성능 포화상태에 근접했다. 이는 고품질 비디오 데이터가 확보될 때 딥러닝 방법이 우수한 성능을 달성할 수 있음을 시사한다. 연구자들은 이제 더욱 복잡한 제약 없는 환경에서의 시각적 음성 인식에 집중하고 있으며, LRS2와 LRS3와 같은 대규모 야생(in-the-wild) 데이터셋에서의 성능 향상을 추구하고 있다.

48 MODALITY 말뭉치는 2015년에 폴란드 그단스크 공과대학교(Gdansk University of Technology)에서 개발된 멀티모달 영어 음성 말뭉치로, 31시간 분량의 녹화 자료를 포함하고 있다.

멀티모달 환경에서는 각 모달리티의 품질이 상호작용하여 전체 시스템의 성능에 복합적인 영향을 미친다는 것이 확인되었다. 최근 연구들은 음성 전사, 제스처, 객체 조작, 시선 추적 등의 다양한 행동에 대한 오디오비주얼 기록과 ELAN 주석을 제공하여 실제 커뮤니케이션 시나리오를 반영한 상호작용 연구를 가능하게 한다고 보고했다(Rühlemann & Ptak, 2023). 발화자의 입술 움직임과 표정 등 시각적 정보를 포함한 멀티모달 융합 전략과 딥러닝 기술을 활용한 음향 및 시각적 특성 분석이 음성 인식 정확도 향상에 효과적임이 확인되었다(Sterpu et al., 2018).

이러한 실증적 증거들은 멀티모달 말뭉치에서 기술적 품질이 단순한 기술적 사양의 문제가 아니라 연구의 성공과 실패를 좌우하는 핵심 요소임을 보여준다. 특히 초기 구축 단계에서의 고품질 기술 표준 적용이 장기적으로 연구 효율성과 성과를 향상시킨다는 점이 확인되고 있다. 코덱 선택, 샘플링 레이트 결정, 비디오 해상도 설정 등의 기술적 결정들이 최종 연구 결과의 품질과 활용성에 직접적이고 지속적인 영향을 미치므로, 멀티모달 말뭉치 구축 시 초기 단계부터 체계적인 기술적 품질 관리가 필요하다.

실천적 함의 및 다른 원칙과의 관계

기술적 품질 원칙의 실무적 적용에서 가장 중요한 것은 연구 목적에 적합한 품질 기준의 설정이다. 무조건 최고 사양의 장비를 사용하는 것이 아니라, 연구 목적과 분석 요구사항을 고려하여 적절한 품질 수준을 결정해야 한다. 예를 들어, 음성학적 분석이 목적인 경우 48kHz 이상의 샘플링 레이트가 필요하지만, 담화 분석이 목적인 경우 22kHz도 충분할 수 있다. 실무적으로는 최소 요구사항, 권장 사항, 이상적 수준의 3단계로 품질 기준을 설정하는 것이 유용하다.

체계적인 품질 관리 시스템의 구축이 필요하다. 데이터 수집 단계에서부터 최종 공개까지 전 과정에 걸쳐 품질을 모니터링하고 관리하는 시스템을 구축해야 한다. 실시간 품질 점검, 자동화된 오류 감지, 정기적인 백업 검증, 버전 관리 등을 포함하는 포괄적인 품질 관리 체계가 요구된다.

모달리티별 품질 기준의 차별적 적용이 중요하다. 음성 데이터의 경우 샘플링 레이트, 비트 깊이, 압축 방식을, 비디오 데이터의 경우 해상도, 프레임 레이트, 색상 깊이를, 주석 데이터의 경우 정확도, 일관성, 완성도를 각각 다른 기준으로 관리해야 한다.

비용-효과 분석에 기반한 투자 전략이 필요하다. 모든 측면에서 최고 품질을 추구하는 것은 현실적으로 불가능하므로, 연구 목적과 예산을 고려하여 우선순위를 설정해야 한다. 일반적으로 원본 데이터 품질에는 최대한 투자하되, 처리나 분석 단계에서는 단계적 개선 전략을 취하는 것이 효과적이다.

이 원칙은 멀티모달 동기화와 일관성 원칙과 밀접한 관련이 있다. 높은 기술적 품질이 확보되어야 정확한 동기화가 가능하며, 각 모달리티의 품질이 일정 수준 이상이어야 의미 있는 멀티모달 분석이 가능하다. 특히 시간 동기화의 정확성은 기본적으로 기술적 품질의 문제이다.

자연성과 생태학적 타당성 원칙과는 때로 긴장 관계에 있을 수 있다. 최고 품질의 데이터를 얻기 위해 많은 기술적 장비를 사용하면 참여자의 자연스러운 행동을 방해할 수 있다. 이런 경우에는 품질과 자연성 사이의 적절한 균형점을 찾아야 하며, 때로는 기술적 완성도보다 자연성을 우선시하는 판단이 필요할 수 있다.

8.2. 안정성

원칙 정의

안정성(Stability) 원칙은 멀티모달 말뭉치가 장기간에 걸쳐 안정적으로 접근 가능하고, 시간이 지나도 데이터의 무결성과 기능적 일관성을 유지해야 한다는 원칙이다. 이는 단순히 데이터의 물리적 보존을 넘어서 기술적 진부화에 대비한 지속가능한 접근성, 하드웨어 및 소프트웨어 변화에 대한 적응성, 그리고 사용자 요구 변화에 대한 대응 능력을 포괄한다. 멀티모달 말뭉치는 다양한 기술적 구성 요소에 의존하므로 기술적 진부화에 대비한 전략적 계획이 필요하다. 안정성 원칙은 말뭉치에 투입된 상당한 비용과 노력이 무의미해지지 않도록 하는 보호 장치이며, 연구 커뮤니티의 지속적인 학술 활동을 위한 필수 조건이다.

이론적 근거

멀티모달 말뭉치의 안정성 확보 필요성은 복잡 시스템의 구조적 특성과 디지털 정보 환경의 본질적 취약성이라는 두 가지 근본적 요인에서 비롯된다. 이러한 필요성을 이해하기 위해서는 먼저 멀티모달 말뭉치가 갖는 시스템적 복잡성을 분석해야 한다.

멀티모달 말뭉치는 본질적으로 다수의 이질적 구성 요소들이 상호 의존적으로 연결된 복잡 시스템이다. Birolini(2007)에 따르면, 복잡 시스템에서는 개별 구성 요소의 신뢰성이 전체 시스템의 성능에 결정적 영향을 미치며, 특히 직렬 연결된 시스템에서는 가장 취약한 구성 요소가 전체 시스템의 안정성을 제한한다. 멀티모달 말뭉치는 텍스트, 이미지, 오디오, 비디오 등 서로 다른 데이터 형식들과 이들을 처리하는 다양한 소프트웨어, 저장 매체, 접근 인터페이스가 순차적으로 연결된 구조를 갖는다. 이러한 구조적 특성으로 인해 데이터 수집, 주석, 저장, 검색, 제공 과정 중 어느 한 단계의 실패라도 전체 말뭉치의 기능을 저해할 수 있다. 예를 들어, 특정 비디오 코덱의 지원 중단이나 오디오 처리 소프트웨어의 호환성 문제는 해당 멀티미디어 데이터뿐만 아니라 이와 연동된 텍스트 주석과 메타데이터의 활용성까지 감소시킬 수 있다.

이러한 시스템적 취약성은 디지털 정보 환경의 고유한 특성으로 인해 더욱 증폭된다. Conway(1996)는 디지털 자료가 물리적 매체와 근본적으로 다른 보존 특성을 가진다고 논의했다. 디지털 데이터는 기술적 매개 없이는 직접 접근할 수 없으며, 원래 생성 환경과의 기술적 연속성이 단절될 경우 완전히 접근 불가능해질 수 있다는 것이다. 멀티모달 말뭉치에서 이러한 특성은 더욱 복잡하게 나타난다. 텍스트 데이터는 상대적으로 안정적인 ASCII나 UTF-8 형식으로 저장될 수 있지만, 비디오 데이터는 H.264, H.265 등 특정 압축 표준에 의존하고, 오디오 데이터는 MP3, AAC 등 다양한 코덱을 사용하며, 이미지 데이터는 JPEG, PNG 등 서로 다른 압축 방식을 활용한다. 각 형식은 고유한 기술적 의존성과 진부화 위험을 가지고 있어, 통합적 관리 전략 없이는 부분적 데이터 손실이 전체 말뭉치의 일관성을 훼손할 가능성이 있다.

급속한 기술 변화는 이러한 구조적 취약성을 더욱 심화시키는 외부 압력으로 작용한다. 디지털 정보 환경에서는 하드웨어와 소프트웨어의 지속적인 교체와 업그레이드로 인해 기존 시스템과의 호환성 문제가 빈번하게 발생한다. 멀티모달 말뭉치 환경에서 이러한 현상은 더욱 복합적으로 나타난다. 운영체제의 업데이트, 브라우저 표준의 변화, 멀티미디어 라이브러리의 개선, 보안 프로토콜의 강화 등이 동시다발적으로 발생하면서, 말뭉치의 각 구성 요소들이 서로 다른 속도와 방향으로 진부화 압력에 노출된다. 특히 독점적 포맷이나 특정 벤더에 종속적인 기술을 사용한 경우, 해당 기술의 지원 중단이나 사업 방향 변경으로 인해 갑작스러운 접근 불가 상황이 발생할 수 있다.

이러한 기술적 위험들이 말뭉치의 장기적 가치에 미치는 영향은 정보자산의 생명주기 특성을 고려할 때 더욱 명확해진다. 디지털 정보는 생성, 저장, 활용, 유지보수, 아카이빙의 각 단계에서 서로 다른 관리 요구사항과 위험 요소를 갖는다. 멀티모달 말뭉치의 경우, 생성 단계에서 선택한 데이터 포맷과 메타데이터 구조가 후속 단계들의 안정성을 결정하는 주요 요인이 된다. 예를 들어, 초기에 개방 표준 대신 독점적 포맷을 선택하거나, 확장성을 고려하지 않은 메타데이터 스키마를 설계할 경우, 이는 수년 또는 수십 년 후 말뭉치의 활용성을 제약할 가능성이 있다. 저장 단계에서는 하드웨어 장애, 데이터 손실, 접근 권한 변경 등의 위험이 존재하며, 활용 단계에서는 사용자 요구의 변화와 기술 환경의 발전에 따른 인터페이스 호환성 문제가 발생할 수 있다.

이러한 다층적 위험 구조에서 안정성 확보의 중요성은 위험 관리 관점에서 더욱 분명해진다. ISO 31000:2018 표준에서 제시하는 위험 관리 원칙에 따르면, 복잡한 시스템에서는 개별 위험에 대한 대응을 넘어 시스템 전체의 복원력을 확보하는 통합적 접근이 필요하다. 멀티모달 말뭉치에서 발생할 수 있는 위험들, 즉 하드웨어 장애, 소프트웨어 진부화, 데이터 손실, 접근 권한 변경, 표준 변화, 인력 변동 등은 독립적으로 발생하지 않고 연쇄적으로 영향을 미치는 특성을 갖는다. 예를 들어, 특정 소프트웨어의 지원 중단은 해당 포맷으로 저장된 데이터의 접근 불가로 이어질 수 있고, 이는 연구자들의 말뭉치 이용 중단을 야기하며, 결과적으로 말뭉치의 연구 가치와 지속성을 동시에 훼손할 수 있다. 이러한 연쇄적 위험 전파를 방지하기 위해서는 예방적 안정성 확보 전략이 필수적이다.

앞서 분석한 바와 같이, 멀티모달 말뭉치의 복잡 시스템적 특성, 디지털 정보의 기술적 의존성, 급속한 기술 변화, 생명주기적 관리 요구사항, 그리고 연쇄적 위험 구조는 모두 안정성 확보의 필요성을 이론적으로 뒷받침한다. 이러한 분석을 종합하면, 안정성은 멀티모달 말뭉치 구축에서 부가적 고려사항이 아니라 시스템의 존속과 가치 실현을 위한 핵심적 전제 조건임이 명확해진다. 따라서 안정성 원칙은 말뭉치 기획 단계부터 최종 활용 단계까지 일관되게 적용되어야 하며, 이를 통해 투입된 연구 자원의 장기적 가치를 보호할 수 있다.

실증적 증거

멀티모달 말뭉치의 안정성 확보 필요성은 다양한 실증 사례를 통해 확인되고 있다. 이러한 사례들은 안정성 부족으로 인한 문제점과 성공적인 안정성 확보 전략의 효과를 구체적으로 보여주며, 안정성 원칙이 멀티모달 말뭉치 구축에서 필수적 요구사항임을 시사한다.

기술적 진부화로 인한 접근 불가 문제는 멀티모달 말뭉치에서 가장 빈번하게 발생하는 안정성 위험 요소로 확인되었다. 1990년대와 2000년

대 초반에 구축된 많은 멀티모달 말뭉치들이 독점적 파일 형식이나 특정 소프트웨어에 의존하여 구축되었으나, 해당 기술의 단종과 함께 데이터 접근이 불가능해지는 문제가 광범위하게 발생했다. 특히 DV 테이프, DAT(Digital Audio Tape), 초기 디지털 비디오 포맷 등을 사용한 말뭉치들은 재생 장비의 단종으로 인해 데이터 복구가 극도로 어려워지는 상황에 직면했다. 이러한 문제들은 단순히 저장 매체의 물리적 열화를 넘어 기술적 진부화가 말뭉치의 전체 가치를 무력화시킬 수 있음을 보여준다.

이와는 대조적으로, 성공적인 장기 보존 전략의 효과는 OAIS(Open Archival Information System)[49] 모델을 적용한 사례에서 입증되었다. Bel(2012)이 보고한 바에 따르면, 2008년 TGE Adonis의 주도로 시작된 프랑스의 Speech & Language Data Repository(SLDR) 프로젝트는 OAIS 모델을 기반으로 한 체계적 보존 전략을 통해 음성 데이터와 관련 자료의 장기 보존과 접근성을 확보하고자 했다. 이 프로젝트에서는 연구자, 큐레이터, 아키비스트, 컴퓨터 과학자 간의 협력을 통해 표준화된 메타데이터 관리와 지속적인 기술 환경 모니터링을 통해 장기적 안정성을 달성했다. SLDR의 사례는 체계적 보존 전략이 멀티모달 말뭉치의 지속가능성 확보에 기여할 수 있음을 보여준다.

---

49 OAIS는 디지털 정보의 장기 보존 및 접근을 위한 참조 모델로, 본래 우주 데이터 시스템 자문 위원회(Consultative Committee for Space Data Systems, CCSDS)에서 개발되어 2002년 처음 발표되었으며, 이후 국제 표준(ISO 14721)으로 채택되었다. 이 모델은 디지털 아카이브가 수행해야 할 주요 기능(수집, 보관 저장소, 데이터 관리, 관리, 보존 계획, 접근 등)과 정보 패키지(제출 정보 패키지 SIP, 아카이브 정보 패키지 AIP, 배포 정보 패키지 DIP) 등의 개념적 틀을 제공한다.

이러한 개별 프로젝트의 성과는 CLARIN 인프라의 대규모 안정성 확보 노력을 통해 더욱 확장된 형태로 관찰된다. CLARIN ERIC의 음성 말뭉치 현황에 따르면, 148개 음성 말뭉치 중 134개가 전사와 음성 녹음을 모두 포함하여 연구에 활용 가능한 상태를 유지하고 있다. 이러한 말뭉치들은 대부분 개방형 표준 형식을 사용하고 있으며, 정기적인 데이터 검증과 분산 백업 시스템을 통해 장기적 접근성을 확보하고자 노력하고 있다. CLARIN의 사례는 체계적 접근이 대규모 멀티모달 말뭉치 인프라 관리에도 적용 가능함을 시사한다.

한편, 현대적 저장 기술의 발전과 함께 분산 저장과 클라우드 기반 보존 전략의 효과도 관찰되고 있다. 지리적으로 분산된 다중 백업 시스템을 도입한 말뭉치들은 단일 지점 장애(single point of failure)[50]를 효과적으로 방지하고 자연재해나 대규모 시스템 장애에도 불구하고 데이터 무결성을 유지할 가능성을 높였다. 특히 Amazon S3와 같은 클라우드 플랫폼을 활용한 말뭉치들은 99.999999999%(11 nines)의 내구성(durability)[51]

---

50 단일 지점 장애란 시스템 구성 요소 중에서, 해당 요소가 작동하지 않으면 전체 시스템이 중단되는 지점을 의미한다. 데이터 백업 및 아카이브 맥락에서는, 특정 저장 장치나 서버, 또는 특정 지리적 위치에만 데이터 원본이나 유일한 백업본이 존재하여, 해당 지점에 문제가 발생하면 전체 데이터가 유실될 위험이 있는 상황을 가리킨다. 지리적으로 분산된 다중 백업은 이러한 단일 지점 장애의 위험을 줄이기 위한 주요 전략이다.

51 '내구성'은 일정 기간(통상 1년) 동안 저장된 데이터가 손실되지 않을 확률이다. '가용성(availability)'은 같은 기간 동안 서비스에 접근 가능한 시간의 비율(업타임)이다. 두 지표는 독립적이다. 내구성이 매우 높아도 점검·장애로 일시적 비접속이 발생할 수 있고, 반대로 가용성이 높아도 사람의 실수나 재해로 데이터가 영구 소실될 수 있다. 예컨대 Amazon S3 Standard는 연간 내구성 99.999999999%(소위 '11 nines')와 연간 가용성 99.99%를 설계 목표로 제시하며, 별도로 월간 업타임에 근거한 SLA(service level agreement, 예: 99.9%)를 운영한다. 따라서 버전

을 목표로 설계되어, 전통적인 로컬 저장 방식 대비 향상된 안정성을 보여주고 있다[52]. 이러한 기술적 발전은 멀티모달 말뭉치의 장기적 안정성 향상 가능성을 나타낸다.

또한 표준 준수와 상호 운용성의 중요성은 다양한 말뭉치 프로젝트의 비교 분석을 통해 관찰되고 있다. TEI(Text Encoding Initiative) 등의 국제 표준을 준수한 말뭉치들은 기술 환경 변화에도 불구하고 지속적인 접근성을 유지하는 경향을 보이는 반면, 독점적 형식을 사용한 말뭉치들은 원래 개발사의 지원 중단과 함께 접근이 어려워지는 사례가 빈번하게 발생하고 있다. TEI는 1987년부터 발전해 온 인문학 분야의 텍스트 인코딩 표준으로, 현재까지도 도서관, 박물관, 출판사, 개별 연구자들에 의해 온라인 연구, 교육, 보존 목적으로 사용되고 있다[53]. 이는 초기 설계 단계에서의 표준 선택이 말뭉치의 장기적 지속가능성에 미치는 영향을 시사한다.

이와 더불어 정기적 마이그레이션과 업데이트 전략의 실질적 효과는 10년 이상 운영되는 장기 프로젝트들에서 관찰되고 있다. 체계적인 포맷 마이그레이션과 소프트웨어 업데이트를 수행한 말뭉치들은 현재의 기술 환경에서도 정상적으로 활용되고 있으며, 사용자 접근성과 기능성을 지속적으로 보존하고 있다. 특히 개방형 표준을 채택한 말뭉치들은 마이그

관리, 교차 리전 복제, 독립 백업을 병행한다.

52 Amazon Web Services, "Amazon S3 FAQs – Cloud Object Storage," https://aws.amazon.com/s3/faqs/ (retrieved August 22, 2025).

53 TEI Consortium, "Text Encoding Initiative," https://tei-c.org/ (retrieved August 22, 2025).

레이션 비용과 복잡성이 감소하는 경향을 보이며, 이는 장기적 유지보수 관점에서 개방형 표준의 경제적 이점을 시사한다. 결과적으로 정기적 마이그레이션 전략은 기술적 진부화 위험을 관리하는 주요 요소로 고려될 수 있다.

아울러 메타데이터 관리와 데이터 무결성의 중요성도 여러 대규모 말뭉치 프로젝트에서 관찰되고 있다. 체계적인 메타데이터 관리 시스템을 도입한 말뭉치들은 시간이 지나도 데이터의 맥락 정보와 의미가 보존되어 연구 가치를 유지하는 경향을 보이는 반면, 메타데이터 관리가 소홀한 말뭉치들은 데이터 자체는 보존되어도 그 활용성이 저하되는 문제가 발생할 수 있다. 특히 멀티모달 말뭉치에서는 서로 다른 모달리티 간의 동기화 정보와 연관 관계 정보가 손실될 경우 전체 말뭉치의 가치가 감소할 가능성이 있다. 이는 메타데이터 관리가 단순한 부가 정보가 아니라 말뭉치의 핵심 가치를 보존하는 중요한 요소임을 시사한다.

마지막으로 사용자 커뮤니티와 지속적 활용의 관계도 안정성 확보에 중요한 요인으로 고려된다. 활발한 사용자 커뮤니티를 유지하는 말뭉치들은 지속적인 피드백과 개선 요구를 통해 기술적 문제를 조기에 발견하고 해결할 가능성이 높아 안정성을 유지하는 경향을 보이는 반면, 사용자 참여가 저조한 말뭉치들은 기술적 문제가 누적되어 결국 접근이 어려워지는 경우가 관찰된다. 이는 안정성 확보가 단순히 기술적 측면만이 아니라 사회적, 제도적 지속가능성과도 관련이 있음을 보여준다.

이상과 같은 실증적 증거들은 멀티모달 말뭉치에서 안정성 확보가 선택적 고려사항이 아니라 필수적 요구사항임을 명확히 보여준다. 특히 성공 사례와 실패 사례의 비교 분석을 통해 체계적 보존 전략, 표준 준수, 분산 저장, 정기적 유지보수, 메타데이터 관리, 사용자 커뮤니티 유지 등이 안정성 확보의 핵심 요소임이 확인되었다. 따라서 이러한 실증적 근거는 멀티모달 말뭉치 구축 시 안정성 원칙을 우선적으로 고려해야 하는 이유를 구체적이고 설득력 있게 뒷받침한다.

8.3. 실천적 함의

멀티모달 말뭉치 구축에서 기술적 품질과 안정성 원칙의 실무적 적용은 서로 연관되어 있으며, 통합적인 접근이 필요하다. 이러한 원칙들의 효과적 구현을 위해서는 체계적인 전략 수립과 다른 구축 원칙들과의 조화로운 적용이 중요하다.

기술적 품질 원칙의 실무적 적용에서 주요한 고려사항은 연구 목적에 적합한 품질 기준의 설정이다. 무조건 최고 사양의 장비를 사용하는 것이 아니라, 연구 목적과 분석 요구사항을 고려하여 적절한 품질 수준을 결정하는 것이 바람직하다. 예를 들어, 음성학적 분석이 목적인 경우 더 높은 샘플링 레이트가 필요할 수 있지만, 일반적인 담화 분석이 목적인 경우에는 상대적으로 낮은 샘플링 레이트도 충분할 수 있다. 실무적으로는 최소 요구사항, 권장 사항, 이상적 수준의 3단계로 품질 기준을 설정하는 것을 고려할 수 있다.

체계적인 품질 관리 시스템의 구축이 필요하다. 데이터 수집 단계에서부터 최종 공개까지 전 과정에 걸쳐 품질을 모니터링하고 관리하는 시스템을 구축하는 것이 중요하다. 최근 연구들은 실시간 품질 점검, 자동화된 오류 감지, 정기적인 백업 검증, 버전 관리 등을 포함하는 포괄적인 품질 관리 체계의 중요성을 시사하고 있다. 특히 의료 및 임상 데이터 관리 분야에서 개발된 체계적인 품질 관리 접근법은 누락 데이터와 이상치 문제를 해결하는 데 기여할 수 있다.

모달리티별 품질 기준의 차별적 적용이 중요하다. 음성 데이터의 경우 샘플링 레이트, 비트 깊이, 압축 방식을, 비디오 데이터의 경우 해상도, 프레임 레이트, 색상 깊이를, 주석 데이터의 경우 정확도, 일관성, 완성도를 각각 다른 기준으로 관리하는 것이 바람직하다. ISO/IEC 25012 표준은 조직에 중요한 데이터 품질 특성을 정의하는 방법에 대한 지침을 제공하며, ISO/IEC 25024는 조직이 데이터 품질 보증 기준과 정량적 측정 방법을 정의하는 데 참고할 수 있다. 예를 들어, ISO/IEC 25012의 품질 특성에 따라 말뭉치 데이터의 정확도는 전사 오류율(Word Error Rate)로, 완전성은 누락된 주석 항목 비율로 측정하는 등 구체적인 품질 지표와 허용 오차 범위를 설정할 수 있다. 멀티미디어 동기화 연구에서는 음성과 영상 간 동기화 오차의 허용 범위가 논의되어 왔으며(Steinmetz, 1996), 이러한 기준들은 멀티모달 말뭉치의 품질 관리에 참고가 될 수 있다.

비용 효과 분석에 기반한 투자 전략이 필요하다. 모든 측면에서 최고 품질을 추구하는 것은 현실적으로 어려우므로, 연구 목적과 예산을 고려하여 우선순위를 설정하는 것이 바람직하다. 일반적으로 원본 데이터 품질에는 충분히 투자하되, 처리나 분석 단계에서는 단계적 개선 전략을 고려할 수 있다. 최근 머신러닝 개발 파이프라인 관련 연구에서는 데이터 품질이 "사용 목적에 적합한 데이터"로 정의되며, 정확성, 완전성, 일관성, 유효성 등 다양한 품질 차원이 논의되고 있다(Priestley et al., 2023). 실용적 적용에서는 가장 관련성 높은 품질 요소들의 작은 하위 집합에 중점을 두는 것이 효과적일 수 있다고 제안되고 있다.

안정성 원칙의 실무적 적용에서 주요한 고려사항은 장기 보존 전략의 수립이다. 이는 단순히 현재 사용 가능한 최신 기술을 적용하는 것이 아니라, 10~20년 후에도 접근 가능할 수 있는 지속가능한 기술과 표준을 선택하는 것을 의미한다. 구체적으로는 개방형 표준 우선 적용, 다중 백업 시스템 구축, 정기적인 포맷 마이그레이션 계획 수립 등이 포함될 수 있다. 이러한 장기적 관점은 멀티모달 말뭉치의 구축 비용과 학술적 가치를 고려할 때 중요한 접근법이다.

예방적 유지보수 체계의 구축이 필요하다. 문제가 발생한 후 대응하는 사후 처리 방식보다는 정기적인 점검과 예방적 조치를 통해 문제를 사전에 방지하는 것이 효과적일 수 있다. 이를 위해서는 자동화된 모니터링 시스템, 정기적인 데이터 무결성 검사, 백업 시스템의 주기적 테스트 등을 포함하는 종합적인 유지보수 계획을 고려할 수 있다. 특히 멀티모달 데이터의 경우 서로 다른 형식 간의 동기화 문제나 호환성 문제가 발생할 가능성이 있으므로, 이에 대한 지속적인 모니터링이 유용할 수 있다.

버전 관리와 변경 추적 시스템의 구축이 필요하다. 말뭉치가 시간이 지남에 따라 확장되거나 수정될 때, 모든 변경 사항을 체계적으로 기록하고 관리하는 것이 바람직하다. 이를 통해 문제 발생 시 이전 버전으로의 롤백이 가능하고, 변경 이력을 통한 품질 관리도 가능해진다. 특히 멀티모달 말뭉치에서는 텍스트, 오디오, 비디오 등 서로 다른 모달리티 간의 버전 일관성을 유지하는 것이 중요할 수 있다.

지금까지 논의한 내용을 바탕으로 주요 기술 품질 및 안정성 권장 기준을 정리하면 〈표 6〉과 같다.

〈표 6〉 멀티모달 데이터 기술 품질 및 안정성 권장 기준

구분	항목	권장 기준	고려사항
기술 품질	오디오 샘플링 레이트	48kHz 이상	음성학적 미세 분석을 위해 인간 가청 범위를 넘어서는 정보를 포함하는 것이 유리함.
	비디오 해상도	1080p (Full HD) 이상	미세한 얼굴 표정이나 손가락 움직임을 명확히 포착하기 위한 최소 해상도.
	동기화 오차	±20ms 이내	음성과 제스처의 의미적 통합 관계를 분석하기 위해 밀리초 단위의 정밀한 동기화가 필요함.
안정성	파일 포맷	오디오: FLAC (무손실) 비디오: MKV (개방형)	특정 소프트웨어에 종속되지 않는 개방형, 비독점적 포맷을 사용하여 장기적 접근성을 보장.
	백업 전략	3-2-1 규칙 (3개 복사본, 2종류 매체, 1개 원격지)	데이터 손실 위험을 최소화하기 위한 산업 표준 백업 전략.
	메타데이터 표준	TEI, Dublin Core 등 국제 표준 준수	데이터의 장기적 재사용성과 검색 가능성을 위해 표준화된 메타데이터 구조를 채택.

제4장

원칙 간 상호관계와 통합적 적용

Chapter 04
원칙 간 상호관계와 통합적 적용

멀티모달 일상대화 말뭉치 구축에서 제시된 13개 원칙들은 각각 독립적인 중요성을 가지면서도 복합적인 상호관계를 형성하며, 이러한 관계의 이해와 적절한 관리가 성공적인 말뭉치 구축의 핵심이다. 따라서 본 장에서는 이러한 원칙 간 상호관계를 체계적으로 분석하고, 상황별 적용 전략을 제시하여 실무진이 현실적 제약 하에서 최적의 균형점을 찾을 수 있도록 안내하고자 한다.

1. 원칙 간 상호관계 분석

1.1. 상호 보완적 관계

멀티모달 말뭉치 구축 원칙들 사이에는 시너지 효과를 창출하는 상호

보완적 관계가 존재한다. 이러한 관계에서는 한 원칙의 충실한 구현이 다른 원칙의 효과를 증대시키는 선순환 구조가 나타난다.

먼저 대표성과 균형성의 상호 의존적 관계는 말뭉치의 기본적 신뢰성을 확보하는 핵심 연결고리이다. 대표성이 '무엇을 포함할 것인가'의 문제라면, 균형성은 '어떤 비율로 포함할 것인가'의 문제로서, 두 원칙은 상호 의존적으로 작용한다. Biber(1993)의 표집 이론에 따르면, 대표적인 표본이 되기 위해서는 목표 모집단의 다양한 하위 집단이 적절한 비율로 포함되어야 하며, 이는 균형성 원칙의 요구사항과 일치한다. 동시에 균형 잡힌 구성은 전체 모집단에 대한 대표성을 높이는 효과를 가져온다.

다음으로 자연성과 맥락 정보 수집의 생태학적 상승효과는 멀티모달 말뭉치의 해석적 풍부함을 보장하는 상호 보완 관계이다. 자연스러운 환경에서 수집된 데이터일수록 더 풍부하고 의미 있는 맥락 정보를 포함할 가능성이 있으며, 체계적인 맥락 정보 수집은 데이터의 자연성과 생태학적 타당성을 평가하는 핵심 지표가 된다. 멀티모달 상호작용에서 시선, 제스처, 언어 등 다양한 양식은 고정된 일대일 대응 관계가 아니라 담화 목표에 따라 유연하게 조합되어 작동한다. 예컨대 동일한 지시 행위도 맥락에 따라 시선만으로, 손짓과 함께, 혹은 언어만으로 실현될 수 있다. 이처럼 양식 간 조합이 맥락 의존적으로 가변하기 때문에, 담화 맥락에 대한 체계적 정보 없이는 개별 멀티모달 구성의 의미를 정확히 해석하기 어렵다.

또한 멀티모달 동기화와 일관성의 기술적 통합성 확보는 데이터의 분석 가능성을 결정하는 핵심 상호 보완 관계이다. 정확한 시간적 동기화는 일관된 주석 체계의 전제 조건이며, 일관된 주석은 동기화된 데이터의 분석적 가치를 극대화한다. 멀티모달 발화의 통합적 분석을 위해서는 동기화와 일관성 확보가 필수적이다.

아울러 확장성과 재사용성의 지속가능성 창출은 말뭉치의 장기적 가치 실현을 위한 상호 보완 관계이다. 확장 가능한 구조로 설계된 말뭉치는 새로운 데이터나 기능 추가가 용이하여 다양한 연구 목적으로의 재사용 가능성을 높인다. 동시에 재사용성을 고려한 표준화된 설계는 확장 과정에서의 호환성 문제를 사전에 방지한다. 확장 가능한 구조와 재사용성을 고려한 표준화된 설계는 서로를 강화하며, 이는 말뭉치의 장기적 가치 실현에 기여한다.

마지막으로 기술적 품질과 안정성의 기술적 신뢰성 보장은 말뭉치의 근본적 가치를 지키는 상호 보완 관계이다. 높은 기술적 품질이 확보되어야 장기적 안정성을 유지할 수 있으며, 안정적인 시스템이 구축되어야 지속적인 품질 관리가 가능하다.

1.2. 긴장 관계와 균형점

한편 원칙들 간에는 상호 보완적 관계뿐만 아니라 긴장 관계도 존재하며, 이러한 긴장 관계에서 적절한 균형점을 찾는 것이 성공적인 말뭉치 구축의 관건이다.

가장 근본적인 자연성과 윤리적 수집 간의 관찰과 동의의 딜레마는 멀티모달 말뭉치 구축에서 가장 복잡한 긴장 관계 중 하나이다. 자연스러운 대화를 포착하기 위해서는 참여자가 녹음·녹화 사실을 의식하지 않는 상태가 이상적이지만, 윤리적 관점에서는 참여자가 항상 자신의 권리와 녹음 상황을 명확히 인식하고 있어야 한다. 그러나 이러한 딜레마는 사전 동의 과정에서 충분한 정보를 제공하되, 녹음·녹화 중에는 지나치게 상기시키지 않는 방식으로 해결할 수 있다. 실무적으로는 참여자가 녹음에 충분히 적응할 수 있도록 예비 녹음·녹화 시간을 제공하고, 자연스러운 대화 유도를 위한 환경 조성에 집중하는 전략이 효과적이다.

다음으로 기술적 품질과 비용 간의 이상과 현실의 상충은 모든 말뭉치 구축 프로젝트에서 직면하는 현실적 긴장이다. 멀티모달 말뭉치는 텍스트, 오디오, 비디오를 포함한 다양한 모달리티에서 높은 정확도를 확보하기 위해 고품질 데이터가 필요하지만, 이는 상당한 비용 증가를 수반한다. 시간, 품질, 비용이라는 세 요소는 서로 상충 관계에 있으며, 말뭉치 구축에서도 이 세 요소 간의 균형이 중요하다. 따라서 이러한 긴장을 해결하기 위해서는 연구 목적에 따른 우선순위 설정과 단계적 구현 전략이 필요하다.

또한 대표성과 목적 특화 간의 일반성과 특수성의 갈등은 말뭉치 설계에서 중요한 의사결정 지점이다. 폭넓은 일반화 가능성을 위해서는 다양한 상황과 화자를 포함해야 하지만, 특정 연구 목적을 위해서는 목적에 특화된 데이터가 필요하다. SHE Corpus[54] 구축 사례에서 나타나듯이,

54 SHE Corpus(Sustainability and Health Corpus)는 건강과 지속가능성 관련 텍스트를 수집한 개방형 말뭉치로, 맨체스터 대학교의 Mona Baker 교수 연구팀이 구축하고 있다. 이 말뭉치는 언어학적 분석보다는 건강 분야 연구자들이 핵심 개념의 진화와 논쟁을 분석할 수 있도록 설계되었으며, 지속적으로 확장되는 동적 말뭉치의 특성상 완전한 대표성과 균형성 달성의 어려움을 명시적으로 인정하고 있다. "Corpus Design & Selection Criteria," SHE Corpus (retrieved October 7, 2025).

개방형 말뭉치에서 대표성과 균형성은 추구해야 할 이상이지만 실제로는 완전히 달성하기 어려운 목표이다. 따라서 핵심 연구 목적과 부차적 활용 가능성을 구분하여 설계하는 전략적 접근이 필요하다.

더불어 확장성과 안정성 간의 유연성과 견고성의 균형은 기술적 설계에서 나타나는 긴장이다. 확장성을 위해서는 유연한 구조가 필요하지만, 안정성을 위해서는 견고하고 검증된 시스템이 필요하다. 그러나 이러한 긴장은 모듈형 아키텍처를 통해 해결할 수 있으며, 주요 기능은 안정성을 우선시하고 확장 기능은 유연성을 확보하는 방식으로 균형을 맞출 수 있다.

〈표 7〉 13개 원칙 간 주요 상호관계

관계 유형	관련 원칙 쌍	관계 설명
상호 보완	자연성 ↔ 맥락 정보 수집	자연스러운 환경일수록 풍부한 맥락 정보가 드러나며, 체계적인 맥락 정보는 데이터의 자연성을 뒷받침함.
상호 보완	확장성 ↔ 재사용성	확장 가능한 구조는 다양한 재사용을 가능하게 하고, 재사용을 고려한 표준화는 확장성을 높임.
긴장	자연성 ↔ 윤리적 수집	녹화 사실을 인지시키는 윤리적 절차는 참여자의 자연스러운 행동을 저해할 수 있음.
긴장	대표성 ↔ 목적 특화	다양한 상황을 포괄하려는 대표성은 특정 목적에 집중하려는 특화성과 충돌할 수 있음.
긴장	기술적 품질 ↔ 비용	높은 기술적 품질(고해상도, 고음질)을 추구할수록 구축 비용이 기하급수적으로 증가함.

2. 상황별 원칙 적용 전략

2.1. 연구 목적별 우선순위 설정

멀티모달 말뭉치 구축의 성공은 연구 목적에 따른 적절한 원칙 우선순위 설정에 크게 의존한다. 각 연구 분야의 특성과 요구사항을 반영한 차별적 접근이 필요하다.

언어학적 분석 중심 연구에서는 자연성과 대표성을 최우선으로 고려해야 한다. 대화는 고도로 맥락화되어 있으며, 참여자들이 특정 사회적 역할을 수행하고 특정 목표를 추구하며 지위와 권력 위계를 협상하는 복잡한 상호작용이다. 따라서 실제 언어 사용 맥락의 자연성 확보가 중요하다. 동시에 언어 변이의 체계적 패턴을 발견하기 위해서는 다양한 사회적 집단과 상황을 포괄하는 대표성이 필수적이다. 이러한 연구에서는 기술적 완벽성보다는 언어적 진정성을 우선시하는 것이 바람직하다.

반면 기술 개발 목적 연구에서는 기술적 품질과 멀티모달 동기화를 최우선으로 고려해야 한다. 자동 음성 인식, 제스처 인식, 감정 분석 등의 기술 개발을 위해서는 고품질의 동기화된 멀티모달 데이터가 필수적이다. 멀티모달 융합 전략은 음성 신호와 이미지 정보를 통합하여 화자의 입술 움직임과 표정 등 주요 시각 정보를 포함하는 방식으로 작동하므로, 정확한 동기화와 높은 기술적 품질이 보장되어야 한다.

한편 교육용 말뭉치 구축에서는 윤리적 수집과 확장성을 우선시해야 한다. 교육 목적으로 활용될 말뭉치는 다양한 학습자와 교육 환경에서 사용되므로, 개인정보 보호와 윤리적 고려사항이 특히 중요하다. 또한 교육

과정의 변화와 새로운 교육 요구에 대응할 수 있는 확장성이 필요하다.

〈표 8〉 연구 목적별 원칙 우선순위 가이드

연구 목적	최우선 원칙	차순위 원칙	이유
언어학적 분석	자연성, 대표성	맥락 정보 수집, 일관성	실제 언어 사용의 진정성 있는 패턴과 일반화 가능성을 확보하는 것이 핵심.
기술 개발 (AI 모델 등)	기술적 품질, 동기화	일관성, 확장성	모델 학습을 위해 노이즈가 적고 시간적으로 정밀하게 정렬된 고품질 데이터가 필수적.
교육용 활용	윤리적 수집, 재사용성	개인정보 보호, 확장성	학습자의 안전을 보장하고 다양한 교육 환경에서 폭넓게 활용될 수 있어야 함.

2.2. 자원 규모별 적용 전략

말뭉치 구축에 투입 가능한 자원의 규모에 따라 원칙 적용의 우선순위와 전략을 차별화해야 한다. 소규모 프로젝트에서는 핵심 원칙인 자연성, 기술적 품질, 윤리적 수집에 집중하는 선택과 집중 전략이 효과적이다. 제한된 자원 하에서 중요한 결정을 내려 장기적으로 유리한 상황을 만들기 위해서는 핵심 요구사항을 명확히 식별하고 이에 집중해야 한다. 따라서 소규모 프로젝트에서는 완벽한 대표성보다는 특정 상황에서의 고품질 데이터 확보에 집중하고, 향후 확장을 위한 기반을 마련하는 것이 바람직하다.

반면 대규모 프로젝트에서는 13개 원칙의 균형잡힌 구현을 추구할 수 있다. 충분한 자원이 확보된 경우에는 각 원칙 간의 시너지 효과를 극대화하는 통합적 접근이 가능하다. 이러한 프로젝트에서는 초기 설계 단계부터 모든 원칙을 고려한 체계적 계획을 수립하고, 전문가 팀을 구성하여 각 영역의 전문성을 확보하는 것이 중요하다.

또한 시간 제약이 큰 프로젝트에서는 즉시 구현 가능한 원칙을 우선시해야 한다. 자연성과 기본적인 기술적 품질을 확보하는 데 집중하고, 대표성이나 확장성은 향후 단계에서 개선하는 단계적 접근이 현실적이다.

마지막으로 장기 프로젝트에서는 단계적 구현 계획을 수립하여 점진적으로 모든 원칙을 구현해 나가는 전략이 효과적이다. 1단계에서는 기초 데이터 수집과 기본 품질 확보에 집중하고, 2단계에서는 대표성과 균형성을 개선하며, 3단계에서는 확장성과 재사용성을 강화하는 방식으로 접근할 수 있다.

3. 통합적 품질 관리 체계

3.1. 원칙 간 시너지 극대화 방안

멀티모달 말뭉치 구축에서 13개 원칙 간의 시너지 효과를 극대화하기 위해서는 통합적 관점에서의 체계적 접근이 필요하다. 우선 전체론적 설계 접근법은 개별 원칙의 독립적 최적화보다 전체 시스템의 조화를 추구하는 접근이다. 멀티모달 발화가 게슈탈트적 원리를 따르는 것처럼, 말뭉치 구축도 각 원칙이 독립적으로 작동하는 것이 아니라 통합된 시스템으로 기능하도록 설계해야 한다. 이를 위해서는 원칙 간 상호작용을 고려한 통합적 설계 프레임워크가 필요하다.

다음으로 순환적 개선 시스템을 구축하여 한 원칙의 개선이 다른 원칙의 향상으로 이어지는 선순환 구조를 만들어야 한다. 예를 들어, 맥락 정보의 체계적 수집을 통해 자연성을 평가하고, 이를 바탕으로 대표성을 개선하며, 개선된 대표성이 다시 더 풍부한 맥락 정보 수집으로 이어지는 순환 구조를 구축할 수 있다.

또한 다층적 품질 지표 체계를 개발하여 개별 원칙의 달성도뿐만 아니라 원칙 간 상호작용의 효과까지 측정하는 방안을 고려해볼 수 있다. Reece et al.(2023)이 CANDOR 말뭉치에서 대화 특징을 저수준의 객관적 특징, 중수준의 심리적 특징, 고수준의 주관적 인상으로 분류한 접근과 유사하게, 원칙 달성도도 개별 차원, 상호작용 차원, 통합 차원으로 구분하여 평가하는 체계를 구축하는 것이 유용할 것이다.

3.2. 실제적 구현 가이드라인

원칙 간 상호관계를 고려한 실제적 구현을 위해서는 단계별 가이드라인과 체크포인트 시스템을 마련하는 것이 바람직하다.

단계적 구축 전략은 기초, 확장, 최적화의 3단계로 구성하는 것을 고려할 수 있다. 기초 단계에서는 자연성, 기술적 품질, 윤리적 수집 등 핵심 원칙을 확립하고, 확장 단계에서는 대표성, 균형성, 맥락 정보 수집을 통해 말뭉치의 범위와 깊이를 확대하며, 최적화 단계에서는 확장성, 재사용성, 안정성을 강화하여 장기적 가치를 확보하는 방안을 제안한다.

더불어 원칙별 체크포인트와 품질 게이트를 설정하여 각 단계에서 필수 요구사항이 충족되었는지 확인하는 것이 중요하다. 각 원칙별로 최소 기준, 권장 기준, 이상적 기준을 설정하고, 다음 단계로 진행하기 위한 품질 게이트를 명확히 정의하는 것을 권장한다. 특히 원칙 간 상충이 발생할 경우의 의사결정 기준과 절차를 사전에 수립하는 것이 필요할 것이다.

또한 지속적 모니터링과 조정 시스템을 구축하여 구축 과정 전반에 걸쳐 원칙 간 균형을 유지하는 것이 바람직하다. 개방형 말뭉치 구축이 유동적이고 유기적이며 순환적인 과정이라는 특성을 고려할 때, 고정된 계획보다는 지속적인 모니터링과 고정된 계획보다는 상황에 맞게 조정하는 것이 효과적이다. 따라서 정기적인 품질 평가, 사용자 피드백 수집, 기술 환경 변화 모니터링 등을 통해 원칙 간 균형을 지속적으로 최적화하는 방안을 고려해볼 필요가 있다.

마지막으로 학제적 협력 체계를 구축하여 다양한 전문 영역의 지식과 경험을 통합하는 것이 유익할 것이다. Boudin et al.(2022)이 멀티모달 대화 피드백 연구에서 말뭉치 분석과 기계학습으로 강화된 언어학적 해석을 결합한 학제적 방법론을 채택한 것처럼, 말뭉치 구축에서도 언어학, 컴퓨터과학, 윤리학, 디자인 등 다양한 분야의 전문가가 협력하는 통합적 접근을 시도해볼 가치가 있다.

이러한 통합적 접근을 통해 멀티모달 말뭉치 구축의 13개 원칙은 개별적인 체크리스트가 아니라 유기적으로 연결된 품질 관리 시스템으로 기능할 수 있으며, 이는 궁극적으로 높은 학술적 가치와 실용적 활용도를 갖춘 멀티모달 말뭉치의 구축을 가능하게 할 것으로 기대된다.

제5장

결론

Chapter 05
결론

1. 논의의 요약과 학술적 기여

본서는 한국어 멀티모달 일상대화 말뭉치 구축을 위해 13개 원칙을 제시하고, 이를 기반으로 설계, 수집, 주석, 검증, 공개 등 전 주기에 적용 가능한 통합 평가·운영 체계를 정립하고자 하였다. 제시한 원칙들은 대표성·균형성에서 시작해 자연성(생태학적 타당성)과 맥락 정보의 체계적 수집, 멀티모달 동기화·정렬과 기술적 품질, 일관성과 목적 특화, 윤리적 수집과 개인정보 보호, 확장성과 재사용성, 마지막으로 안정성에 이르기까지 상호 연동되는 생태계적 구조를 이루는 것으로 파악된다. 이러한 구조는 대화분석의 순차 조직원리(예: 인접쌍·확장·삽입)에 근거한 상호작용 단위 설정과 결합될 수 있으며, 데이터 설계 단계부터 분석 단계까지의 방법론적 일관성을 확보하는 데 기여할 것으로 기대된다. 예를 들어, 순차 조직의 틀은 멀티모달 정렬의 기준을 제공한다는 점에서 원리 간 연결 고리로 기능한다(Sacks, Schegloff, & Jefferson, 1974; Goodwin, 2000).

1.1. 13개 원칙의 상호 보완적 의미와 통합적 적용의 중요성

대표성과 균형성은 말뭉치 설계의 출발점으로, 표본의 사회적, 상황적 구성과 언어적 변이의 분포를 정당화하는 역할을 한다. 이는 말뭉치 대표성 논의에서 일관되게 지적되어 온 요건이며, 장르, 사용역, 담화 상황의 균형을 포함한다. 설계 단계의 치우침을 후속 통계나 모델링으로 고치기 어렵다는 점에서 특히 중요한 고려사항이라 할 수 있다(Biber, 1993; McEnery & Hardie, 2012). 자연성과 생태학적 타당성은 실제 상호작용의 맥락, 즉 장소, 활동, 관계, 물리 환경을 데이터 안에 보존하려는 요구로 이해될 수 있다. 이는 실험실 환경의 통제 대신 현장적 신뢰성을 중시하는 대화와 상호작용 연구 전통과 궤를 같이하는 것으로 보인다(Goodwin, 2000; Kendon, 2004). 맥락 정보의 체계적 수집은 이러한 자연성을 주석 가능성으로 변환하는 매개 장치로 기능할 수 있으며, 기록, 주석, 검색, 해석 전 단계에서 재현 가능성을 높이는 데 기여할 것으로 기대된다(TEI Consortium).

멀티모달 동기화와 정렬은 말, 시선, 제스처, 운율을 공통 시간축에서 대응시키는 기술적이며 분석적인 요건이다. 이는 전사 규약과 도구(예: ELAN)에서 축적된 실무 기준을 따를 때 일치도와 해석 신뢰도를 동시에 끌어올린다는 점이 반복적으로 보고되어 왔다(Jefferson, 2004; Mondada, 2018). 기술적 품질(신호 품질, 포맷, 코덱, 추출 파이프라인의 안정성)은 동기화의 전제 조건으로, 주석·검색·모델링에 이르는 모든 다운스트림 작업의 오차 상한을 규정한다. 일관성은 주석 스키마, 운영 규칙, 버전 관리에서의 호환성 보장으로 구현되며, 합의 절차와 함께 주석 신뢰도의 주요 축을 이룬다. 이와 함께 주석자 간 일치도 지표는 주석자 간, 누락 허용의 상황별로 Cohen의 κ, Fleiss의 κ, Krippendorff의 α가 표준적으로 사용되어 왔다(Cohen, 1960; Fleiss, 1971; Krippendorff, 2013).

목적 특화는 연구 문제, 다운스트림 활용(언어기술, 교육, 임상 등)에 맞춘 작업 적합성을 보장하고, 재사용성은 표준 교환 형식, 메타데이터, 식별자(DOI 등)와 결합되어 데이터 생애주기를 학술 인프라로 편입시킨다(TEI Consortium, 2019; McEnery & Hardie, 2012). 윤리적 수집과 개인정보 보호는 음성, 영상, 행동 패턴이 겹치는 멀티모달 데이터에서 맥락적 무결성을 지키는 핵심 장치로, 동의, 철회, 부분 철회, 재식별 위험 관리가 결합된 다층적 체계를 요구한다(Nissenbaum, 2004; Markham & Buchanan, 2012). 확장성과 안정성은 장기 보존, 운영의 관점에서 복제, 백업, 마이그레이션, 오류예산 관리와 연결된다. 내구성과 가용성을 구분한 SLI, SLO, SLA 체계는 데이터의 존속과 서비스의 접근성을 다른 축에서 모니터링하게 하며, 현대 분산 시스템 운영에서 표준으로 자리잡았다(Beyer et al., 2016; Kleppmann, 2017).

이들 원칙은 상호 보완적 시너지를 낸다. 대표성, 자연성, 맥락 정보의 결합은 생태학적 대표성을 구성하여, 현장성을 훼손하지 않으면서 일반화 가능한 표본을 설계하게 한다. 동기화와 기술적 품질의 결합은 분석 가능성과 재현성을 높인다. 재사용성과 표준화는 데이터 인용, 검증, 비교 연구를 촉진한다. 반대로, 자연성과 윤리성 사이의 긴장(관찰 범위와 프라이버시의 경계), 품질과 비용 사이의 상충(정밀도, 합의 절차 대 자원), 대표성과 목적 특화 사이에는 갈등이 존재한다(일반성 대 과업 최적화). 설계 단계에서 한쪽을 선택하면 다른 쪽을 일부 포기해야 하므로, 프로젝트 목표에 따라 적절한 균형점을 찾아야 한다. 성공적인 구축은 개별 원칙의 극대화가 아니라, 프로젝트 전 과정에서의 균형적 최적화에 달려 있다.

1.2. 기존 단일 모달리티 말뭉치 원칙과의 차별점

첫째, 본서는 단일 채널 품질을 넘어 모달리티 간 통합성을 첫째 요건으로 한다. 이는 회의, 협업 상호작용 말뭉치 등에서 멀티모달 정렬과 상호작용 구조가 분석 타당성을 좌우해 왔다는 경험적 축적과 합치한다(Carletta, 2007; Mondada, 2018). 둘째, 생태학적 복잡성을 강조한다. 물리 환경, 사회적 관계, 문화적 맥락의 변수는 발화의 조직과 비언어적 자원의 결합을 실질적으로 바꾸며, 대화적 기능을 이해하는 데 핵심 단서가 될 수 있다(Goodwin, 2000; Kendon, 2004). 셋째, 다차원 개인정보 보호를 다룬다. 음성, 얼굴, 행동 궤적의 결합은 단일 차원 보안으로는 대응이 어려우며, 맥락적 무결성과 연구 윤리 가이드라인을 통합한 다층적 보호가 필요하다(Nissenbaum, 2004; Markham & Buchanan, 2012). 넷째, 기술적 지속가능성, 상호운용성을 원칙 수준에서 논의한다. 표준 교환 형식, 버전 관리, 식별자, 마이그레이션 계획과 함께, 가용성, 오류율, 지연의 SLI와 오류예산 기반 SLO 운영을 결합한 장기 운영 모델을 검토한다(Beyer et al., 2016; TEI Consortium, 2019).

1.3. 멀티모달 말뭉치 구축 분야에 대한 이론적 기여도

방법론적으로, 본서는 원칙-근거-지표-실무의 연쇄를 통해 말뭉치 설계와 상호작용 분석을 통합한다. 이는 순차 조직에 뿌리를 둔 상호작용 이론과 멀티모달 정렬·주석 공정을 연결해, 이론적 단위와 기술적 단위를 일치시키려는 시도다(Sacks, Schegloff, & Jefferson, 1974; Jefferson, 2004; Mondada, 2018). 개념적으로, 생태학적 대표성, 모달리티 간 균형, 맥락적 완전성 같은 축을 명시적으로 도입해 단일 모달리티 중심의 말뭉치 설계를 확장한다(Biber, 1993; Goodwin, 2000). 통합적으로는 대화분석, 인지언어학, 멀티모달 커뮤니케이션, 데이터 과학의 성과를 수렴하고, 신뢰도 지표(κ, α)와 서비스 지표(SLI/SLO/SLA)를 동일한 품질 관리 틀 안에 배치함으로써, 구축, 운영, 재사용의 학술 인프라로 연결한다(Cohen, 1960; Fleiss, 1971; Krippendorff, 2013; Beyer et al., 2016).

2. 실무 지침의 정리

본서의 13개 원칙은 체크리스트와 품질 게이트로 운용 가능한 형태로 제공된다(부록 A). 설계 단계에서 대표성, 균형성, 자연성, 윤리, 개인정보 보호를 확정하고, 모집단 정의, 층화 기준, 샘플링 전략을 문서화한다. 수집 단계에서는 멀티모달 동기화, 정렬을 위한 기준 시간축, 오프셋, 드리프트 교정 규칙을 고정하고, 맥락 메타데이터(장소, 활동, 관계, 환경 변수)를 필수 필드로 수집한다. 주석 단계에서는 스키마, 운영 규칙, 합의 절차를 일관화하고, 학습, 예열 세트를 분리한 뒤 검증 샘플에 대해 주석자 간 일치도(κ/α)를 산출한다. 검증 단계에서는 무작위 샘플 감사와 품질 게이트를 통과한 자료만 배포 대상으로 삼는다. 공개, 보존 단계에서는 재사용성, 식별자(DOI 등), 라이선스, 인용 지침을 정비하고, 내구성, 가용성, 복구 목표(RPO/RTO), 마이그레이션 계획을 상시 운용한다(TEI Consortium, 2019; Beyer et al., 2016; Krippendorff, 2013).

우선순위는 연구 목적과 자원 제약에 따라 달라진다. 언어학 중심의 분석을 목표로 하면 자연성, 대표성, 맥락 정보를 상대적으로 높게 두고, 기술 개발(인식, 대화 시스템 등)의 경우 기술적 품질, 동기화, 정렬, 상호운용성의 우선도를 높인다. 소규모 프로젝트는 핵심 원칙을 집중적으로(자연성, 기술적 품질, 윤리), 대규모 프로젝트는 전 원칙의 균형 구현을 지향한다. 평가 단계에서는 본서의 품질 지표 계산법에 따라, 주석 신뢰도는 κ, α의 신뢰구간과 함께 보고하고, 서비스 품질은 SLI(가용성, 오류율, 지연 등)의 윈도우, 분모와 분자 정의, 제외 규칙을 명확히 한 뒤 SLO 대비 오류예산 소비율로 관리한다(Cohen, 1960; Krippendorff, 2013; Beyer et al., 2016).

실무적으로, 이러한 절차는 기존 멀티모달 말뭉치 제작 경험에서 효율과 품질의 동시 개선이 가능함을 시사해 왔다. 회의 상호작용 말뭉치 구축 경험은 동기화, 정렬, 표준 전사 규약의 준수가 도구 간 상호운용성과 분석 재현성을 유의미하게 높였음을 보고한다(Carletta, 2007; Mondada, 2018). 또한 말뭉치 설계에서 대표성, 균형성 기준을 명시하고 준수할 때, 다운스트림 통계, 모델링의 일반화 가능성 추정이 보다 안정적으로 이루어진다는 것은 말뭉치 언어학의 누적된 통찰이다(Biber, 1993; McEnery &

Hardie, 2012).

3. 한계와 향후 연구 과제

본서는 다음의 한계를 지닌다. 첫째, 제시한 원칙은 이론적 분석과 선행 사례 검토에 근거해 도출되었으며, 대규모 시범 구축을 통한 체계적 실증은 후속 과제로 남는다. 주석자 간 일치도, 성능 지표, 활용성 평가 등을 한 프레임 안에서 추적하는 프로토콜화된 평가 연구가 유용할 수 있다(주석자 교육과 예비샘플(warm-up) 분리, 검증 샘플 고정, κ/α의 신뢰구간 보고 등, Krippendorff, 2013). 둘째, 문화적 특수성의 정교한 반영이 요구된다고 본다. 멀티모달 상호작용은 언어, 문화권에 따라 비언어 자원의 배합과 순차 조직이 달라지며, 이는 다양한 현장 연구에서 논의되어 왔다(Goodwin, 2000; Kendon, 2004). 한국어 및 동아시아권 상호작용의 특수성(높임법과 시선, 제스처의 결합 등)을 체계적으로 모델링하는 비교 연구가 필요할 것이다. 셋째, 기술 변화의 가속이 원칙 적용에 영향을 줄 수 있다. 자동 주석, 동기화, 저장, 보존 기술의 발전은 분석 가능성을 높이면서도 새로운 품질, 윤리 리스크를 동반할 수 있으므로, 원칙의 주기적 검토가 필요할 것이다(Beyer et al., 2016; Kleppmann, 2017). 넷째, 비용과 효과 분석의 정량화가 충분하지 않다. 원칙별 구현 비용과 성과(주석자 간 일치도 상승폭, 오류예산 소비율 감소, 재사용율 증가 등)를 합리적 지표로 연결하는 경제성 연구가 축적될 필요가 있다.

앞으로의 연구는 다음 방향을 담을 수 있을 것으로 생각된다. (1) 시범 말뭉치 구축, 비교 연구, 사용자 연구의 삼각 구도로, 제시한 원칙의 타당성과 실효성을 단계적으로 검증하는 것이 유용할 것이다. 시범 말뭉치에서 절차, 지표가 안정화되면, 기존 방식으로 구축된 말뭉치와의 준거 비교로 효과를 정량화할 수 있다. 나아가 실제 사용자(연구자, 개발자)의 활용성 평가를 통해, 원칙이 연구, 개발 생산성에 미치는 영향을 측정하는 접근이 가능할 것이다(Carletta, 2007; McEnery & Hardie, 2012). (2) 원칙 기반 자동화 도구 개발을 고려할 수 있다. 품질 모니터링(SLI와 오류예산 대시보드), 지능형 동기화, 정렬, 맥락 정보 추출, 개인정보 자동 보호 등은 구축 효율과 품질을 동시에 높일 가능성이 있다(Beyer et al., 2016). (3) 다언어, 다문화 비교와 국제 표준화를 통해 상호운용성을 높이는 방향을 모색할 수 있다. TEI 및 관련 표준의 프로파일을 멀티모달 상호작용에 맞게 구체화하고, 데이터 인용, 식별자, 버전관리의 국제적 관행과 접목하는 시도가 유용할 것이다. (4) 장기 보존, 운영 연구에서 내구성과 가용성의 이원적 품질 관리를 정립하는 것을 고려할 수 있다. 복제, 백업, 마이그레이션 정책과 SLA, SLO를 연계해, 학술 리포지터리 환경에서도 오류예산을 명시적으로 운용하는 프레임을 검증하는 연구가 필요하다(Beyer et al., 2016; Kleppmann, 2017).

부록

A. 통합 체크리스트
B. 용어집
C. 품질 지표 계산법(IAA, SLI/SLO/SLA)
D. IAA·SLI 보고서 작성 예시
E. 연구 참여 동의서 양식
F. 13개 세부 기준 ↔ 본문 내용의 대응

부록 A. 통합 체크리스트

체크리스트 A. 윤리·동의·개인정보 보호

- □ 연구 목적·수집 범위·보관·공개 범위를 서면으로 고지한다. [필수]
- □ 동의를 단계적으로 확보한다(사전 안내 → 수집 직전 재확인 → 처리·공개 전 최종 확인). [필수]
- □ 철회권·부분 철회(특정 모달·장면)의 절차를 문서화한다. [필수]
- □ 재식별 위험을 평가하고 완화 계획(마스킹, 비식별화, 접근 통제)을 둔다. [필수]
- □ 민감 장면·제3자 출현·미성년자 상황에 대한 별도 프로토콜을 운용한다. [필수]
- □ 익명화 단위를 정의한다(인물·장면·파일·메타데이터 수준). [권장]
- □ 승인 체계(IRB 등)와 변경 시 재승인 절차를 기록한다. [권장]
- □ 접근 권한 역할(PI, 데이터 스튜어드, 주석가)을 구분한다. [권장]
- □ 구두 동의만으로 장기 보관·공개를 진행한다. [금지]

체크리스트 B. 멀티모달 동기화·정렬

- □ 기준 시간축을 하나로 고정한다(예: 메인 오디오 타임코드). [필수]
- □ 장치 간 시간차·드리프트를 교정한다(클랩·싱크 마커·초시계 사용). [필수]

□ 프레임률·샘플레이트·시간 표기를 메타데이터에 고정한다. [필수]

□ 정렬 오차 허용범위(±n ms/프레임)를 정의하고 로그에 남긴다. [권장]

□ 주석 도구 간 교환 형식을 정한다(예: ELAN XML 등 상호운용 형식). [권장]

□ 동기화 검증 샘플(무작위 n%)을 별도 점검한다. [권장]

□ 동기화가 불충분한 자료를 분석본으로 배포한다. [금지]

체크리스트 C. 메타데이터·맥락 정보

□ 참여자·장면·장치·환경 변수의 최소 필수 필드를 정의한다. [필수]

□ 목적에 부합하지 않는 과도한 개인정보·민감정보를 수집하지 않는다. [필수]

□ 파일·세션·장면·말차례의 식별자 체계를 일관되게 부여한다. [필수]

□ 버전·변환·가공 이력을 메타데이터로 남긴다(감사 추적). [필수]

□ 수집 상황의 맥락(장소 유형·활동·관계·소음 등)을 기술한다. [권장]

□ 자유 기술란을 운영하되 민감정보 유입을 사전·사후 검토한다. [권장]

□ 민감정보를 평문으로 메타데이터에 기록한다. [금지]

체크리스트 D. 주석·품질관리(QA)

□ 주석 스키마와 운영 규칙(우선순위·충돌 해결)을 문서화한다. [필수]

□ 이중 주석 샘플과 합의(adjudication) 절차를 운영한다. [필수]

□ 제출 전 품질 게이트(체크리스트)를 통과한 자료만 배포한다. [필수]

□ 주석가 교육·예열 세트·예시집을 마련한다. [권장]

□ 합의도/일치도(예: IAA) 산출·보고 방식을 정한다. [권장]

□ 스키마 변경 시 버전업·마이그레이션 계획을 실행한다. [권장]

☐ 일치도 기준 미달 데이터를 합의 없이 배포한다. [금지]

체크리스트 E. 내구성·가용성·장기 보존

☐ 내구성(durability)과 가용성(availability)의 차이를 명시한다. [필수]

☐ 이중화·버전관리·오프사이트 백업·주기적 무결성 점검을 시행한다. [필수]

☐ 복구 목표(RPO/RTO)와 복구 리허설(복원 드릴)을 정례화한다. [필수]

☐ 저장 형식·코덱 진부화 대응(정기 마이그레이션)을 계획한다. [권장]

☐ 권한·접근 로그·키 관리·만료 정책을 운영한다. [권장]

☐ SLA·SLO·SLI를 추적하고 월별로 검토한다. [권장]

☐ 단일 저장소에만 보관한다. [금지]

체크리스트 F. 공개·재사용·라이선스

☐ 공개 범위(전체/부분/파생물)와 공개 시점을 명시한다. [필수]

☐ 라이선스를 데이터·주석·코드·문서 각각에 명시한다. [필수]

☐ 인용 방식과 데이터 식별자(예: DOI)를 제공한다. [필수]

☐ 재사용 요청·2차 배포·파생물 신고 절차를 안내한다. [권장]

☐ 공개본·비공개본의 차이(마스킹·해상도·메타데이터 축약)를 비교 정리한다. [권장]

☐ 릴리스 노트와 변경 이력을 버전별로 유지한다. [권장]

☐ 동의·라이선스 조건을 무시한 2차 배포를 허용한다. [금지]

*** 규범 등급의 정의**

- [필수]: 반드시 준수한다. 예외가 불가피하면 사전 승인과 사후 기록을 남긴다.
- [권장]: 따르는 것을 원칙으로 한다. 다른 선택을 할 경우 사유와 대체 통제를 문서화한다.
- [선택]: 맥락과 자원에 따라 결정한다. 결정 근거를 간단히 기록한다.
- [금지]: 실행하지 않는다.
- [비권장]: 원칙적으로 피한다. 불가피하면 위험 완화 조치를 병행하고 사유를 남긴다.

부록 B. 용어집

B-1. 용어집

가용성 (availability)

서비스에 접근 가능한 시간의 비율을 뜻한다. 본서에서는 월·연 단위 업타임을 기준으로 하며, 계획 점검 포함 여부를 사전에 정의하고 SLA·SLO·SLI로 관리한다. 내구성과는 독립 개념이므로 높은 가용성이 곧 데이터 영구 보존을 의미하지는 않는다.

개인식별정보 (personally identifiable information / PII)

개인을 직접 또는 간접 식별할 수 있는 정보를 말한다. 수집은 목적 적합성 원칙에 따라 최소화하고, 접근 통제·로그·보존 기간을 분리하여 관리한다. 민감정보와 구분하되 결합 위험(모자이크 식별)을 고려해 비식별화 수준을 설정한다.

권한·접근 통제 (access control)

역할·권한 기반으로 데이터 접근을 제한하고 행위를 기록하는 체계다. 최소 권한 원칙을 기본으로 하고, 관리자 권한은 이중 승인·정기 점검을 거친다. 권한 변경·해지·휴면 계정 절차와 접근 로그 보존 기간을 명시한다.

그레이딩(등급) 태그

체크리스트 항목의 준수 수준을 나타내는 표기다. [필수]/[권장]/[선택]/[금지]/[비권장]으로 통일하여 사용하고, [권장]을 따르지 않을 때는 사유·대체 통제·승인자를 문서화한다. 혼동을 막기 위해 유사 표현은 사용하지 않는다.

기준 시간축 (time base)

동기화·정렬의 참조 타임라인을 뜻한다. 프로젝트당 하나만 지정하며, 모든 장치의 오프셋·드리프트 값을 기준 시간축 대비로 기록한다. 기준 변경이 불가피하면 전 구간을 재정렬하고 변경 이력을 남긴다.

내구성 (durability)

일정 기간 데이터가 손실되지 않을 확률을 의미한다. 저장소 선택·장기 보존 전략의 핵심 지표이며, 가용성과는 별개로 관리한다. 내구성을 높이기 위해 버전관리·이중화·오프사이트 백업·무결성 점검을 병행한다.

데이터 인용 (data citation)

데이터셋을 연구 성과로 인용하는 관행을 말한다. 제작자·버전·발행연도·식별자(PID/DOI)를 서지에 명시하고, 스냅샷 단위로 인용한다. 재현 가능성을 위해 릴리스 노트와 함께 참조한다.

데이터 식별자 (persistent identifier / PID)

데이터셋을 영속적으로 가리키는 식별자다. 해상 위치(URL)가 바뀌어도 식별자는 유지되며, 버전과 함께 제공한다. DOI는 대표적인 PID로 운영된다.

동기화 (synchronization)

다양한 모달의 시간 정보를 일치시키는 절차다. 기준 시간축을 기준으로 오프셋·드리프트를 교정하고, 프레임률·샘플레이트 변경 시 재동기화를 수행한다. 동기화 품질은 허용 오차와 검증 샘플로 관리한다.

드리프트 (clock drift)

장치 간 시계 오차가 시간에 따라 벌어지는 현상이다. 장시간 녹화·녹음에서 누적 오류를 유발하므로 동기화 기준점과 보정 주기를 명확히 규정한다. 주기적 교정과 사후 보정 로그를 유지한다.

디지털 객체 식별자 (DOI)

디지털 객체를 영속적으로 식별하는 표준이다. 데이터 인용·접근 추적·버전 관리에 쓰이며, 메타데이터와 함께 등록한다. 데이터·주석·코드에 각각 부여하는 것이 바람직하다.

라이선스 (license)

데이터·주석·코드의 사용 조건을 규정하는 문서다. 허용 범위·표시 의무·금지 조항·파생물 규칙을 구체화하고, 공개본과 비공개본의 차이를 반영한다. 데이터와 코드는 서로 다른 라이선스를 사용할 수 있음을 명시한다.

릴리스 노트 (release notes)

버전별 변경 사항을 요약한 기록이다. 추가·변경·삭제·주의로 구분해 작성하고, 파손적 변화는 명확히 표지한다. 인용 정확성·재현 가능성을 위해 데이터·주석·문서의 동시 버전업과 함께 배포한다.

마이그레이션 (format migration)

형식·코덱의 진부화에 대비해 주기적으로 새로운 형식으로 전환하는 일이다. 변환 로그·품질 비교·호환성 검사를 함께 보관하고, 도구 의존성을 낮추는 형식을 우선한다. 변환에 따른 정보 손실 가능성은 사전에 고지한다.

말차례 (turn)

상호작용에서 발언권을 점유하는 단위다. 말차례 교대·중첩·전환 신호 등 순차 조직 분석의 기본 단위로 사용하며, ID 부여 규칙을 일관되게 유지한다. 발화와 혼용하지 않는다.

메타데이터 (metadata)
데이터에 관한 데이터로, 수집 맥락·장치·환경·처리 이력 등을 포함한다. 필수 필드·스키마 버전·값의 제약을 명시하여 검색·인용·재현을 용이하게 한다. 민감정보 최소화 원칙을 준수한다.

무결성 점검 (integrity check / checksum)
데이터 손상 여부를 확인하는 절차다. 해시·샘플 복원 등으로 수행하며, 알고리즘·시점·결과를 기록한다. 저장 매체 교체·이관·복원 시 반드시 재검증한다.

민감정보 (sensitive information)
노출 시 위험이 큰 개인정보 범주다. 수집 자체를 제한하고, 불가피할 경우 별도 승인·추가 보호조치를 적용한다. 제3자 동시 노출·맥락 결합 등 간접 위험을 평가한다.

발화 (utterance)
언어적 산출의 최소 분석 단위다. 전사·주석·정렬 단위로 사용하며, 말차례의 하위 구조로 관리한다. 음성 외 비언어 신호 포함 여부는 전사 규약에서 정의한다.

버전관리 (versioning)
변경 이력을 체계적으로 기록·보존하는 관리다. 주·부·수 버전 체계를 사용하고, 데이터·주석·문서를 동기화해 버전업한다. 하위 호환성·마이그레이션 계획을 함께 제시한다

복구 시간 목표 (recovery time objective / RTO)
장애 발생 후 목표 복구 완료 시간이다. 운영 중단 허용 범위와 연동해 설정하고, 정기적인 복원 드릴로 실효성을 검증한다. RPO와 함께 보고한다.

복구 시점 목표 (recovery point objective / RPO)
장애 발생 시 허용 가능한 최대 데이터 손실 시점을 뜻한다. 백업 주기·스냅샷 전략과

함께 정의하고, 단위·측정·책임자를 명시한다. 중요 하위 시스템은 별도 값을 둘 수 있다.

부분 철회 (partial withdrawal)
동의 철회의 한 형태로 특정 모달·장면만 비공개 처리하는 절차다. 세그먼트 경계·처리 방법·파생물 영향 범위를 명시하고, 처리 기한을 설정한다. 전체 철회와 구분해 운영한다.

비식별화 (de-identification)
개인 식별 가능성을 낮추는 처리의 총칭이다. 익명화·가명처리·마스킹 등 다양한 방법을 포함하며, 처리 수준·도구·검증 방법을 기록한다. 재식별 위험은 주기적으로 재평가한다.

상호운용성 (interoperability)
서로 다른 도구·형식 간에 데이터가 손실 없이 교환·활용되는 성질이다. 표준 교환 형식·메타데이터 스키마·문서화로 확보하고, 버전 충돌에 대비한 검사를 정례화한다.

샘플레이트 (sample rate)
오디오 등 신호가 초당 채집되는 빈도다. 동기화·분석 해상도와 직결되므로 프로젝트 단위로 고정하고 기록한다. 리샘플링 여부와 파라미터를 명확히 남긴다.

서비스 수준 목표 (service-level objective / SLO)
품질에 대한 정량 목표다. 측정 기간과 계산식을 명시하고, 계획 점검·면책 구간을 사전에 정의한다. 목표 미달 시 개선 계획과 일정 책임을 특정한다.

서비스 수준 지표 (service-level indicator / SLI)
품질을 측정하는 지표다. 업타임·오류율·지연 시간 등으로 구성되며, 수식·측정 기간·집계 단위를 문서화한다. 로그 결측과 중복 집계를 방지한다.

서비스 수준 협약 (service-level agreement / SLA)

제공자와 이용자 사이의 품질 보장 합의다. 가용성·지원·응답 시간·보상 등을 다루며, 약어 도입 후에는 SLA로 통일해 사용한다. 내구성과 혼동하지 않는다.

순차/순차적 (sequence / sequential)

사건·행위의 질서·연쇄를 뜻하며, 순차적은 그러한 성질이다. 인접쌍·선행/후행 조직 논의에 사용하고 시간적 선후와 인과를 구분해 서술한다. 본서에서는 명사 '순차', 형용사 '순차적'으로 통일한다.

순차 조직 (sequence organization)

말차례가 이어지는 규칙과 관습을 뜻한다. 인접쌍·확장·삽입 구조를 기술하고 활동 유형별 차이를 함께 제시한다. 분석 단위와 표기 규칙을 일관되게 유지한다.

시선 (gaze)

응시 대상·지속·전환의 양상을 가리킨다. 공동주의·지시 해석 등과 연동해 주석하며, 프라이버시 영향 구간을 명확히 표기한다. 측정·추출 방식의 차이는 메타데이터에 기록한다.

싱크 마커 (sync marker / clap)

장치 간 동기화를 돕는 동시 신호다. 현장 표지·후반 검증 모두를 위해 마커의 ID·시각·장치 목록을 기록한다. 수음 환경에서는 시각 신호를 병행한다.

아카이브/장기 보존 (archival storage)

장기 보존을 목적으로 한 저장·관리 체계다. 내구성·무결성·마이그레이션·접근 통제를 포괄하고, 운영 책임과 점검 주기를 명시한다. 운영·분석 저장소와 역할을 분리한다.

안전 삭제 (secure deletion)

복구 불가능하도록 데이터를 삭제하는 절차다. 저장 매체 특성과 파일 시스템을 고려해 방법을 선택하고 로그를 남긴다. 법·정책상의 보존 의무와 충돌하는 경우 예외 규정을 둔다.

주석 층렬 (annotation tier)

주석의 층위 구조를 말한다. 모달·단위·역할별로 분리하여 상호 참조하고, 층렬명 규칙을 표준화한다. 참조 관계와 제약을 스키마에 명시한다.

주석 스키마 (annotation schema)

주석 범주·속성·관계·우선순위를 정의한 규칙집이다. 버전과 변경 사유, 마이그레이션 계획을 포함하며 호환성 검사를 정례화한다. 하위 호환성 전략을 사전에 수립한다.

주석 (annotation)

데이터에 범주·속성·관계를 부여하는 작업이다. 주석 단위·경계·우선순위를 문서화하고, 운영 규칙과 충돌 해결 규칙을 포함한다. 범주 중복·모호 범주 남발을 피한다.

말겹침 (overlap)

두 말차례 또는 발화의 시간적 중첩을 뜻한다. 전사 기호와 정렬 기준을 명확히 하고, 미세 중첩은 해상도 한계를 고려해 표기한다. 해석 시 기능적 맥락을 함께 기술한다.

운율 (prosody)

억양·강세·길이 등 음성적 패턴을 말한다. 정보구조·태도 해석과 연동하여 F0·에너지·길이의 표준화 단위를 통일한다. 화자·환경 차 변량을 모델링한다.

원(시)본/분석본 (raw / analysis copy)

원본과 분석용 사본의 구분을 의미한다. 원본은 보존·감사를 위해 불변으로 유지하고, 분석본은 처리·가공 이력을 추적한다. 두 사본의 보안·접근 정책을 분리한다.

은닉·마스킹 (masking)
얼굴·이름·번호 등 민감 요소를 가리거나 대체하는 처리다. 품질·재식별 위험을 고려해 방법을 선택하고 처리 로그를 남긴다. 원본 접근은 최소 인원으로 제한한다.

일치도 (inter-annotator agreement / IAA)
주석가 간 합의 수준의 정량 지표다. 지표·샘플 크기·신뢰구간을 보고하고, 클래스 불균형에 따른 왜곡 가능성을 고려한다. 일치도 개선은 교육·스키마 개선과 병행한다.

전사 (transcription)
음성 등을 기호 체계로 기록하는 일이다. 발화 경계·중첩·침묵·주저 등을 정의하고, 기호표와 예외 규칙을 문서화한다. 과도한 기호 사용을 피해 가독성을 확보한다.

전사 규약 (transcription conventions)
전사의 기호·약어·표시법을 표준화한 규칙이다. 버전과 변경 이력을 관리하고, 규약 변경 시 마이그레이션 계획을 제시한다. 교육 자료와 함께 배포한다.

접근 로그 (access log)
누가 언제 무엇에 접근했는지를 기록한 내역이다. 변경·열람·다운로드 등 행위를 구분하고, 보존 기간과 감사 주기를 명시한다. 로그 자체의 보안과 무결성을 보장한다.

제스처 (gesture)
손·팔·머리·몸통의 운동 양식을 뜻한다. 유형·위치·타이밍 등 주석 기준을 세분하고, 담화 기능과의 대응을 기술한다. 타 모달과의 정렬 관계를 함께 기록한다.

주석 합의 (adjudication)
이중 주석의 상충을 조정해 최종 결정을 확정하는 절차다. 합의 로그와 근거를 저장하고, 최종 결정자의 권한·책임을 분리한다. 공개·배포 전 필수 품질 보증 단계로 운영한다.

철회권/취소권 (right to withdraw)

참여자가 동의를 철회할 수 있는 권리다. 접수 경로·처리 기한·연락 채널을 명시하고, 이미 배포된 2차본의 회수 한계를 사전에 고지한다. 전체 철회와 부분 철회를 구분해 안내한다.

체크리스트 (checklist)

단계별 필수 작업을 빠짐없이 수행하기 위한 점검 목록이다. 항목 말미에 등급 태그를 부착하고, 형식적 체크를 방지하기 위해 샘플 감사와 품질 게이트를 병행한다. 유지보수는 부록에서 일괄 관리한다.

타임코드 (timecode)

시간·프레임의 절대 위치를 표시하는 표기 체계다. 표기 형식과 드롭 여부를 명시하고, 정렬·검색·교환에 일관되게 사용한다. 기준 시간축과의 호환성을 보장한다.

파생물 (derivative works)

원자료를 바탕으로 생성된 2차 저작·가공물을 의미한다. 원본-파생물 관계를 기록하고, 라이선스·동의 범위에 따라 공개 조건을 달리한다. 재사용·2차 배포 규칙을 명확히 고지한다

품질 게이트 (quality gate)

배포·공개 전에 반드시 통과해야 하는 최소 품질 기준 묶음이다. 통과/반려 기준과 예외 승인 절차를 명시하고, 체크리스트와 연동해 운영한다. 결과와 사유를 변경 이력에 기록한다.

프레임률 (frame rate / fps)

영상이 초당 포함하는 프레임 수를 뜻한다. 동기화·모션 분석과 직결되므로 프로젝트 단위로 고정하고 표기 규칙을 통일한다. 보간·변환 여부를 함께 기록한다.

화시 (deixis)

인칭·시공간·담화 기준점에 의존하는 지시를 뜻한다. 시선·제스처·발화의 결합 해석에서 핵심 역할을 하며, 지시점 메타데이터를 분리 기록한다. 지시 대상 불명확 시 후보 집합을 주석한다.

ELAN (EUDICO Linguistic Annotator)

멀티모달 전사·주석 도구이자 ELAN XML 교환 형식을 제공한다. 층렬 기반 주석·정렬·검색을 지원하며, 외부 미디어 경로 관리에 유의한다. 파일·스키마 버전을 함께 관리한다.

TEI (Text Encoding Initiative)

텍스트 주석·교환을 위한 국제 표준 지침이다. 상호운용성과 장기 보존을 위해 스키마·메타데이터와 함께 적용한다. 프로젝트 맞춤 확장은 호환성 검사를 거친다.

B-2. 용어집(주제별 정렬본·색인형)

※ 아래는 동일 항목을 주제별로 재배열한 색인입니다. 각 용어의 서술형 본문은 부록 B-1에서 찾을 수 있습니다.

1) 상호작용·대화분석

말차례·발화·순차/순차적·순차 조직·오버랩/동시발화·운율·시선·제스처·화시·의향법

2) 멀티모달·주석

동기화·정렬(→ 기준 시간축·싱크 마커·타임코드 참조)·기준 시간축·싱크 마커·전사·전사 규약/주석·주석 층렬·주석 스키마·일치도·주석 합의·ELAN·TEI

3) 윤리·동의·개인정보

동의(→ 본문 동의 절 참조)·철회권/취소권·부분 철회·개인식별정보(PII)·민감정보·비식별화·은닉·마스킹·권한·접근 통제·접근 로그·라이선스

4) 데이터 관리·보존·품질

메타데이터·데이터 인용·데이터 식별자(PID)·디지털 객체 식별자(DOI)·버전관리·릴리스 노트·무결성 점검·내구성·가용성·이중화/중복성·백업·복구 시점 목표(RPO)·복구 시간 목표(RTO)·마이그레이션·아카이브/장기 보존·품질 게이트·체크리스트

5) 서비스 품질·운영

서비스 수준 협약(SLA)·서비스 수준 목표(SLO)·서비스 수준 지표(SLI)

6) 기술 파라미터

프레임률·샘플레이트·타임코드·드리프트·기준 시간축

부록 C. 품질 지표 계산법(IAA, SLI/SLO/SLA)

C.1 개요

이 부록은 주석 품질(IAA)과 서비스 품질(SLI/SLO/SLA)을 일관된 방식으로 산출하는 절차를 제시한다. 모든 지표는 대상·단위·관측 창(window)·분모/분자 정의·제외 규칙을 먼저 고정하고 계산한다. 보고 시에는 데이터 규모, 불일치·누락 처리, 신뢰구간/오류예산을 함께 제시한다.

C.2 주석 일치도(IAA) 계산

C.2.1 공통 규칙

단위(발화·세그먼트·토큰 등)와 범주 체계, 누락값 기호를 명시한다. 훈련·예열 데이터는 IAA 산출에서 제외하고, 검증 샘플과 최종 본을 분리 보고한다. 범주 불균형이 큰 경우 보조 지표(범주별 정밀·재현, 혼동 행렬)도 제공한다.

C.2.2 단순 일치율(Percent Agreement)

관측 일치율 Po는 전체 단위 수 NN에 대해 일치 건수 AA의 비율이다.

Po=A/N

의미가 직관적이지만 우연 일치를 보정하지 못하므로 단독 보고를 피하고 κ 또는 α와 함께 제시한다.

C.2.3 Cohen의 κ(두 주석자, 명목척도)

두 주석자 A, B의 다중 범주 분류에서

$$\kappa = \frac{P_o - P_e}{1 - P_e}$$

여기서 Po는 관측 일치율, $P_e = \Sigma_c p_c^A p_c^B$는 각 범주의 주변확률(주석자별 분포)로부터 계산한 우연 일치 확률이다. 보고 시 혼동 행렬과 범주 분포를 함께 제시한다. 가중 κ는 순서형 범주에 대해 가중치 행렬 w_{ij}를 두고

$$\kappa_w = 1 - \frac{\Sigma_{ij} w_{ij} - o_{ij}}{\Sigma_{ij} w_{ij} - e_{ij}}$$

로 계산한다(o_{ij}=관측 교차비율, e_{ij}=주변분포 곱). 가중치로 선형·제곱(Quadratic)을 자주 사용한다.

C.2.4 Fleiss의 κ(다수 주석자, 명목척도)

항목 i=1..N, 주석자 수 n, 범주 k에서 항목별 일치도

$$P_i = \frac{1}{n(n-1)} \sum_{j=1}^{k} n_{ij}(n_{ij} - 1)$$

를 구하고, $\overline{P} = \frac{1}{N}\Sigma_i P_i$, 범주 전반 비율 $p_j = \frac{1}{Nn}\Sigma_i n_{ij}$, 우연 일치 $p_e = \Sigma_j p_j^2$로,

$$\kappa = \frac{\overline{P} - P_e}{1 - P_e}$$

를 계산한다. 항목별 주석자 수가 변하면 Krippendorff의 α를 권장한다.

C.2.5 Krippendorff의 α(누락 허용, 다양한 척도)

α는 관측 불일치 D_o와 기대 불일치 D_e로

$$\alpha = 1 - \frac{D_o}{D_e}$$

를 정의한다. 먼저 항목 내 주석 쌍으로 구성한 일치(coincidence) 행렬 $O = o_{cc'}$를 만든다. 불일치 함수 δ(c,c′)는 척도에 따라 달리 정한다(명목: δ=0/1; 순서·구간: 거리 기반).

관측 불일치 $D_e = \dfrac{\Sigma_{cc'}\, o_{cc'}\delta(c,c')}{\Sigma_{cc'}\, o_{cc'}}$.

기대 불일치는 주변합 $o_c = \Sigma_{c'}\, o_{cc'}$로부터 $e_{cc'} = o_c o_{c'} / \Sigma_{cc'}\, o_{cc'}$를 구성하여 $D_e = \frac{\Sigma_{cc'}\, e_{cc'}\delta^2(c,c')}{\Sigma_{cc'}\, e_{cc'}}$로 계산한다. α는 주석자 수 가변, 누락 존재, 다양한 척도에 견고하다.

C.2.6 신뢰구간과 보고

κ·α의 신뢰구간은 부트스트랩(항목 재표본)으로 95% 구간을 구해 보고한다. 최소 보고 항목은 지표값, 샘플 크기, 범주 분포, 누락 처리 규칙, 계산 창이다. 해석 구간(예: 0.60–0.80)을 기계적으로 적용하기보다 과업 난이도·범주 수·불균형 정도를 함께 논의한다.

C.3 서비스 품질: SLI/SLO/SLA 계산

C.3.1 용어

SLI는 실제 측정 지표, SLO는 목표치, SLA는 대외적 합의 문서다. 모든 SLI는 측정 집합(모수/모집단), 집계 창, 예외 규칙을 명시한다.

C.3.2 대표 SLI 정의

가용성: 주어진 창에서 사용자 요청이 성공적으로 처리된 비율 또는 서비스 업타임 비율.

오류율: 실패 요청 비율(HTTP 5xx, 주석 작업 실패 등).

지연 시간: 백분위수 기반(예: p95, p99) 응답 시간.

신선도/지연: 데이터 최신성(예: “수집 후 X분 내 반영”의 충족률).

C.3.3 가용성(업타임) 계산

측정 창 총시간을 T, 가용시간을 U, 다운타임을 D라 할 때 $T = U + D$.

$$가용성\,SLI = \frac{U}{T} = 1 - \frac{D}{T}$$

다운타임은 치명적 중단 + 약속 범위 내 부분 중단(가중)을 포함한다. 계획 점검·외부 의존 중단의 제외 여부는 창 시작 전에 고정한다.

C.3.4 요청 성공률·오류율

총 요청 수 NN, 성공 SS, 실패 FF(정의된 오류 코드 집합)일 때

$$성공률 = \frac{S}{N}, \qquad 오류율 = \frac{F}{N}$$

분모 정의를 명확히 하고, 샘플링·중복 로그 제거 규칙을 문서화한다.

C.3.5 지연 시간(백분위수)

응답 시간 표본에서 누적분포함수 F(t)를 만들고, p95는 F(t95)=0.95를 만족하는 최소 t_{95}로 정의한다. 윈도우링(예: 5분, 1시간)과 가중 집계(지역·트래픽 비중)규칙을 함께 명시한다.

C.3.6 신선도/데이터 지연

관측 지연 ⊿i=적재시각i−발생시각i. 목표 L에 대해 충족률 SLI는

$$충족률 = \frac{count(\Delta_i \leq L)}{N}$$

로 계산한다. 결측·지연치 상한(clip) 규칙을 문서화한다.

C.3.7 SLO와 오류 예산

목표 SLO가 가용성 99.9%이면 오류 예산은 1−0.999=0.0011이다. 같은 창에서 관측 SLI가 aa일 때 소비된 오류 예산은 1−a, 소비율은 (1−a)/(1−SLO)로 보고한다. 소비율>1이면 SLO 위반으로 처리한다.

C.3.8 SLA(월간 업타임) 계산

월간 업타임 퍼센트는

$$\frac{\text{분월총분} - \text{다운타임분}}{\text{월총분}} \times 100\%$$

으로 계산한다. 다운타임 정의, 부분 장애 가중치, 제외 구간(계획 점검 등)을 SLA 본문에 명시하고, 보상 기준은 구간 임계값-크레딧 테이블로 규정한다. SLA 보고는 월 단위 고정 창으로 산출한다.

C.3.9 부분 장애 가중치

트래픽의 w_r비율을 가진 지역/기능 r이 다운일 때 가중 다운타임은 $\Sigma_r w_r D_r$로 합산한다. 사용자 영향 비율이 알려지면 그 값을 가중치로 사용한다. 가중치 정의는 사전에 고정한다.

C.3.10 보고 템플릿

창/범위: YYYY-MM-DD hh:mm-hh:mm, 타임존, 제외 규칙

SLI: 정의·분모/분자·윈도우·가중치

결과: 값(소수점 자리 고정), 95% CI(해당 시), 그래프(선택)

SLO: 목표, 오류 예산, 소비율

SLA: 월간 업타임, 위반 여부, 보상 산정 규칙

사건 기록: 중단 원인, 복구 조치, 재발 방지

C.4 데이터·감사 규칙

로그는 원시본 보존-정규화-중복 제거-시간 정렬순으로 전처리한다. 지표 계산 코드와 파라미터를 버전관리하고, 월 1회 재현 감사(동일 입력→동일 출력)를 수행한다. 지표 변경 시에는 릴리스 노트에 변경 사유·영향 범위를 기록한다.

C.5 해석 가이드(요약)

IAA는 과업 난이도·범주 수·불균형·누락 정도에 민감하다. κ 또는 α 하나로 단정하

지 말고 보조 분포 정보를 함께 제시한다. SLI는 정의에 따라 값이 크게 달라질 수 있으므로 분모/분자와 예외 규칙이 해석의 핵심이다. SLO는 오류 예산 운영의 기준이며, SLA는 대외 약속이므로 보수적으로 설계한다.

부록 D. IAA·SLI 보고서 작성 예시

프로젝트: K-MMDC v0.9

보고 창: 2025-08-01 00:00-2025-08-07 24:00 (UTC+9), 계획 점검 시간 제외 규칙 적용

1) 주석 일치도(IAA)

O 설계·전제

- 대상 단위: 발화/세그먼트(누락값 기호 NA 명시). 훈련·예열 자료는 산출에서 제외, 검증/최종본 분리 보고. 범주 불균형 존재 시 보조 지표와 혼동행렬 함께 제시.

O 표본

- 검증 세트 1,000단위(무작위 5% 층화).

O 결과(예)

- Percent Agreement Po = 0.86(단독 해석 지양, κ/α와 병행 보고).
- Cohen's κ = 0.78 (95% CI: 0.74-0.82). 혼동행렬·범주 주변분포 함께 제시.
- Krippendorff's α = 0.74(명목척도 기준, 결측 허용).

O 간단 해석·개선 포인트

- 상위 3개 혼동 쌍 요약 및 예시 제시(예: 요청↔질문, 수락↔확인 등). 다음 주차 표본 재측정 계획 병기.

2) 서비스 품질 (SLI/SLO/SLA)

○ 공통 형식(요약)

- 창/범위, SLI 정의(분모·분자·윈도우·가중치), 결과(값·95% CI·그래프 유무), SLO(목표·오류예산 소비율), SLA(월간 업타임·위반·보상 규칙), 사건 기록(원인/복구/재발방지) 항목을 고정해 보고.

○ SLI-1 가용성(Availability)

- 정의: 성공 응답 수 / 총 요청 수, 5분 롤링 윈도우, 지역 트래픽 비중 가중.
- 결과(예): a = 99.85%, SLO s = 99.90% → 오류예산 소비율 = (1-a)/(1-s) = 0.0015/0.001 = 1.50→ 초과(>1)로 위반.

○ SLI-2 지연 시간 p95

- 정의: 누적분포 F(t95)=0.95를 만족하는 최소 t95(윈도우·지역 가중 규칙 명시).
- 결과(예): p95 = 420ms, SLO = 500ms → 충족.

○ SLI-3 신선도/데이터 지연(Freshness)

- 정의: 관측 지연 Δi = 적재시각i - 발생시각i, 목표 이하 충족률 보고(측정 상한/클리핑 규칙 문서화).
- 결과(예): $\Delta \le$ 10분 충족률 93%(SLO 95%) → 경미 미달.

○ 사건·조치(요약)

- 8/03 14:10-14:22 서울 리전 라우팅 오류(가용성 저하). 즉시 조치: 트래픽 우회·헬스체크 임계 상향. 재발 방지: 라우팅 룰 검증 테스트 추가, 주간 재현 감사 포함.

부록 E. 연구 참여 동의서 양식

연구 과제명: [예: 한국어 일상대화 멀티모달 말뭉치 구축 연구]
연구 책임자: [연구 책임자 성명]
소속 기관: [소속 기관명]
연락처: [연구 책임자 연락처 및 이메일]

본 동의서는 귀하가 [연구 과제명]에 참여하실지를 결정하는 데 필요한 정보를 담고 있습니다. 본 동의서 외에 연구의 취지를 알기 쉽게 정리한 설명용 안내자료를 함께 확인하신 후, 궁금한 점이 있으시면 언제든지 연구 책임자에게 문의해 주십시오

1. 연구 소개

본 연구는 한국인이 일상적인 대화 상황에서 음성뿐만 아니라 얼굴 표정, 제스처, 시선 등 다양한 소통 방식을 어떻게 통합적으로 사용하는지를 이해하는 것을 목표로 합니다. 수집된 지료는 향후 한국어 의사소통 연구 및 관련 기술 개발을 위한 중요한 기초 자료(말뭉치)로 활용될 것입니다.

2. 연구 참여 절차

귀하의 연구 참여는 다음과 같은 절차로 진행됩니다.

- 참여 내용: 귀하는 [예: 친구, 가족, 처음 만나는 참여자]와 함께 약 [예: 30분] 동안 자유롭게 대화를 나누게 됩니다.

- 기록 방식: 이 대화 과정 전체는 음성 녹음영상 녹화됩니다.
- 수집 정보:
  - 음성 정보: 대화 내용 전체
  - 영상 정보: 대화 중 나타나는 얼굴 표정, 제스처, 시선, 자세 등 비언어적 표현

3. 수집된 정보의 사용, 공개 및 보관

수집된 데이터는 공개 범위에 따라 다음과 같이 두 가지 방식으로 처리 및 활용됩니다.

3.1 연구자 대상 공개 (제한 공개)

- 본 연구소와 별도의 연구 데이터 이용 계약을 체결한 국내외 연구자 및 교육기관에 한해 학술 연구 목적으로 데이터가 제공될 수 있습니다.
- 이 경우, 귀하의 성함, 소속(학교/회사명), 주소, 전화번호는 음성에서 알아들을 수 없도록 처리되고 문자 기록에서도 가명으로 대체됩니다.
- 단, 상호작용의 자연스러운 모습을 연구하기 위해
- 얼굴 영상은 별도의 모자이크(블러) 처리 없이 공개될 수 있습니다.

3.2 일반 공개 (웹사이트, 학술 발표 등)

- 연구 성과를 대중에게 공개하거나 학술대회에서 발표할 경우, 위 3.1항의 조치에 더하여
- 얼굴 일부에 모자이크(블러) 처리를 하는 등 개인을 특정할 수 없도록 조치하며, 대화의 전체가 아닌 짧은 일부 장면만을 사용합니다.
- 보관:수집된 데이터는 장기적인 학술 연구 자료로서, 접근이 통제되는 보안 서버에 [예: 영구]보관됩니다.

4. 참여자의 권리

- 자발적 참여: 본 연구 참여는 전적으로 자발적인 의사에 따릅니다.
- 동의 철회권: 귀하는 연구 참여 중 언제든지 동의를 철회할 수 있습니다. 함께

제공된 '동의 철회서'를 통해 의사를 밝히실 수 있으며, 철회 시 수집된 데이터는 즉시 파기됩니다.

- 비공개 구간 지정권: 녹음 및 녹화가 끝난 후, 전체 공개를 원치 않는 특정 구간이나 장면이 있다면 아래 '비공개 요청 구간'란에 기재하여 해당 부분의 공개를 제한할 수 있습니다.

5. 동의 확인

아래의 각 항목을 읽고 이해하셨다면, 해당 항목 옆에 체크(✓)해 주십시오.

항목	체크
1. 본인은 이 동의서와 별도의 안내자료를 통해 연구 내용을 충분히 이해했습니다.	[ ]
2. 본인의 대화가 음성 녹음 및 영상으로 녹화된다는 사실을 이해했습니다.	[ ]
3. 수집된 데이터가 공개 대상(연구자/일반 대중)에 따라 다른 수준으로 비식별화 조치되어 학술 목적으로 활용 및 공개될 수 있음을 이해했습니다.	[ ]
4. 본인은 녹화 종료 후, 공개를 원하지 않는 특정 구간을 지정할 권리가 있음을 이해했습니다.	[ ]
5. 본인은 '동의 철회서'를 통해 언제든 동의를 철회할 권리가 있음을 이해했습니다.	[ ]
6. 본인은 자발적으로 이 연구에 참여하는 것에 동의합니다.	[ ]

비공개 요청 구간 (선택 사항): (공개를 원하지 않는 특정 시간대나 대화 내용을 기재해 주십시오.)

연구 참여자

성명: ____________ (서명/인)　　　　날짜: ______년 ____월 ____일

연구 책임자 (또는 위임받은 연구원)

성명: ______________ (서명/인)　　　　　　날짜: ______년 ____월 ____일

주의: 본 동의서는 예시이며, 실제 연구에서는 반드시 소속 기관의 생명윤리위원회(IRB)의 심의 및 승인을 받은 공식 서식을 사용해야 합니다.

부록 F. 13개 세부 기준 ↔ 본문 내용의 대응

아래는 13개 세부 기준을 유사 항목으로 묶어, 본문 하위절(예: 3장의 1.1, 3장의 1.3)과 1:다로 연결한 대응 관계를 정리한 것입니다.

대표성 → 3장 1절 대표성과 균형성 (본문 3장 1.1, 3장 1.3 참조)
균형성 → 3장 1절 대표성과 균형성 (본문 3장 1.2, 3장 1.3 참조)
자연성 → 3장 2절 자연성 원칙 (본문 3장 2절 전체)
멀티모달 동기화 → 3장 3절 멀티모달 동기화와 일관성 원칙 (본문 3장 3.1, 3장 3.3)
일관성 → 3장 3절 멀티모달 동기화와 일관성 원칙 (본문 3장 3.2, 3장 3.3)
목적 특화 → 3장 4절 목적 특화의 원칙 (본문 3장 3.4)
윤리적 수집 → 3장 5절 윤리적 수집과 개인정보 보호 원칙 (본문 3장 5.1, 3장 5.3)
개인정보 보호 → 3장 5절 윤리적 수집과 개인정보 보호 원칙 (본문 3장 5.2, 3장 5.3)
확장성 → 3장 6절 확장성과 재사용성 원칙 (본문 3장 6.1, 3장 6.3)
재사용성 → 3장 6절 확장성과 재사용성 원칙 (본문 3장 6.2, 3장 6.3)
맥락 정보의 체계적 수집 → 3장 7절 맥락 정보의 체계적 수집 원칙 (본문 3장 3.7)
기술적 품질 → 3장 8절 기술적 품질과 안정성 원칙 (본문 3장 8.1, 3장 8.3)
안정성 → 3장 8절 기술적 품질과 안정성 원칙 (본문 3장 8.2, 3장 8.3)

참고문헌

小磯花絵·伝康晴. (2018). 『日本語日常会話コーパス』のデータ公開方針 - 法的·倫理的な観点から - (Release policy on the Corpus of Everyday Japanese Conversation: From a legal and ethical perspectives). In *言語資源活用ワークショップ2017発表論文集* (pp. 182–191). 国立国語研究所.

Al-Azary, H., Yu, T., & McRae, K. (2022). Can you touch the N400? The interactive effects of body-object interaction and task demands on N400 amplitudes and decision latencies. *Brain and Language, 231*, 105147.

Allwood, J. (2001). *Cooperation and flexibility in multimodal communication.* Göteborg University, Dept. of Linguistics.

Allwood, J. (2002). Bodily communication dimensions of expression and content. In B. Granström, D. House, & I. Karlsson (Eds.), *Multimodality in language and speech systems.* Kluwer.

Allwood, J. (2008). Multimodal corpora. In A. Lüdeling & M. Kytö (Eds.), *Corpus linguistics: An international handbook* (Vol. 1, pp. 207–225). Mouton de Gruyter.

Allwood, J., Cerrato, L., Jokinen, K., Navarretta, C., & Paggio, P. (2007). The MUMIN coding scheme for the annotation of feedback, turn management and sequencing phenomena. *Language Resources and Evaluation, 41*(3), 273–287. https://doi.org/10.1007/s10579-007-9042-7

Amazon Web Services. (2025). *SEC07-BP04: Define scalable data lifecycle management. Well-Architected Security Pillar.* https://docs.aws.amazon.com/wellarchitected/latest/security-pillar/sec_data_classification_lifecycle_management.html

Ardila, R., Branson, M., Davis, K., Henretty, M., Kohler, M., Meyer, J., Morais, R., Saunders, L., Tyers, F., & Weber, G. (2020). *Common Voice: A massively-multilingual speech corpus. In Proceedings of the 12th Language Resources and Evaluation Conference* (pp. 4218-4222). European Language Resources Association.

Argyle, M. (1988). *Bodily communication*(2nd ed.). Methuen.

Atkins, S., Clear, J., & Ostler, N. (1992). Corpus design criteria. *Literary and Linguistic Computing, 7*(1), 1-16. https://doi.org/10.1093/llc/7.1.1

Bäckström, T., Räsänen, O., Zewoudie, A., Zarazaga, P. P., & Koivusalo, L. (2023). *Introduction to speech processing*. Aalto University. https://speechprocessing book.aalto.fi/

Bannach, D., Amft, O., & Lukowicz, P. (2009). Rapid prototyping of activity recognition applications. *IEEE Pervasive Computing, 7*(2), 22-31. https://doi.org/10.1109/MPRV.2008.36

Barad, K. (2007). *Meeting the universe halfway: Quantum physics and the entanglement of matter and meaning*. Duke University Press.

Barsalou, L. W. (1999). Perceptual symbol systems. *Behavioral and Brain Sciences, 22*(4), 577-660.

Barsalou, L. W. (2008). Grounded cognition. *Annual Review of Psychology, 59*, 617-645. https://doi.org/10.1146/annurev.psych.59.103006.093639

Bavelas, J. B., Chovil, N., Lawrie, D. A., & Wade, A. (1992). Interactive gestures. *Discourse Processes, 15*(4), 469-489. https://doi.org/10.1080/0163853920954 4823

Bavelas, J. B., Gerwing, J., Sutton, C., & Prevost, D. (2008). Gesturing on the telephone: Independent effects of dialogue and visibility. *Journal of Memory and Language, 58*(2), 495-520. https://doi.org/10.1016/j.jml.2007.02.004

Beauchamp, T. L., & Childress, J. F. (2019). *Principles of biomedical ethics*(8th ed.). Oxford University Press.

Bel, B. (2012). Implementing the OAIS for oral/linguistic resources: The Speech and Language Data Repository venture. Paper presented at the Journées OAIS, Lyon, France.

Bennett, J. (2010). *Vibrant matter: A political ecology of things*. Duke University Press.

Beyer, B., Jones, C., Petoff, J., & Murphy, N. R. (Eds.). (2016). *Site reliability engineering: How Google runs production systems*. O'Reilly Media.

Biber, D. (1993). Representativeness in corpus design. *Literary and Linguistic Computing, 8*(4), 243-257. https://doi.org/10.1093/llc/8.4.243

Biber, D. (1995). *Dimensions of register variation: A cross-linguistic comparison.* Cambridge University Press.

Bird, S., & Liberman, M. (2001). A formal framework for linguistic annotation. *Speech Communication, 33*(1-2), 23-60.

Bird, S., & Simons, G. (2003). Seven dimensions of portability for language documentation and description. *Language, 79*(3), 557-582.

Birolini, A. (2007). *Reliability engineering: Theory and practice*(5th ed.). Springer.

Blackman, L., & Venn, C. (2010). Affect. *Body & Society, 16*(1), 7-28.

bragimov, A., Wilson, E., Butler, K. R. B., & Jain, E. (2025). Toward practical privacy in XR: Empirical analysis of multimodal anonymization mechanisms. *arXiv preprint arXiv:2506.13882.*

Braidotti, R. (2013). *The posthuman.* Polity Press.

Briscoe, B., Odlyzko, A., & Tilly, B. (2006). Metcalfe's law is wrong. *IEEE Spectrum, 43*(7), 34-39. DOI: 10.1109/MSPEC.2006.1653003.

Bronfenbrenner, U. (1979). *The ecology of human development: Experiments by nature and design.* Harvard University Press.

Brookes, G., & McEnery, T. (2024). Corpus linguistics and ethics. In P. De Costa, A. Rabie-Ahmed, & C. Cinaglia (Eds.), *Ethical issues in applied linguistics scholarship* (pp. 28-44). John Benjamins.

Bucholtz, M., & Hall, K. (2005). Identity and interaction: A sociocultural linguistic approach. *Discourse Studies, 7*(4-5), 585-614.

Busso, C., Bulut, M., Lee, C.-C., Kazemzadeh, A., Mower, E., Kim, S., Chang, J.-N., Lee, S., & Narayanan, S. S. (2008). IEMOCAP: Interactive emotional dyadic motion capture database. *Language Resources and Evaluation, 42*(4), 335-359.

Callon, M. (1986). Some elements of a sociology of translation: Domestication of the scallops and the fishermen of St Brieuc Bay. In J. Law (Ed.), *Power, action and belief: A new sociology of knowledge?* (pp. 196-223). Routledge.

Cameron, D., Frazer, E., Harvey, P., Rampton, M. B. H., & Richardson, K. (1992). Researching language: Issues of power and method. London: Routledge.

Cappellini, M., Holt, B., Bigi, B., Tellier, M., & Zielinski, C. (2023). A multimodal corpus to study videoconference interactions for techno-pedagogical competence in second language acquisition and teacher education. *Corpus, 24.* https://doi.org/10.4000/corpus.7440

Carletta, J. (2007). Unleashing the killer corpus: experiences in creating the multi-everything AMI Meeting Corpus. *Language Resources and Evaluation, 41*(2), 181-190.

Carletta, J., Ashby, S., Bourban, S., Flynn, M., Guillemot, M., Hain, T., Kadlec, J., Karaiskos, V., Kraaij, W., Kronenthal, M., Lathoud, G., Lincoln, M., Lisowska, A., McCowan, I., Post, W., Reidsma, D., & Wellner, P. (2005). The AMI meeting corpus: A pre-announcement. In *Machine Learning for Multimodal Interaction* (pp. 28–39). Springer.

Carlini, N., Tramèr, F., Wallace, E., Jagielski, M., Herbert-Voss, A., Lee, K., Roberts, A., Brown, T., Song, D., Erlingsson, Ú., Oprea, A., & Raffel, C. (2021). Extracting training data from large language models. In *30th USENIX Security Symposium* (pp. 2633–2650).

Cekaite, A., & Mondada, L. (Eds.). (2020). *Touch in social interaction: Touch, language, and body.* Routledge.

Chen, J., Sharma, N., Khan, T., Liu, S., Chang, B., & Akella, A. (2023). Darwin: Flexible learning-based CDN caching. In *Proceedings of the ACM SIGCOMM 2023 Conference* (pp. 522–537). ACM.

Chen, Y. T., Huang, H. H., & Huang, C. R. (2017). Co-occurrence of speech and gestures: A multimodal corpus linguistic approach to intercultural interaction. *Journal of Pragmatics, 117*, 155-167. https://doi.org/10.1016/j.pragma.2017.06.014

Chiba, Y., & Higashinaka, R. (2023). Analyzing Variations of Everyday Japanese Conversations Based on Semantic Labels of Functional Expressions. In *Proceedings of the 2023 Conference on Empirical Methods in Natural Language Processing* (pp. 5565–5578). Association for Computational Linguistics.

Chu, M., & Kita, S. (2011). The nature of gestures' beneficial role in spatial problem solving. *Psychological Science, 22*(9), 1137–1144.

Cieri, C. (2014). Challenges and opportunities in sociolinguistic data and metadata sharing. *Language and Linguistics Compass, 8*(11), 472–485.

Cieri, C. (2014). Challenges and opportunities in sociolinguistic data and metadata sharing. *Language and Linguistics Compass, 8*(12), 647–659.

CLARIN ERIC. (2024). Spoken corpora. *CLARIN: European Research Infrastructure for Language Resources and Technology.*

Clark, A., & Chalmers, D. (1998). The extended mind. *Analysis, 58*(1), 7–19.

Clark, H. H. (1996). *Using language.* Cambridge University Press.

Cohen, J. (1960). A coefficient of agreement for nominal scales. *Educational and Psychological Measurement, 20*(1), 37–46. https://doi.org/10.1177/001316446002000104

Colclough, B., & Zheng, A. (2024). Effects of dataset sampling rate for noise cancellation through deep learning. arXiv preprint arXiv:2405.20884. https://arxiv.org/abs/2405.20884

Conway, P. (1996). *Preservation in the digital world.* Council on Library and Information Resources.

Cooren, F. (2010). *Action and agency in dialogue: Passion, incarnation, and ventriloquism.* John Benjamins.

Cormier, K., Fox, N., Woll, B., Zisserman, A., & Bowden, R. (2019, May 3–4). ExTOL: *Automatic recognition of nonmanual features in the BSL Corpus* [Conference poster]. SignNonmanuals Workshop 2, Graz, Austria.

Couper-Kuhlen, E. (2012). Exploring affiliation in the reception of conversational complaint stories. *Language in Society, 41*(1), 95-123.

Czyżewski, A., Kostek, B., Bratoszewski, P., Kotus, J., & Szykulski, M. (2017). An audio-visual corpus for multimodal automatic speech recognition. *Journal of Intelligent Information Systems, 49*(2), 167-192.

de Marneffe, M.-C., Manning, C. D., Nivre, J., & Zeman, D. (2021). Universal Dependencies. *Computational Linguistics, 47*(2), 255–308. https://doi.org/10.1162/coli_a_00402

de Rijk, L. E. M., & Cornips, L. (2024). Studying the detailed work of play using conversation analysis: Three case studies of pig interaction in industrial-rearing settings. *Interaction Studies: Social Behaviour and Communication in Biological and Artificial Systems, 25*(2), 190–217.

De Stefani, E., & Mondada, L. (2014). Reorganizing mobile formations: When "guided" participants become "guiding" participants. *Space and Culture, 17*(2), 157-175.

DeLanda, M. (2006). *A new philosophy of society: Assemblage theory and social complexity.* Continuum.

Drew, P., & Heritage, J. (1992). Analyzing talk at work: An introduction. In P. Drew & J. Heritage (Eds.), *Talk at work: Interaction in institutional settings* (pp. 3–65). Cambridge University Press.

Dublin Core Metadata Initiative. (2012). *Dublin Core metadata element set, version 1.1:*

Reference description.

Dwork, C. (2006). Differential privacy. In *33rd International Colloquium on Automata, Languages and Programming* (pp. 1-12). Springer.

Eckert, P. (2000). *Linguistic variation as social practice: The linguistic construction of identity in Belten High.* Oxford: Blackwell.

Egbert, J., Biber, D., & Gray, B. (2022). *Designing and evaluating language corpora: A practical framework for corpus representativeness.* Cambridge University Press.

Epstein, Z., Pennycook, G., & Rand, D. G. (2020). Will the crowd game the algorithm? Using layperson judgments to combat misinformation on social media by downranking distrusted sources. *Proceedings of the 2020 CHI Conference on Human Factors in Computing Systems*, 1-11. Association for Computing Machinery.

Erickson, F. (2004). Origins: A brief intellectual and technological history of the emergence of multimodal discourse analysis. In P. Levine & R. Scollon (Eds.), *Discourse and technology* (pp. 196-207). Georgetown University Press.

Esteve-Gibert, N., & Prieto, P. (2013). Prosodic structure shapes the temporal realization of intonation and manual gesture movements. *Journal of Speech, Language, and Hearing Research, 56*(3), 850-864.

Federal Agencies Digital Guidelines Initiative. (2023). *Technical guidelines for digitizing cultural heritage materials*(3rd ed.). https://www.digitizationguidelines.gov/

Fenwick, T. (2015). Sociomateriality and learning: a critical approach. In D. Scott & E. Hargreaves (Eds.), *The SAGE Handbook of Learning* (pp. 83-93). SAGE.

Fielding, R. T. (2000). *Architectural styles and the design of network-based software architectures* (Doctoral dissertation). University of California, Irvine.

Fischer, K. (2010). Why it is interesting to investigate how people talk to computers and robots: Introduction to the special issue. *Journal of Pragmatics, 42*(9), 2349-2354.

Fleiss, J. L. (1971). Measuring nominal scale agreement among many raters. *Psychological Bulletin, 76*(5), 378-382. https://doi.org/10.1037/h0031619

Florit-Pons, J., Esteve-Gibert, N., & Prieto, P. (2023). The development of gesture-speech temporal alignment in children's narrative speech. *Journal of Child Language, 50*(2), 412-437. https://doi.org/10.1017/S0305000921000709

Fox, N., & Alldred, P. (2017). Sociology and the New Materialism: Theory, Research, Action. SAGE.

Futoma, J., Ranganath, R., & Heller, K. A. (2020). Trends in smart reply: Practical considerations for AI-assisted communication. *Proceedings of the AAAI Conference on Artificial Intelligence, 34*(09), 13620-13627.

Garfinkel, H. (1984). *Studies in ethnomethodology*. Polity Press. (Original work published 1967)

Garg, M., Wazarkar, S., Singh, M., & Bojar, O. (2022). Multimodality for NLP-centered applications: Resources, advances and frontiers. In N. Calzolari et al. (Eds.), *Proceedings of the Thirteenth Language Resources and Evaluation Conference (LREC 2022)* (pp. 6837-6847). European Language Resources Association.

Gibbon, D., Mertins, I., & Moore, R. (Eds.). (2000). *Handbook of multimodal and spoken dialogue systems: Resources, terminology and product evaluation.* Kluwer Academic Publishers.

Gibbs, R. W., Jr. (2005). *Embodiment and cognitive science*. Cambridge University Press.

Gibson, J. J. (1979). *The ecological approach to visual perception*. Houghton Mifflin.

Gillespie, T. (2018). *Custodians of the internet: Platforms, content moderation, and the hidden decisions that shape social media*. Yale University Press.

Gilmartin, E., & Campbell, N. (2016). Capturing chat: Annotation and tools for multiparty casual conversation. *Proceedings of the Tenth International Conference on Language Resources and Evaluation (LREC'16)* (pp. 4453-4457). European Language Resources Association.

Glenberg, A. M., & Kaschak, M. P. (2002). Grounding language in action. *Psychonomic Bulletin & Review, 9*(3), 558-565.

Goffman, E. (1981). *Forms of talk*. University of Pennsylvania Press.

Goldin-Meadow, S. (2003). *Hearing gesture: How our hands help us think.* Harvard University Press.

Goode, D. (2006). *Playing with My Dog, Katie: An ethnomethodological study of canine-human interaction.* Purdue University Press.

Goodwin, C. (1981). *Conversational organization: Interaction between speakers and hearers.* Academic Press.

Goodwin, C. (2000). Action and embodiment within human interaction. *Journal of Pragmatics, 32*(10), 1489-1522.

Goodwin, C. (2007a). Environmentally coupled gestures. In S. Duncan, J. Cassell, & E. Levy (Eds.), *Gesture and the dynamic dimension of language* (pp. 195–212). John Benjamins.

Goodwin, C. (2007b). Participation, stance and affect in the organization of activities. *Discourse & Society, 18*(1), 53–73.

Goodwin, C. (2010). Things and their embodied environments. In L. Malafouris & C. Renfrew (Eds.), *The cognitive life of things: Recasting the boundaries of the mind* (pp. 103–120). McDonald Institute Monographs.

Goodwin, C. (2018). *Co-operative action.* Cambridge University Press.

Gu, Y., Donnellan, E., Grzyb, B., Brekelmans, G., Murgiano, M., Brieke, R., Perniss, P., & Vigliocco, G. (2025). The ECOLANG Multimodal Corpus of adult-child and adult-adult Language. *Scientific Data, 12*, 89. https://doi.org/10.1038/s41597-025-04405-1

Hancock, J. T., Naaman, M., & Levy, K. (2020). AI-Mediated Communication: Definition, Research Agenda, and Ethical Considerations. *Journal of Computer-Mediated Communication, 25*(1), 89-100.

Haraway, D. (1985). A cyborg manifesto: Science, technology, and socialist-feminism in the late twentieth century. In D. Haraway, *Simians, cyborgs and women: The reinvention of nature* (pp. 149–181). Routledge.

Haraway, D. (2003). *The companion species manifesto: Dogs, people, and significant otherness.* Prickly Paradigm Press.

Harnad, S. (1990). The symbol grounding problem. *Physica D: Nonlinear Phenomena, 42*(1–3), 335–346.

Hayles, N. K. (1999). *How we became posthuman: Virtual bodies in cybernetics, literature, and informatics.* University of Chicago Press.

Hayles, N. K. (2017). *Unthought: The power of the cognitive nonconscious.* University of Chicago Press.

Heath, C. (1986). *Body movement and speech in medical interaction*. Cambridge University Press.

Heath, C. (1997). Embodied action in face-to-face interaction. In J. N. Coupland & A. Jaworski (Eds.), *Methods in Human Geography* (pp. 123-151). Blackwell.

Hedeland, H., & Schmidt, T. (2022). The TEI-based ISO standard 24624:2016 'Transcription of spoken language' as an exchange format within CLARIN and beyond, In M. Monachini & M. Eskevich (Eds.), *Selected papers from the*

CLARIN Annual Conference 2021 (Linköping Electronic Conference Proceedings, 189, pp. 34-45). Linköping University Electronic Press

Hennig, S., Chellali, R., & Campbell, N. (2014). The D-ANS corpus: The Dublin-Autonomous Nervous System corpus of biosignal and multimodal recordings of conversational speech. In N. Calzolari, K. Choukri, T. Declerck, H. Loftsson, B. Maegaard, J. Mariani, A. Moreno, J. Odijk, & S. Piperidis (Eds.), *Proceedings of the Ninth International Conference on Language Resources and Evaluation (LREC 2014)* (pp. 3438-3443). European Language Resources Association.

Heritage, J., & Maynard, D. W. (2006). *Communication in medical care: Interaction between primary care physicians and patients.* Cambridge University Press.

Hinrichs, E., & Krauwer, S. (2014). The CLARIN Research Infrastructure: Resources and Tools for eHumanities Scholars. In *Proceedings of the Ninth International Conference on Language Resources and Evaluation* (pp. 1525-1531).

Holler, J., & Kendrick, K. H. (2015). Gesture, gaze, and the body in the organisation of turn-taking for conversation. Paper presented at the International Pragmatics Conference.

Holmes, J., King, B., & McCulloch, S. (2023). Ethical practice in participant-centred linguistic research. *Linguistics, 61*(2), 289-320.

Hostetter, A. B., & Alibali, M. W. (2008). Visible embodiment: Gestures as simulated action. *Psychonomic Bulletin & Review, 15*(3), 495-514.

Hunyadi, L., Váradi, T., Kovács, G., Szekrényes, I., Kiss, H., & Takács, K., "Human-human, human-machine communication: on the HuComTech multimodal corpus", *Proceedings of CLARIN Annual Conference 2018*, Pisa, Italy, 2018, pp 6~10.

Hutto, D. D., & Myin, E. (2013). *Radicalizing enactivism: Basic minds without content.* MIT Press.

Hymes, D. (1974). *Foundations in sociolinguistics: An ethnographic approach.* University of Pennsylvania Press.

IEEE. (1990). *IEEE standard computer dictionary: A compilation of IEEE standard computer glossaries* (IEEE Std 610). Institute of Electrical and Electronics Engineers.

Im, S., & Baumann, S. (2020). Probabilistic relation between co-speech gestures, pitch accents and information structure. In *Proceedings of the 10th International*

Conference on Speech Prosody (pp. 685-689). https://doi.org/10.21437/SpeechProsody2020-140

ISO. (2017). *ISO 15836-1:2017—Information and documentation—The Dublin Core metadata element set—Part 1: Core elements*. International Organization for Standardization.

ISO. (2018). *ISO 31000:2018 Risk management — Guidelines*. International Organization for Standardization.

ISO/IEC. (2020). *ISO/IEC 19944-1: Cloud computing and distributed platforms—Data flow, data categories and data use—Part 1: Data flow, data categories and data use*. International Organization for Standardization.

Janin, A., Baron, D., Edwards, J., Ellis, D. P. W., Gelbart, D., Morgan, N., Peskin, B., Pfau, T., Shriberg, E., Stolcke, A., & Wooters, C. (2003). The ICSI meeting corpus. In *Proceedings of ICASSP 2003* (pp. I-364-I-367).

Jiménez-Bravo, M., & Marrero-Aguiar, V. (2024). Multimodal prosody: Gestures and speech in the perception of prominence in Spanish. *Frontiers in Communication, 9*, 1287363.

Juran, J. M. (1988). *Juran on planning for quality.* Free Press.

Kemp, J. (2022). An investigation of the vocabulary representative of postgraduate International Law texts [Doctoral dissertation, University of Leicester]. Leicester Figshare. https://figshare.le.ac.uk/articles/thesis/20317362

Kendon, A. (2004). *Gesture: Visible action as utterance.* Cambridge University Press.

Kent, R. D., & Read, C. (2002). *The acoustic analysis of speech* (2nd ed.). Singular Publishing Group.

Kidwell, M. (2005). Gaze as social control: How very young children differentiate "the look" from a "mere look" by their adult caregivers. *Research on Language and Social Interaction, 38*(4), 417-449.

Kita, S. (2009). Cross-cultural variation of speech-accompanying gesture: A review. *Language and Cognitive Processes, 24*(2), 145-167. https://doi.org/10.1080/01690960802586188

Kleppmann, M. (2017). *Designing data-intensive applications: The big ideas behind reliable, scalable, and maintainable systems*. O'Reilly Media.

Knight, D., & Adolphs, S. (2020). Multimodal corpora. In S. Gries & M. Paquot (Eds.), *A practical handbook of corpus linguistics* (pp. 353-371). Springer.

Knight, D., O'Keeffe, A., Mark, G., Fitzgerald, C., McNamara, J., Adolphs, S., Cowan,

B., Fahey-Palma, T., Farr, F., & Peraldi, S. (2024). *Corpus linguistics for virtual workplace discourse*. Routledge.

Koiso, H., Amatani, H., Den, Y., Iseki, Y., Ishimoto, Y., Kashino, W., Kawabata, Y., Nishikawa, K., Tanaka, Y., Usuda, Y., & Watanabe, Y. (2022). Design and evaluation of the Corpus of Everyday Japanese Conversation. In *Proceedings of the Thirteenth Language Resources and Evaluation Conference* (pp. 5587-5594). European Language Resources Association.

Krippendorff, K. (2013). *Content analysis: An introduction to its methodology*(3rd ed.). SAGE.

Kvale, S. (1996). *InterViews: An introduction to qualitative research interviewing*. SAGE Publications.

Lakoff, G., & Johnson, M. (1999). *Philosophy in the flesh: The embodied mind and its challenge to western thought*. Basic Books.

Latour, B. (1996). On interobjectivity. *Mind, Culture, and Activity, 3*(4), 228-245.

Latour, B. (1999). *Pandora's hope: Essays on the reality of science studies*. Harvard University Press.

Latour, B. (2005). *Reassembling the social: An introduction to actor-network-theory*. Oxford University Press.

Laurier, E. (2014). The graphic transcript: Poaching comic book grammar for inscribing the visual, spatial and temporal aspects of action. *Geography Compass, 8*(4), 235-248. https://doi.org/10.1111/gec3.12123

Law, J. (2004). *After method: Mess in social science research.* Routledge.

Lee, S. (2025, May 24). Multimodal research: A new era in linguistic history. [Blog post]. Number Analytics.

Leonard, T., & Cummins, F. (2011). The temporal relation between beat gestures and speech. *Language and Cognitive Processes, 26*(10), 1457-1471. https://doi.org/10.1080/01690965.2010.523803

Li, X., Wei, X., & Wang, Q. (2021). LARNet: Real-time detection of facial micro expression using lossless attention residual network. *Sensors, 21*(3), 1098.

Licoppe, C., & Morel, J. (2012). Video-in-interaction: "Talking Heads" and the multimodal organization of mobile and Skype video calls. *Research on Language and Social Interaction, 45*(4), 399-429.

Markham, A., & Buchanan, E. (2012). *Ethical decision-making and internet research: Recommendations from the AoIR ethics working committee*(Version 2.0).

Association of Internet Researchers.

Massumi, B. (2002). *Parables for the virtual: Movement, affect, sensation*. Duke University Press.

McEnery, T., & Hardie, A. (2012). *Corpus linguistics: Method, theory and practice*. Cambridge University Press.

McNeill, D. (1992). *Hand and mind: What gestures reveal about thought*. University of Chicago Press.

McNeill, D. (2005). *Gesture and thought*. University of Chicago Press.

McNeill, D., & Duncan, S. D. (2000). Growth points in thinking-for-speaking. In D. McNeill (Ed.), *Language and gesture* (pp. 141-161). Cambridge University Press.

Mellal, M. A. (2020). Obsolescence: A review of the literature. *Technology in Society, 63*, 101347.

Merleau-Ponty, M. (1945). *Phénoménologie de la perception*. Gallimard.

Metcalfe, B. (1995). Metcalfe's law: A network becomes more valuable as it reaches more users. *InfoWorld, 17*(40), 53-54.

Miller, D., & Biber, D. (2015). Evaluating reliability in quantitative vocabulary studies: The influence of corpus design and composition. *International Journal of Corpus Linguistics, 20*(1), 30-53. https://doi.org/10.1075/ijcl.20.1.02mil

Mondada, L. (2001). Intervento in telepresenza in un'operazione chirurgica: la produzione dell'"expert vision". *Studi di Sociologia, 39*(3), 291-314.

Mondada, L. (2003). Working with video: How surgeons produce video records of their actions. *Visual Studies, 18*(2), 180-191.

Mondada, L. (2006a). Interactions in a multilingual classroom: The management of a whiteboard for problem solving activities. *Revue de la Traduction et des Langues, 5*, 249-270.

Mondada, L. (2006b). Video recording as the reflexive preservation and configuration of phenomenal features for analysis. In H. Knoblauch, J. Raab, H.-G. Soeffner, & B. Schnettler (Eds.), *Video analysis: Methodology and methods* (pp. 51-68). Peter Lang.

Mondada, L. (2007a). Thematic and sequential organization of meeting talk: Jointly accomplishing a working space in videoconferences. In E. Weigand (Ed.), *Dialogue and rhetoric* (pp. 95-113). John Benjamins.

Mondada, L. (2007b). Multimodal resources for turn-taking: Pointing and the emergence of possible next speakers. *Discourse Studies, 9*(2), 194-225.

Mondada, L. (2007c). Bilingualism and the analysis of talk at work: Interpreting as a constituent of institutional practices. In S. Gardner & J. Wagner (Eds.), *Second language conversations* (pp. 231-261). Continuum.

Mondada, L. (2011). The organization of concurrent courses of action in surgical demonstrations. In J. Streeck, C. Goodwin, & C. LeBaron (Eds.), *Embodied interaction: Language and body in the material world* (pp. 207-226). Cambridge University Press.

Mondada, L. (2014). The local constitution of multimodal resources for social interaction. *Journal of Pragmatics, 65*, 137-156.

Mondada, L. (2016). Challenges of multimodality: Language and the body in social interaction. *Journal of Sociolinguistics, 20*(3), 336-366. https://doi.org/10.1111/josl.12177

Mondada, L. (2018a). Multiple temporalities of language and body in interaction: Challenges for transcribing multimodality. *Language and Dialogue, 8*(1), 4-33.

Mondada, L. (2018b). Multiple temporalities of language and body in interaction: Challenges for transcribing multimodality. *Research on Language and Social Interaction, 51*(1), 85-106.

Mondada, L. (2021). Orchestrating multi-sensoriality in tasting sessions: Sensing bodies, normativity, and language. *Symbolic Interaction, 44*(1), 63-90. https://doi.org/10.1002/symb.493

Navarretta, C., Ahlsén, E., Allwood, J., Jokinen, K., & Paggio, P. (2011). Creating comparable multimodal corpora for Nordic languages. NODALIDA 2011.

Nayar, P. K. (2014). *Posthumanism*. Polity Press.

Nielsen, M. (2011). *Reinventing discovery: The new era of networked science*. Princeton University Press.

Nissenbaum, H. (2004). Privacy as contextual integrity. *Washington Law Review, 79*(1), 119-158.

NIST. (2013). *NIST Cloud Computing Standards Roadmap(Special Publication 500-291r2)*. National Institute of Standards and Technology.

Nivre, J., de Marneffe, M.-C., Ginter, F., Hajič, J., Manning, C. D., Pyysalo, S., Schuster, S., Tyers, F., & Zeman, D. (2020). *Universal Dependencies v2: An evergrowing multilingual treebank collection. In Proceedings of the 12th Language Resources and Evaluation Conference* (pp. 4034-4043). European Language

Resources Association.

Noë, A. (2004). *Action in perception*. MIT Press.

Oertel, C., Funes Mora, K. A., Odobez, J.-M., & Thiran, J.-P. (2010). D64: A corpus of richly recorded conversational interaction. In *Proceedings of the LREC 2010 Workshop on Multimodal Corpora: Advances in Capturing, Coding and Analyzing Multimodality* (pp. 27–30).

O'Halloran, K. A. (2022). Posthumanism and corpus linguistics. In A. O'Keeffe & M. McCarthy (Eds.), *The Routledge Handbook of Corpus Linguistics*(2nd ed.)(pp. 576-588). Routledge.

O'Keeffe, A., Farr, F., Fahey Palma, T., Cowan, B., Adolphs, S., McNamara, J., Mark, G., Fitzgerald, C., & Peraldi, S. (2024). "We've lost you Ian": Multi-modal corpus innovations in capturing, processing and analysing professional online spoken interactions. *Research in Corpus Linguistics, 12*(2), 1–23.

Paggio, P., & Navarretta, C. (2016). The Danish NOMCO corpus: Multimodal interaction in first acquaintance conversations. *Language Resources and Evaluation, 51*(2), 463–494.

Paggio, P., Agirrezabal, M., Navarretta, C., & Vitasovic, L. (2024). Multimodal behaviour in an online environment: The GEHM Zoom corpus collection. In *Proceedings of the 2024 Joint International Conference on Computational Linguistics, Language Resources and Evaluation (LREC-COLING 2024)* (pp. 11890-11900). ELRA and ICCL.

Pareto, V. (1906). *Manuale di economia politica.* Società Editrice Libraria.

Pennycook, A. (2018). Applied linguistics as epistemic assemblage. *AILA Review, 31*(1), 113-134.

Pilán, I., Lison, P., Øvrelid, L., Papadopoulou, A., Sánchez, D., & Batet, M. (2022). The Text Anonymization Benchmark (TAB): A dedicated corpus and evaluation framework for text anonymization. *Computational Linguistics, 48*(4), 1053–1101. https://doi.org/10.1162/coli_a_00449

Piwowar, H. A., & Vision, T. J. (2013). Data reuse and the open data citation advantage. *PeerJ*, 1, e175. DOI: 10.7717/peerj.175.

Porcheron, M., Fischer, J. E., Reeves, S., & Sharples, S. (2018). Voice Interfaces in Everyday Life. In *Proceedings of the 2018 CHI Conference on Human Factors in Computing Systems*.

Potter, J., & Wetherell, M. (1987). *Discourse and social psychology: Beyond attitudes and behaviour*. SAGE Publications.

Pouw, W., Trujillo, J. P., & Dixon, J. A. (2020). The quantification of gesture speech synchrony: A tutorial and validation of multimodal data acquisition using device-based and video-based motion tracking. *Behavior Research Methods, 52*(2), 723–740. https://doi.org/10.3758/s13428-019-01271-9

Priestley, M., O'Donnell, F., & Simperl, E. (2023). A survey of data quality requirements that matter in ML development pipelines. *Journal of Data and Information Quality, 15*(2), 1-39. https://doi.org/10.1145/3592616

Rawls, J. (1971). *A theory of justice*. Harvard University Press.

Reece, A. G., Cooney, G., Bull, P., Chung, C. K., Dawson, B., Fitzpatrick, C., Glazer, T., Knox, D., Liebscher, A., & Marin, S. (2023). The CANDOR corpus: Insights from a large multimodal dataset of naturalistic conversation. *Science Advances, 9*(13), eadf3197. https://doi.org/10.1126/sciadv.adf3197

Reeves, B., & Nass, C. (1996). *The media equation: How people treat computers, television, and new media like real people and places*. Cambridge University Press.

Reppen, R. (2010). *Using corpora in the language classroom*. Cambridge University Press.

Rice, K. (2011). *Documentary linguistics and community relations: Ethical issues. Language Documentation & Conservation, 5,* 187–207.

Rohrer, P. L., Delais-Roussarie, E., & Prieto, P. (2023). Visualizing prosodic structure: Manual gestures as highlighters of prosodic heads and edges in English academic discourses. *Language and Speech, 66*(4), 851–876. https://doi.org/10.1177/00238309231164165

Rohrer, P. L., Vilà-Giménez, I., Florit-Pons, J., Esteve-Gibert, N., Ren, A., Shattuck-Hufnagel, S., & Prieto, P. (2020). The MultiModal MultiDimensional (M3D) labelling scheme for the annotation of audiovisual corpora. In *Proceedings of the 7th Gesture and Speech in Interaction (GESPIN)*. Stockholm, Sweden.

Rühlemann, C. (2023). Corpus linguistics and spoken language: A multimodal perspective. *International Journal of Corpus Linguistics, 28*(1), 1–30.

Rühlemann, C., & Ptak, A. (2023). Reaching beneath the tip of the iceberg: A guide to the Freiburg Multimodal Interaction Corpus (FreMIC). *Open Linguistics, 9*(1), 20220045.

Sacks, H., Schegloff, E. A., & Jefferson, G. (1974). A simplest systematics for the organization of turn-taking for conversation. *Language, 50*(4), 696–735.

Schegloff, E. A. (1984). On some gestures' relation to talk. In J. M. Atkinson & J. Heritage (Eds.), *Structures of social action* (pp. 266-296). Cambridge University Press.

Schegloff, E. A. (1998). Body torque. *Social Research, 65*(3), 535-596.

Schegloff, E. A., & Sacks, H. (1973). Opening up closings. *Semiotica, 8*(4), 289–327. https://doi.org/10.1515/semi.1973.8.4.289

Shattuck-Hufnagel, S., & Ren, A. (2018). The prosodic characteristics of non-referential co-speech gestures in a sample of academic-lecture-style speech. *Frontiers in Psychology, 9*, 1514. https://doi.org/10.3389/fpsyg.2018.01514

Simon, H. A. (1962). The architecture of complexity. *Proceedings of the American Philosophical Society, 106*(6), 467–482.

Simon, H. A. (1969). *The sciences of the artificial.* MIT Press.

Sinclair, J. (1991). *Corpus, concordance, collocation.* Oxford University Press.

Solberg, P. E., & Ortiz, P. (2022). The Norwegian Parliamentary Speech Corpus. In *Proceedings of the Thirteenth Language Resources and Evaluation Conference* (pp. 1003–1008). European Language Resources Association.

Speer, S. A., & Hutchby, I. (2003). From ethics to analytics: Aspects of participants' orientations to the presence and relevance of recording devices. *Sociology, 37*(2), 315–337. https://doi.org/10.1177/0038038503037002006

Steinmetz, R. (1996). Human perception of jitter and media synchronization. *IEEE Journal on Selected Areas in Communications, 14*(1), 61–72. https://doi.org/10.1109/49.481695

Sterpu, G., Saam, C., & Harte, N. (2018). Attention-based audio-visual fusion for robust automatic speech recognition. *Proceedings of the 20th ACM International Conference on Multimodal Interaction*, 111-115.

Stivers, T., & Rossano, F. (2010). Mobilizing response. *Research on Language and Social Interaction, 43*(1), 3-31.

Strong, D. M., Lee, Y. W., & Wang, R. Y. (1997). Data quality in context. *Communications of the ACM, 40*(5), 103–110.

Suchman, L. (2007). *Human-machine reconfigurations: Plans and situated actions*(2nd ed.). Cambridge University Press.

Suchman, L. A. (1987). *Plans and situated actions: The problem of human-machine communication*. Cambridge University Press.

Swales, J. M. (1990). *Genre analysis: English in academic and research settings*. Cambridge University Press.

Sweeney, L. (2002). k-anonymity: A model for protecting privacy. *International Journal of Uncertainty, Fuzziness and Knowledge-Based Systems, 10*(5), 557-570.

Tanenbaum, A. S., & van Steen, M. (2016). *Distributed systems: Principles and paradigms*(3rd ed.). CreateSpace Independent Publishing Platform.

Varela, F. J., Thompson, E., & Rosch, E. (1991). *The embodied mind: Cognitive science and human experience*. MIT Press.

von Bertalanffy, L. (1968). *General system theory: Foundations, development, applications*. George Braziller.

Wang, R. Y., & Strong, D. M. (1996). Beyond accuracy: What data quality means to data consumers. *Journal of Management Information Systems, 12*(4), 5-33. https://doi.org/10.1080/07421222.1996.11518100

Warren, S. D., & Brandeis, L. D. (1890). The right to privacy. Harvard *Law Review, 4*(5), 193-220.

Wilkinson, M. D., Dumontier, M., Aalbersberg, I. J., Appleton, G., Axton, M., Baak, A., Blomberg, N., Boiten, J.-W., da Silva Santos, L. B., Bourne, P. E., Bouwman, J., Brookes, A. J., Clark, T., Crosas, M., Dillo, I., Dumon, O., Edmunds, S., Evelo, C. T., Finkers, R., ... Mons, B. (2016). The FAIR Guiding Principles for scientific data management and stewardship. *Scientific Data, 3*, 160018. https://doi.org/10.1038/sdata.2016.18

Wittenburg, P., Brugman, H., Russel, A., Klassmann, A., & Sloetjes, H. (2006). ELAN: A professional framework for multimodality research. In *Proceedings of the Fifth International Conference on Language Resources and Evaluation* (pp. 1556-1559). European Language Resources Association.

Wolfe, C. (2010). *What is posthumanism?* University of Minnesota Press.

Wu, J., Dai, H., Wang, Y., Zhang, Y., Huang, D., & Xu, C.-Z. (2023). PackCache: An online cost-driven data caching algorithm in the cloud. *IEEE Transactions on Computers, 72*(4), 1208-1214.

Wynne, M. (2005). *Developing linguistic corpora: A guide to good practice.* Oxbow Books.

Yang, C.-J., Yu, H.-Y., Hong, T.-Y., Shih, C.-H., Yeh, T.-C., Chen, L.-F., & Hsieh, J.-C. (2023). Trait representation of embodied cognition in dancers pivoting on the extended mirror neuron system: A resting-state fMRI study. *Frontiers in Human Neuroscience, 17*, 1173993.

Zadeh, A. B., Liang, P. P., Poria, S., Cambria, E., & Morency, L.-P. (2018). Multimodal language analysis in the wild: CMU-MOSEI dataset and interpretable dynamic fusion graph. In *Proceedings of ACL 2018* (pp. 2236-2246).

Zhao, S. (2003). Toward a taxonomy of copresence. *Presence: Teleoperators & Virtual Environments, 12*(5), 445-455.

Zheng, Y., Chen, G., Liu, X., & Sun, J. (2021). *MMChat: Multi-modal chat dataset on social media*. arXiv preprint arXiv:2108.07154.

Zou, L., Zhang, Z., Mavilidi, M. F., Chen, Y., Herold, F., Ouwehand, K., & Paas, F. (2025). The synergy of embodied cognition and cognitive load theory for optimized learning. *Nature Human Behaviour, 9*(5), 877-885. doi:10.1038/s41562-025-02152-2

찾아보기

(A-Z)

(ㄱ)

영·한 교차 참조

(M)

masking → 은닉/마스킹

metadata → 메타데이터

migration → 마이그레이션

modality → 모달리티

(N)

naturalness → 자연성

New Materialism → 신유물론

(O)

overlap → 말겹침

(P)

persistent identifier (PID) → 데이터 식별자

posthumanism → 포스트휴머니즘

privacy protection → 개인정보 보호

(Q)

quality gate → 품질 게이트

(R)

raw / analysis copy → 원시본/분석본

recovery point objective (RPO) → 복구 시점 목표

recovery time objective (RTO) → 복구 시간 목표

release notes → 릴리스 노트

representativeness → 대표성

reusability → 재사용성

right to withdraw → 철회권

(S)

sample rate → 샘플레이트

scalability → 확장성

sequence → 순차, 연속체

sequence organization → 순차 조직

sequential → 순차적

service-level agreement (SLA) → 서비스 수준 협약

service-level indicator (SLI) → 서비스 수준 지표

service-level objective (SLO) → 서비스 수준 목표

stability → 안정성

sync marker → 싱크 마커

synchronization → 동기화

포스트휴머니즘 언어학 04
한국어 멀티모달 일상대화 말뭉치 구축

1판 1쇄 인쇄_2025년 12월 25일
1판 1쇄 발행_2025년 12월 31일

지은이_조용준·안희돈
펴낸이_홍정표
펴낸곳_글로벌콘텐츠
등록_제25100-2008-000024호

공급처_(주)글로벌콘텐츠출판그룹
대표_홍정표 이사_김미미 편집_백찬미 남혜인 홍명지 권군오 기획·마케팅_홍민지
주소_서울특별시 강동구 풍성로 87-6
전화_02) 488-3280 팩스_02) 488-3281
홈페이지_http://www.gcbook.co.kr
이메일_edit@gcbook.co.kr

값 25,000원
ISBN 979-11-5852-611-5 93700